教师职业素养与发展规划

# 教师的沟通素养

刘晓佳 罗伟 毛雪松◎编著

JIAOSHIDE
GOUTONGSUYANG

吉林文史出版社

## 图书在版编目（CIP）数据

教师的沟通素养／刘晓佳，罗伟，毛雪松编著.——

长春：吉林文史出版社，2012. 12（2021.6重印）

（教师职业素养与发展规划）

ISBN 978 - 7 - 5472 - 1329 - 2

Ⅰ.①教… Ⅱ.①刘… ②罗… ③毛… Ⅲ.①中小学 － 教师 － 人际关系学 Ⅳ.①G635. 16

中国版本图书馆 CIP 数据核字（2012）第 291241 号

教师职业素养与发展规划

# 教师的沟通素养

JIAOSHIDEGOUTONGSUYANG

编著／刘晓佳 罗伟 毛雪松

责任编辑／高冰若

封面设计／小徐书装

出版发行／吉林文史出版社

地址／长春市福祉大路5788号

邮编／130118

网址／www. jlws. com. cn

印刷／三河市燕春印务有限公司

开本／710mm×1000mm 1/16

印张／14 字数／181 千字

版次／2013 年 1 月第 1 版 2021 年 6 月第 4 次印刷

书号／ISBN 978 - 7 - 5472 - 1329 - 2

定价／39. 80 元

# 前言

沟通是人类最聪明的行为，是人类智慧的表现。在中小学调研时，我们发现教师们对人际沟通存在困扰，教师们普遍反映教学工作不但身体疲惫，还要处理各种关系，与学生的关系、与家长的关系、与学校管理人员的关系、与同事的关系以及其他社会关系，有教师形容现代的教育行业是：苦中作乐，痛并快乐着！

《教师沟通素养》这本书主要帮助教师处理工作和生活中的人际关系，提升沟通的能力和素养。本书第一章从沟通的内涵出发，区分沟通的类型和沟通模式，引申出沟通素养，并对良好的沟通素养和不良沟通素养进行分析，得出沟通对教师职业幸福感的影响关系。第二章从教师的沟通风格入手，对各种沟通风格进行介绍，并重点对教师的沟通风格进行梳理，联系现代教师沟通的特点和现状，找到教师人际关系满意度下降的原因，提出教师良好人际沟通的方法和技巧，当然不管是语言技巧还是非言语的技巧都需要遵循沟通的基本原则。接下来从教师职业出发探究各种人际沟通中出现的问题，解决的方法以及解析实际的工作案例。第三章师生沟通，是教师职业最重要的交往关系，教育是一门艺术，教师是专业化的职业，所以教学活动中应以良好的师生关系为基础。师生关系中存在沟通障碍，有教师思维、语言、行为、情绪的原因，也有中小学生特定年龄阶段的心理及行为习惯的原因。这些都对教师的工作提出了挑战，需要教师在沟通中遵循同理心、聆听、尊重、接纳的原则，并采取多种沟通形式，运用沟通的方法和技巧进行有效的沟通。第四章教师与家长的沟通，每个人的第一堂课都是在家庭中完成的，家庭教育和学校教育对学生有同等重要的作用，所以需要教师与家长紧密配合，共同做好教育管理工作。目前教师与家长的沟通还存在沟通意识、内容、态度、方式、地位和频率的不良情况，这些问题使教师和家长的沟通不畅，需要教师掌握主动，转变理念，建立信任，倾听理解，平等真诚的取得家长的协助，注意沟通的方法和技巧，更好的引导教育学生。第五章教师与学校的沟通，教师在学校是被领导者，有各级负责人如组长、主任、校长等。领导者和被领导者有各自的角色，因此存在角色间冲突，教师与学校的沟通在动机、频率、内容和方式上还有不畅，主要是两者长久来不和谐关系的影响。这就要求调整改变原有的沟通关系，构建新型的管理层级，学校规范责任义务，教师提高沟通的艺术技巧，以工作为中心形成良好的沟通模式。第六章教师间的沟通，教师间的关系很微妙也很复杂，处理得好对个人、对工作、对学校事业都有积极的作用。当然由于自我为中心、集体荣誉感缺乏以及不公平竞争的出现，使教师间的交往流于形式。教师个体间存在个体差异，教育理念不同，采用不同的教学手段和方法，造成教师间的矛盾和冲突，但由于科技的发展，教师间的沟通也不局限于面谈、书面沟通等语言交流方式，还可以通过先进的媒介——网络，增进理解和交流，这里的沟通可以运用心理学的原理并结合相应的技巧，将教师间的沟通变得深厚而持久。第七章教师与其他社会关系的沟通，这里涉及到教师的社会责任、社会地位、社会角色以方便大家了解教师的人际关系全貌，特别提出教师与家人的沟通，因为社会对教师职业的期待高，作为教师就会在实际工作中高标准严要求，对家人的关注就会减少，影响了教师的家庭和谐，因此需要教师在立足职业角色和职业操守时，也能扮演好家庭角色，这样才能树立真实全面的师者形象，以言传身教影响和引导学生。最后一章第八章教师职业沟通素养的建构，并不是对前面几章的总结和概括，而是在前面几章的基础上的提高和升华，前面第三章到第七章分门别类的探究了教师沟通的各个层面，这一章把前面的内容融会贯通，建构了一套完整的沟通模式，期待能给即将或已经成为教师的同仁一些启示和感悟。

《教师的沟通素养》在一年的编写和修订后就要跟大家见面了，这本书凝结了我们编者团队的心血，第一章、第二章、第三章和第七章是由我编写，第四章由罗伟编写，第五章由梁吉山编写，第六章由毛雪松编写，第八章由解冰编写，正是由于团队的力量，此书的编写才迸发出新的思路和创意。此书的出版要感谢我的恩师刘春雷教师给予的指导和帮助。还要感谢默默支持我的亲人和朋友，是你们一直给予我爱和力量！这本书还存在问题和不足，欢迎先进不吝批评指正。

刘晓佳

2012年11月

于吉林松花江畔

# 目录

／ 沟通素养与教师职业幸福感

沟通概述  4

沟通素养  11

沟通与教师职业幸福感  15

 ／ 沟通素养概述

教师沟通的风格  26

教师沟通的现状  30

沟通的方法和技巧  37

 ／ 师生沟通策略和方法

师生沟通的问题和现状  49

师生沟通的艺术和技巧  63

师生沟通的案例及解析  68

／ 教师与家长沟通策略和方法

教师与家长沟通的问题和现状  80

教师与家长沟通的艺术和技巧  87

教师与家长沟通的案例及解析  96

／ 教师与学校沟通的策略与方法

教师与学校沟通的问题与现状  104

教师与学校沟通的艺术与技巧  111

教师与学校沟通中的案例分析  119

/ **教师与教师沟通的策略和方法**

　　教师与教师沟通的问题和现状　　　　129

　　教师与教师沟通的艺术和技巧　　　　136

　　教师与教师沟通的案例及解析　　　　145

/ **教师与社会沟通的策略和方法**

　　教师与社会沟通的问题和现状　　　　158

　　教师与社会沟通的艺术和技巧　　　　172

　　教师与社会沟通的案例及解析　　　　178

/ **教师职业沟通素养的建构**

　　建构良好的人际关系　　　　　　　　190

　　沟通不畅与心理调适　　　　　　　　205

/ 后记

与人交谈一次，往往比多年闭门劳作更能启发心智。思想必定是在与人交往中产生，而在孤独中进行加工和表达。

——列夫·托尔斯泰

真正的幸福只有当你真实地认识到人生的价值时，才能体会到。

——左拉

# / 沟通素养与教师职业幸福感

## 公主的月亮

一个小公主病了，她娇憨地告诉国王，如果她能拥有月亮，病就会好。国王立刻召集全国的聪明智士，要他们想办法拿月亮。

总理大臣说："它远在三万五千里外，比公主的房间还大，而且是由熔化的铜所做成的。"

魔法师说："它有十五万里远，用绿奶酪做的，而且整整是皇宫的两倍大。"

数学家说："月亮远在三万里外，又圆又平像个钱币，有半个王国大，还被粘在天上，不可能有人能拿下它。"

国王又烦又气，只好叫宫廷小丑来弹琴给他解闷。小丑问明一切后，得到了一个结论：如果这些有学问的人说得都对，那么月亮的大小一定和每个人想的一样大、一样远。所以当务之急便是要弄清楚小公主心目中的月亮到底有多大、多远。

于是，小丑到公主房里探望公主，并问公主："月亮有多大？""大概比我拇指的指甲小一点吧！因为我只要把拇指的指甲对着月亮就可以把它遮住了。"公主说。

"那么有多远呢？""不会比窗外的那棵大树高！因为有时候它会卡在树梢间。"

"用什么做的呢？""当然是金子！"公主斩钉截铁地回答。

比拇指指甲还要小、比树还要矮，用金子做的月亮当然容易拿啦！小丑立刻找金匠打了个小月亮，串上金链子，给公主当项链，公主好高兴，第二天病就好了。

案例来源：http://zhidao.baidu.com/question/

倾听和理解在沟通中起到重要的作用，学会与人相处，可以少走弯路，尽快取得理想效果。有时，人们往往忽略了他人的真实需求，而完全是按照自己的意愿做事情，结果只能是无功而返。而沟通是了解他人心理的最好方法，沟通还要注重时间、场合、对象和方式，只有掌握了沟通的技巧才能达到事半功倍的效果。

# / 沟通概述 /

## 沟通需要 /

我们生活在同一个星球上，彼此依赖，没有人可以脱离他人独自生存，只有相互了解、相互信任，才能紧密合作，将我们的能量最大化，共同建设更美好的生活。从这个角度来说，沟通是人类最聪明的行为，是人类智慧的表现。在沟通中我们所获得的既有外在的物质收获，更有内在的精神力量，这种力量在每个人的人生路上都将成为无形而恒久的支撑。人有沟通的需要源自以下的基本需求：

**生理需求**

沟通非常重要，沟通的存在与否会对生理健康产生很大影响。有极端例子证实，沟通甚至可以成为生死攸关之事。医学研究人员列举了一些缺乏亲密关系而威胁身体健康的案例：

缺乏人际关系会危害冠状动脉的健康，其危害的程度与吸烟、高血压、高脂肪等一样严重；

比起拥有活跃社交网络的人，社交孤立者患感冒的几率要比前者高四倍。社交孤立者比有强烈社会联结的人，有超过两到三倍的机会早逝；

当失落了一段亲密关系时，死亡的可能性便增加了，这种事件常发生在老年人失去伴侣时。

对于健康而言，人际沟通是非常重要的，满意的人际关系对人的生理健康具有重要的意义。

**认同需求**

沟通的重要性也仅仅是维持生理需求，它也可以促使我们认识自己，心理学家皮亚杰讲到自我认识的发生发展依赖于主客体的交互作用，儿童认识的发展史通过动作所获得的对客体的适应而实现的，适应的本质在于主体取得自身与环境之间的平衡，达到平衡的具体途径是同化和顺应。所以人只有不断的沟通，才能使个体适应环境，对环境的适应才能产生认同感，这也是人际沟通的重要性所在，在人的心理发展过程中同样需要沟通，我们对自我的认同是源于与他人的互动，人的自我认知并不是简单的照镜子的原理，而是由他人对我们的回应中建立自我认同的。

### 印度狼孩的故事

1920年10月，一位印度传教士辛格(Singh, J. A. L.)在印度加尔各答的丛林中发现两个狼哺育的女孩。大的女孩约8岁，小的1岁半左右。据推测，她们必定是在半岁左右时被母狼带到洞里去的。辛格给她们起了名字，大的叫卡玛拉(Kamala)、小的叫阿玛拉(Amala)。当她们被领进孤儿院时，一切生活习惯都同野兽一样，不会用双脚站立，只能用四肢走路。她们害怕日光，在太阳下，眼睛只开一条窄缝，而且，不断地眨眼。她们习惯在黑夜里看东西。她们经常白天睡觉，一到晚上便活泼起来。每夜10点、1点和3点循例发出非人非兽的尖锐的怪声。她们完全不懂语言，也不发出人类的音节。她们两人经常像动物似的蜷伏在一起，不愿与他人接近。她们不会用手拿东西，吃起东西来真的是狼吞虎咽，喝水也和狼一样用舌头舔。吃东西时，如果有人或有动物走近，便呜呜作声去吓唬人。在太阳下晒得热时，即张着嘴，伸出舌头来，像狗一样地喘气。她们不肯洗澡，也不肯穿衣服，并随地便溺。

她们被领进孤儿院后，辛格夫妇异常爱护她们，耐心抚养和教育她们。总的说来，小的阿玛拉发展比大的卡玛拉的发展快些。进了孤儿院两个月后，当她口渴时，她开始会说"bhoo(水，孟加拉语)"，并且较早对别的孩子的活动表现兴趣。遗憾的是，阿玛拉进院不到一年，便死了。卡玛拉用了25个月才开始说第一个词"ma"，4年后一共只学会了6个字，7年后增加到45个字，并曾说出用3个字组成的句子。进院后16个多月卡玛拉才会用膝盖走路，2年8个月才会用两脚站起来，5年多才会用两脚走路，但快跑时又会用四肢爬行。卡玛拉一直活到17岁。但她直到死还没真正学会说话，智力只相当于三四岁的孩子。

[资料来源]：[印]辛格.狼孩：对卡玛拉和阿玛拉的抚养日记.陈苏新等译.长春：吉林人民出版社，1982.

印度狼孩由于幼年远离人类社会使得她的心理和行为没有经过社会化的过程，她的自我认识是在狼群中形成的，即使卡玛拉和阿玛拉有人类的外形，但其心理由于受狼群的影响，对自我的认识只是狼的心理和行为，这说明人出生在这个世界上开始都没有自我认同感，需要通过观察和沟通来诠释我们自己是谁，在童年时期我们所接收到的信息是最强烈的，所以这一时期的影响会持续一生。

### 社交需求

沟通除了对生理和心理的影响，还提供了自我与他人之间的重要联系。研究证实沟通可以满足社会需求，这些需求实际上存在于各种社会关系中，而沟通就是满足我们社交需求的主要方法。有些社会学家认为，沟通是建立人际关系的最重要的方式，有一项对两千位美国人的研究发现，和邻居闲聊的习俗是建立社区意识最确定有效的方法。

有效的人际沟通与快乐之间具有很密切的联系。在一份大学生研究中发现，10%最快乐的人都认为自己拥有丰富的社会交往，而他们在其他方面，比如睡眠、运动、休闲、娱乐等方面都没有显著差异。所以说沟通是人类生存的首要目标。

沟通不是万能的，但没有沟通却是万万不能的。沟通既是一门科学，也是一门艺术。在经济发展的现代社会,沟通的重要性正日益显现,在市场经济占主导地位的今天,沟通正日益发挥着强大的作用。

## 沟通的含义

英国文豪萧伯纳说过:"假如你有一个苹果,我也有一个苹果,而我们彼此交换这个苹果,那么,你我仍然是各有一个苹果;如果你有一种思想,我也有一种思想,而我们彼此交换这些思想,那么,我们每个人都将各有两种思想。"这段话生动地告诉了我们什么是沟通。

在《辞海》中对沟通的定义是:本指开沟以使两水相通。《左传·哀公九年》:"秋,吴城邗,沟通江淮。"后用以泛指使两方相连;也指疏通彼此的意见。沟通是人与人之间、人与群体之间思想与感情的传递和反馈的过程,以求思想达成一致和感情的通畅。沟通其实质是为了特定的目标,将信息、观念、思想和情感在个体或群体间传递,以达成共同协议的过程。Daniel和Michael认为,沟通发生在两人之间,至少是由一个人传送信息给另一个人,发生在每个人与他人主动谈论或回答谈话的过程中,与口语及非口语的社会印象相关,代表想法、情绪、主题或活动等,是一种策略性的能达成所有目标相关的沟通行为。心理学大辞典将人际沟通(interpersonal communication)界定为个体在共同活动中交流思想、感情、知识等信息的过程,主要通过言语、表情、副言语(音量、节奏等辅助言语和叹息、笑等类语言)、手势、体态、社会距离等实现。从认知心理学的角度理解,沟通就是信息的传递与接收,发送者凭借一定的渠道,将信息传递给接收者,并寻求反馈以达到相互理解的过程。沟通既是人际的交流,也是组织之间的交流。沟通有五个必不可少的要素:沟通目标、沟通内容、沟通技巧、沟通反馈、沟通结果。根据调查研究沟通的五个要素中,沟通内容只占7%,沟通技巧占55%,沟通反馈占38%,所以沟通过程中沟通技巧影响最大。沟通是人们在互动过程中通过某种途径或方式,将一定的信息从发送者传递给接受者,并获取理解的过程人际沟通是指两个以上的个体为了达成各自的目标或实现个人愿望而运用不同的沟通渠道向沟通对象传递知识、态度、情感等有意义信息的相互作用、相互影响的过程。在学校管理中,沟通的功能是信息的传递、情感的交流、教育和管理。

## 沟通的类型

### 语言沟通和非语言沟通

按沟通方式分类,分为语言沟通和非语言沟通。语言是人类最重要的交际工具,是人们进行沟通交流的各种表达符号，人们借助语言保存和传递人类文明的成果。语言的沟通包括口头语言、书面语言、图片或者图形。口头语言包括我们面对面的谈话、电话、开会等。书面语言包括我们的信函、广告和传真，甚至现在用得很多的E-mail等。图片包括一些幻灯片和电影等，这些都统称为语言的沟通。在沟通过程中，语言沟通对于信息的传递、思想的传递和情感的传递而言更擅长于传递的是信息。

非语言沟通，包括我们的动作、表情、眼神。实际上，在我们的声音里也包含着非常丰富的语言。我们在说每一句话的时候，用什么样的音色去说，如何抑扬顿挫地去说等，这都是非语言沟通的一部分。

这两种沟通方式，语言更擅长沟通的是信息，非语言更善于沟通的是人与人之间的思想和情感，最有效的沟通是语言沟通和非语言沟通的结合。

**正式沟通和非正式沟通**

从组织系统区分，将沟通分为正式沟通和非正式沟通。信息通过组织明文规定的渠道进行的传递和交流是正式沟通。组织内部的文件传达、通知发布、工作布置、工作汇报、各种会议以及组织与其他组织之间的公函往来都属于正式沟通。其优点是信息通路规范、准确度较高。

在正式沟通渠道之外进行的信息传递和交流称为非正式沟通，如私人交谈及一般流传的"流言"等。因为非正式沟通不但表露或反映人们的真实动机，同时也常提供组织没有预料的内外信息，因此现在都很重视非正式沟通，常利用私人会餐及非正式团体的娱乐活动等，多与人接触并从中获取各种资料，作为改善管理或拟订规定的参考。非正式沟通既具有沟通形式灵活，信息传播速度快等优点，又具有随意性和不可靠性等致命的弱点。

**上行沟通、平行沟通和下行沟通**

按信息流动的方向，将沟通分为下行沟通、上行沟通和平行沟通。下行沟通是上级向下级传递信息。如上级领导向下级发布命令和指示。这种沟通方式大体有五种目的：传达工作指示；促使员工了解本项工作与其他任务的关系；提供关于程序与任务的资料；向下级反馈其工作绩效；向员工阐明组织目标，使员工增强其"任务感"。这种自上而下的沟通能够协调组织内各层级之间的关系，增强各层级之间的联系，对下级具有督导、指挥、协调和帮助等作用。因此，这种沟通形式受到古典管理理论家的重视，今天仍为许多企业所沿用。但是，这种沟通易于形成一种"权利气氛"而影响士气，并且由于曲解、误解或搁置等因素，所传递的信息会逐步减少甚至歪曲。

上行沟通是指由下级向上级传递信息。如员工向上级报告工作情况、提出自己的建议和意见、表述自己的态度等。在组织中，不仅要求下行沟通迅速有效，而且还应保证上行沟通畅通无阻。因为只有这样,领导者才能及时掌握各种情况,从而做出符合实际的决策。但有关研究表明:有时自下而上的信息沟通即使到达了管理阶层,通常也不会被重视,或根本没被注意到,并且在逐层上报过程中内容会被逐层压缩,细节会被——删去,造成严重失真。

平行沟通是指同级之间传递信息,如员工之间的交流、同一层级不同部门的沟通等。经常可以看到各部门之间发生矛盾和冲突除其他因素以外,部门之间互不"通气"是重要原因之一。保证平行组织之间沟通渠道的畅通,是减少各部门之间冲突的一项重要措施。这种沟通一般具有业务协调性质,它有助于加强相互间的了解,增强团结,强化协调,减少矛盾和冲突,改善人与人之间的关系。

**单向沟通和双向沟通**

根据发送者与接收者的地位是否变换,可将沟通分为单向沟通和双向沟通。单向沟通只是一方向另一方发出信息,发送者与接收者的方向位置不变,双方无论在语言上还是在表情动作上都不存在反馈信息,发指示、下命令、演讲、报告等都带有单向沟通的性质。

双向沟通即指发送者和接收者的位置不断变化,发送者以协商、讨论或征求意见的方式面对接收者,信息发出后,又立即得到反馈,有时双方位置互换多次,直到双方共同明确为止,招聘会、座谈会等都属双向沟通。

就单向沟通和双向沟通的效率问题心理学家曾做过不少实验,实验结果表明:(1)从速度看,单向沟通比双向沟通信息传递速度快;(2)从内容正确性看,双向沟通比单向沟通信息内容传递准确、可靠;(3)从沟通程序上看,单向沟通安静、规矩,双向沟通比较混乱、无秩序、易受干扰;(4)双向沟通中,接收者对自己的判断有信心、有把握;但对发送者有较大的心理压力,因为随时会受到接收者的发问、批评与挑剔;(5)单向沟通需要较多的计划性;双向沟通无法事先计划,需要当场判断与决策能力;(6)双向沟通可以增进彼此了解,建立良好的人际关系。

由此可见,单向、双向沟通各有所长,究竟采用何种方式沟通,要视具体情况而定。如果需要迅速传达信息,应采取单向沟通方式;如果需要准确地传达信息,应采取双向沟通为宜。一般说来,如果工作急需完成,或者工作性质比较简单,或者发信者只需发布指示,无需反馈时,多采用单向沟通方式。

**口头沟通和书面沟通**

按沟通形式区分,可将沟通分为口头沟通和书面沟通。口头沟通是面对面的口头信息交流,如会谈、讨论、会议、演说以及电话联系等。其优点是有亲切感,可以用表情、语调等增加沟通的效果,可以马上获得对方的反应,具有双向沟通的好处,且富有弹性,可以随机应变,但如果传达者口齿不清或不能掌握要点进行简洁地意见表达,则无法使接收者了解其真意。沟通时如果接收者不专心、不注意或心里有困扰,则会因口头沟通一过即逝,无法回头再追认。

书面沟通即指通过布告、通知、文件、刊物、书信、电报、调查报告等方式进行的信息交流。其优点是具有一定的严肃性、规范性、权威性,不容易在传达中被歪曲;它可以作为档案材料和参考资料,以及正式交换文件长期保存;它比口头表达更详细地供接收者慢慢阅读,细细领会。其弱点是沟通不灵活,感情因素少一些,对文字能力要求较高。

口头言语沟通受到重视,书面沟通也是是一种重要方式,但采用书面沟通方式,应注意文字的可读性、规范性,做到:(1) 文字简练;(2) 使用规范与熟悉的文字;(3) 使用比喻、实例、图表等必须清晰易懂,便于理解;(4) 使用主动语态和陈述句;(5) 逻辑性强,有条理性。[1]

## 人际沟通模式 /

沟通理论的研究始于本世纪初,兴起于20世纪20到40年代,到第二次世界大战后才运用科学方法提出沟通理论模式,沟通模式是一种理论性的、简化的对沟通性质和过程的表述,它是对现实的一种同构。现选择三个重要的沟通模式做简单的介绍。

### 拉斯韦尔沟通模式

最早的沟通模式是美国政治学家拉斯韦尔提出的5W模式。该模式将人际沟通中的沟通者、信息、渠道和效果用线性关系进行,该模式非常简明,注重沟通效果,但忽略了人际沟通的情境因素和反馈因素,是一种线性沟通模式。

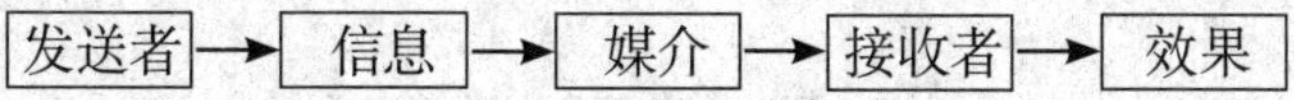

$$发送者 \rightarrow 信息 \rightarrow 媒介 \rightarrow 接收者 \rightarrow 效果$$

**图1 拉斯韦尔沟通模型**

### 施拉姆沟通模式

20世纪50年代中期,传播学者施拉姆提了沟通环形模式。发送者和接收者在编码、阐释、解码、传递、接收时,形成了一种环形的、相互影响的和不断反馈的过程。施拉姆提出了编码、解码、反馈概念的过程;参加交流的人既是信息发送者又是信息接收者;对信息的编码解码构成了人们的沟通过程。这个模式对于人际沟通的情境更具有概括性和适应性,但如果信息发送者和接收者的参考框架或经验范围没有重叠则难以达成沟通,所以该模式更注重交流的过程而非效果。

---

[1] 来自百度百科。

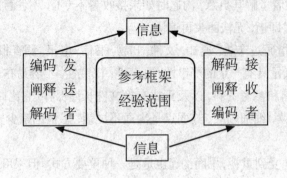

图2 施拉姆沟通模型

### 克劳佩弗沟通模式

20世纪80年代初克劳佩弗提出了人际沟通的另一模式。在这个模式中传送者是接收者，接收者同时又是传送者，接收者的信息必须经过分析、评估才能给予反馈。在克劳佩弗的人际沟通模式提出了信息的发送者和接收者的互动关系，在重视过程中又强调了信息互换对沟通过程的意义，对沟通理论具有重要的价值。

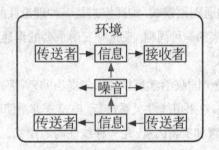

图3 克劳佩弗沟通模型

上述沟通模式反映了沟通理论发展趋势，拉斯韦尔对沟通的基本要素进行了分析、研究，构建了线性模型；施拉姆在线性的模式基础上又做了改进提出了环形沟通模型，环形模型使沟通双方都参与到沟通过程中；克劳佩弗在人际沟通方面提出了双方的互动关系，对组织沟通有价值。但是，这三种模型有其缺点，线性的侧重于单向沟通，环形侧重于双向沟通，克劳佩弗模型加入了环境都沟通的影响。这三种是人际沟通的主要模式各有利弊，在沟通中应综合运用。[1]

---

[1] 论教育行政沟通模式.王惠清.湖南教育学院教育管理系.

# / 沟通素养 /

## 沟通素养定义 ╱

素养是指由训练和实践而获得的技巧或能力,也指平素的修养。沟通素养是在沟通过程中所获得的与人交往的技巧或能力。这种技巧和能力体现在生活的方方面面,卡耐基说过:一个人的成功,15%靠专业知识,85%靠人际沟通。可见,拥有良好的人际沟通能力已经成为一个人的基本素质,缺少这样能力将会被社会所淘汰。既然沟通对每个人都有如此重要的意义,那么我们就从以下五个方面深入了解沟通的深层含义:

首先,沟通可以是有目的或无目的的行为。有些沟通行为具有明显的目的,例如,要求领导加薪,或提出意见或方案,都会提前设计自己的言行。有些学者主张,像这种有目的性的信息,才可以称为沟通。但有些学者认为,即使是没有意图的信息,也算是沟通行为。如果某个朋友无意中听到了你正抱怨课程太多没有时间休闲娱乐,即便你并非有意要让他们听到,他们仍会将它当成信息传递给他人。除了这种无意间泄露的言谈之外,我们还会无意识地传递许多非言语信息,这些可能是你对他人的厌烦和不满所表现出的表情或动作,但别人却看见了。无意识的行为是否能称为沟通,至今没有定论,留待研究人员做进一步的探索和研究。

其次,沟通是不可逆的。有时候我们会希望可以回到过去,消除某些行为或言辞,然后将它们修饰成比较妥当的言语。可是,这样的愿望是无法达成的。有些时候,过多的解释的确可以澄清误会,道歉也可以缓解给他人造成的创伤。可是无论怎样,说出去的话犹如泼出去的水,难再收回,给他人留下的印象也无法彻底改变,所以这里讲的沟通素质一定是习惯化的言行表现,一旦习惯形成就会形成沟通风格,进而影响你的沟通能力,为了能有良好的人际关系,需要培养良好的沟通素养。

再次,人不可能不沟通。不管沟通有无目的性,都会传递信息、观念、思想和情感。无论你说什么、做什么,沉默、逃避还是情绪化,哪怕只是一个表情,都会将你此时此刻的想法和感觉传递给对方。当然,信息的接收者不可能准确无误地理解你所传递的信息,可能会认真地聆听,思考你的言语和动作,也可能忽视你要表达的意思,或者对你所传达的信息产生误判。然而,即使没有达到沟通的目的,也不是说没有沟通,只是沟通的效果不理想,没有满足我们的沟通意愿。

最后,沟通不能依照定律来进行。沟通是一种持续不断的过程,不可能重复出现,即便存在刻板的沟通也只是为了传递信息或是剧情的重复。就像为了拉近与陌生人的距离,你可能会用一个友善的微笑就得到他人的接纳,但换一个场合或对象效果就会完全不同，即使是面对同一个人，我们也不太可能重复创造出一模一样的事件。因为任何人和事都处在发展变化中，所以人的感觉认识也是日新月异，没有一个固定的模板让你与每一个人的相处都千篇一律。

## 沟通的目标 /

别人对你的问题是否能够理解，对你的想法是否能够接受，这完全要靠沟通获取成果，良好的沟通素质需要建立明确的目标。人们在沟通活动中可能具有不同的目标，例如：传递信息、说明问题、教育培养、沟通情感、传播思想、宣传观念等。根据沟通深度不同，沟通目标可以分为传递、理解、接受和行动。

1.传递是沟通最初级的目标，也是最容易达到的目标，属于单向的沟通方式，只要信息的发出者能够将信息传递给特定的个人或组织，就达到了沟通的目标，而并不追求信息一定对其他人或组织产生影响，这种沟通常用在上级对下级传达精神，老师给学生布置作业等。

2.理解是较深层次的沟通目标，它要求信息的接收者能够广泛、深入地了解信息的性质、含义、用途和影响。文化教育、娱乐以及一部分解释、说明就属于这种性质的沟通。要达到使人能够理解的目标，就要求信息发送者在进行编辑信息时，必须考虑符合信息接收者习惯的表达方式，这在某种程度上运用了沟通的技巧，需要考虑对方的情况及接受程度。

3.接受是信息受众不仅要能够广泛、深入地明了信息的性质、含义、用途和影响，而且要认同信息的内容，接受的核心是态度上的趋同，很多说明、解释和劝导就是以接受为沟通目标的。

4.行动是沟通最高层次的目标，它要求信息受众不仅能够接收、理解、接受信息的内容，而且会受到该信息的影响而采取某种行动。一些劝导、宣传、号召活动往往是以说服某些人采取某种行动作为目标的。例如，环保主义者通过某种形式宣传环保主张，号召人们改变生产生活方式，以促进人类与环境的和谐发展。

## 不良沟通素养 /

沟通素养的培养首先要明确什么是不良沟通的方式，只有澄清这点才能了解真正有效的沟通如何进行。

首先，用次数来衡量良好的沟通。不足会产生问题，然而，沟通过于频繁也会产生问题。有时候过度的沟通却是在浪费时间。当两个人将一个话题讲到打死结后，事情只会原地打转、毫无进展。另外，讲得太多也会使问题更加恶化。我们都有钻牛角尖的经验，越想越多而让状况更糟糕，正如一项研究表明，太多的负向沟通只会导致更多的负向结果。

其次，局限于沟通的表层意思。人们常犯的最大错误，就是认定沟通就是把话说出来。像之前的表述一样，没有人能保证信息的接收者所接收到的意思是信息传送者所传达的。例如，你对学生说了一句有深刻意义的话，可是学生并没有完全理解，会不懂你的良苦用心。也有一些沟通是有误解的，为了减少误解的产生，就需要一些沟通的技巧。

再次，成功的沟通能增进彼此了解。沟通是为了增进彼此了解，但即使沟通很顺畅，也并不能够增进互相了解。有些研究发现，满意的关系有时候依赖片面的了解。通常，与实际上了解配偶所作所为的人相比，认为配偶了解自己的人对婚姻更加满意。换言之，完全满意的关系并不是来自彻底的了解，有时避免刨根问底反而有助于人际沟通。

最后，沟通可以解决所有的问题。有时候，即使天时地利人和，一切都规划得很完美，但沟通并不一定会解决问题。请设想一下，如果某次考试你认为答得非常理想，完全可以拿到高分，可老师却给了你很低的分数，当你希望通过沟通来了解问题所在，去找老师询问原因，当他清楚地了解到你对自己拿不到高分的困扰，也对你解释了原因，但是并没有达到你的目的调整分数。所以也许清楚明白地说明问题正是引发问题的开端。

## 良好的沟通素养

虽然没有千篇一律的沟通法则，为了更有效地进行沟通，可以总结出良好沟通需要具备的能力和素质。

### 信任

没有信任就没有理解，没有信任就没有快乐。信任是事业的基础，信任是幸福的源泉。信任是宝贵的，得到信任是自豪的。我们信任别人同时也快乐了自己。人际沟通应当以信任为前提，缺少信任就缺乏了沟通的基础，只有互相信任才会产生沟通与理解，才可能有融洽的人际关系。

### 诚信

人生处世，必须有根基，否则就会随波逐流，根基是为人之本，是为人处世的核心。有诚信的人无论是高官显贵还是普通百姓必然言而有信、言出必行，不会因为事情的变化而收回自己的承诺，因为他们懂得人心的可贵。诚信是为人之本，也是交往之本,如果与人交往出尔反尔,缺少信誉,就会失掉人心,成为孤家寡人,无人敢与之交往。

### 宽容

宽容,是容人之过、容人之错、容人之短,体察他人的心情,谅解他人的难处,这既是做人的美德,也是人际沟通必需的品质。雨果有句名言:"世界上最宽阔的是海洋,比海洋更宽阔的是天空,比天空更宽阔的是人的胸怀。"在交往中,尊重理解他人的个性,平等交往和对待,才能得到他人的理解和敬重。宽容一种智慧,你对别人宽容,也是为自己拓宽了一条幸福的道路。真正的宽容不应该谴责、评论他人的是非曲直,宽容的人能正视现实,在人与人的关系上不脱离实际,能考虑对方的感情,善待了别人也就等于善待自己。

### 换位思考

换位思考就是按照逻辑推理的原则,设想扮演他人的立场和观点,设身处地地站在他人的立场上考虑问题。这要求我们以爱己之心来对待周围的人,无论做什么事情,都要用自己的感受去体察他人的感受,以自己的处境去想别人的处境,将心比心,把他人当成自己来看待,为对方着想。如果能够从他人的角度出发,就不难实现有效的沟通,即使在沟通过程中,不能完全站在他人的角度,那也是人性使然,这也不是造成沟通不畅的主要原因。

### 坦诚

在人际沟通中,坦诚需要直接表达思想、感情和愿望,坦率说实话,彼此无心结,才能准确地表达自己的想法不产生歧义,当然有些场合的表达需要委婉甚至暗示,直言不讳时需要充满自信、善解人意,而不能将自己的意愿强加给他人,造成沟通的误会,坦诚表达自己时,也要考虑到他人的性格,习惯的行为方式,对问题理解的程度等,所以坦诚也需要结合沟通素养的其他方面,才能使沟通变得更有人情味。

### 善于承认错误

俗语讲:知错能改,善莫大焉。人无完人,在人际沟通中,没有人不犯错误,有的人甚至会一错再错,既然错误是无法避免的,那么可怕的就不是错误本身,而是将错就错、知错不改。如果能正确面对自己的弱点和错误,拿出足够的勇气去正视错误并改正,那么就能弥补沟通中的不良后果和损失。

### 克服沟通中的心理障碍

除了良好的沟通品格,沟通中的心理成分也是影响沟通素质的重要方面。常见的阻碍人际沟通的心理有:自卑心理、猜疑心理、怯懦心理、逆反心理、虚伪心理、自负心理、冷漠心理、嫉妒心理、贪利心理、干涉心理和敌视心理。在人际沟通中将自己封闭起来，担心害怕，怀疑胆怯，亦或是虚情假意，自命不凡，见利忘义，嫉妒憎恨，都会将自己与人群隔离开来，这些不良的沟通心理不仅会影响其交往能力，还会将自己陷入孤立无缘的境地。

# / 沟通与教师职业幸福感 /

### 职业幸福感的含义 /

纵观国内外对幸福的研究，英国心理学家罗斯通过对1000多人的研究发现幸福的公式，幸福：H=P+E+H，这里P代表性格（个性、应变能力、适应能力、人生观、世界观、忍耐力等），E代表生存需求（健康、财富、交友状况等），H代表高级心理需求（自尊、自我价值感、幽默感等）。而我国学者邢占军则用幸福指数测量人们的幸福感，它是反映人们主观生活质量的核心指标。幸福感主要包含三方面的内容：首先，幸福感是人们对生活总体以及主要生活领域的满意感；其次，幸福感是人们所体验到的快乐感；最后，幸福感是人们由于潜能实现而获得的价值感。这样看来，幸福感是由客观条件、主观需求以及价值因素共同作用下而产生的个体对自身存在于发展状况的一种积极的心理体验，是满意感、快乐感和价值感的有机统一。

对于职业幸福感的定义，国内外学者至今未达成共识。Joan E. van. Horn和他的合作者（2004年）认为，职业幸福感是个体对自身工作的各个方面的积极的评价，包括情感、动机、行为、认知和身心幸福五个方面[1]。肖杰（2004年）提出，教师职业幸福感是以自身的标准对从事的教师工作产生的持续稳定的快乐体验[2]。所谓职业幸福感，是指主体在从事某职业时基于需要得到满足、潜能得到发挥、力量得以增长所获得的持续快乐体验[3]。

有研究认为职业幸福感与幸福感相对应，教师职业幸福感就是个体对自己职业生活的各个方面的主观心理体验，表现在对工作情感、躯体健康、工作热情、友好关系、成效感、从业动机等方面的积极评价。个体对这些方面的评价越高，职业幸福感

[1] Joan E. van Horn, Toon W. Taris, Wilmar B. Schaufeli and Paul J. G. Schreurs. The structure of occupational well—being: A study among Dutch teachers. Journal of Occupational and Organizational Psychology, 2004 (77)：365—375.

[2] 肖杰. 小学教师职业幸福感的调查与思考——以大庆小学为例[D]. 上海：上海师范大学，2004.

[3] http://wenku.baidu.com/view/17e43cee0975f46527d3e171.html?from=related&hasrec=1 找到教师职业幸福感.

越强,反之,则体验到的幸福感越低。[1]教师的职业幸福感可以理解为,在教育工作中能满足自身的基本需要并能得到学生的尊重、认可、热爱和怀念,自身的价值就能得到充分的体现,这就是教师的职业幸福感。师者,传道、授业、解惑也。我国是礼仪之邦,有尊师重教的传统,桃李满天下,是老师最幸福的事。每当路上偶遇所教学生,他们总是相隔很远就和你亲切地打招呼;每当得意门生事业有成时,自己总会自豪地对人讲,这是我教的学生;每当教师节来临时,都能收到来自四面八方学子温馨的祝福,此时此刻,身为教师沉浸于幸福中。

对于教师来说,是否能时时处处感到幸福是很重要的,因为这不仅仅影响着其人生是否快乐,更影响着学生的人生幸福;只有教师时时处处洋溢着幸福,学生才会真真切切感受到幸福。

### 影响教师职业幸福感的因素 ╱

教师职业幸福感是职业生活的重要组成,也是衡量我们工作生活质量以及身心健康的重要指标。探讨教师职业幸福感就要了解影响职业幸福感的影响因素有哪些。

#### 师生关系

师生关系是指教师与学生在教学交往中所形成的相互关系。教师们认为,学生的进步是最能增强自己幸福感的因素之一,学生作为教师工作的主要对象,对教师职业幸福感的影响巨大。学生的进步、学生的成就、教师与学生之间的和谐关系都是教师职业幸福感的重要来源。首先,学生的进步和成就是教师工作的价值体现、教师劳动成果的对象化形式。其次,教师在与学生相互沟通中也获得了自身的提高。可见,师生关系可以为教师带来幸福感。[2]

#### 教师与家长的关系

家长的肯定是对教师辛勤劳动、教学水平和人格的肯定,对教师树立自信心和进一步发展有巨大的激励作用。这些社会反馈所载荷的感激和尊重等价值信息,有助于增强教师的职业幸福感。家长对教师教学的支持和尊重带给老师幸福感,这给了教师很大的动力。

#### 教师与学校领导的关系

学校领导对教师的支持和肯定也极为重要。领导的赏识一定程度上意味着教师

---

[1] 教师职业幸福感研究.上海大学心理辅导中心.姜艳.

[2] 教师职业幸福感及其提升策略.深圳大学师范学院.张兆芹,庞春敏.

工作成绩得到认可、获得奖励与发展的机会，鉴于此，学校的主要领导——校长的领导力和人格魅力，对教师职业幸福感有着重要的影响。作为学校发展的关键人物，校长首先必须在工作上成为教师的榜样，尤其是在目前教师职业压力日益增大的情况下，校长的工作态度直接影响着教师的工作情绪。校长勤业敬业的态度是激励教师以积极肯定的态度面对工作的重要因素。学校领导者解决教师的后顾之忧，为教师生活状态的改善做出努力，也是提升教师幸福感的最直接支持。

### 教师间的人际关系

心理学把人际的和谐作为幸福感的社会支持因素，认为具有良好的社会支持的个体会有比较高的主观幸福感，比较高的生活满意度、积极的情感和较低的消极情感。教师群体也不例外，教师的人际关系状况影响教师的职业感受、工作积极性甚至是学校组织文化的形成。

### 稳定的工作、待遇和职业认同感

教师职业幸福感的获得与工作稳定、待遇改善具有必然联系。首先，相对来说，教师职业工作稳定、流动性小，工资待遇也有国家规定的标准，生存得到保障。其次，教师职业的社会地位相对较高。总的来说，教师职业的总体工资水平处于中等水平，收入并不高，但也存在地区差异，由于生存成本逐渐增加，而工资的增长却与成本的增加不成正比，所以中小学教师的工资待遇需要提高并存在较大的增幅空间。只有满足基本的生存需要才能获得满足感，才会去追求职业价值感。教师也需要社会各界对职业的认同，从"文革"时期将教师称为"臭老九"，教师的社会地位一度受到严峻的考验，改革开放30年，教师的社会地位逐渐恢复，近些年报道的教师一些不良的行为表现对教师职业形象造成巨大的冲击，身为教师也没有"太阳下最光辉的职业"的优越感了，这也会对教师的职业幸福感造成影响，亟待提升教师的职业认同感。

### 教师的学习支持与发展

学习支持是学校为教师个体专业成长所提供的一切学习机会，持续的学习力是促进教师专业发展的主要途径，教师的充分发展和自我实现有利于体现其自我价值感。通过持续的学习，可以提升教师驾驭工作的能力，工作的成功与职业发展能够为教师带来新的契机，使教师体会成就感，获得幸福感。教师职业是一种学习型的职业，只有不断学习才能体会到自我提升的快乐和被肯定的愉悦，教师工作也是一种创造性的工作，只有不断学习和汲取新的知识、掌握各种新的教育方法，借此完善和提高自己，才能体会到不断超越自我的成就感，这种发展即能带给教师幸福的体验。

### 良好的心态和期望

保持良好的心态、合理的期望，对教师来说非常重要。首先，每一位教师都需要有良好的心态来面对每一个学生，以平和的心态来看待工作，发现教师这一职业的艺术性和创造性，同时获得幸福的体验。其次，教师的工作付出多于回报，是不能完全用金钱来衡量的。因此，拥有合理的期望程度，这样可以避免心理的落差感，因为主观幸福感是由个体期望值与成就感之间的差值大小决定的，也可以说，幸福感是在比较中得出的。因此教师在工作中要有合理的期望、保持良好的心态。[1]

### 沟通与教师职业幸福感的关系 /

沟通是人们通过语言、文字、表情、行为、通讯工具等进行的思想和认识的交流，它能够使人们互相交换彼此的观点和意见，表达喜怒哀乐的情绪，分担挫折，分享快意，进而形成良好的人际关系。沟通也是事业成功的金钥匙，"人的本质是社会关系的总和"，西方人才学理论认为，个人事业成功受两大因素的制约：自身因素和社会因素。就个人才能发挥来讲，人际沟通状况是一个尤为重要的社会环境。事实证明，这个社会环境直接或间接地影响着人的事业。教师职业也要受各种社会关系的影响，加强教师沟通的素养对于提升教师职业幸福感有重要的意义。

良好的人际关系能使人心情愉悦、缓解压力、促进身心健康，从而可以调动教师工作的积极性，对提升教师的职业幸福感非常重要，如果教师的人际关系紧张，将会分散教学注意力，导致教学质量下降。因而，创造一个和谐、融洽的教师人际关系是至关重要的。在一项关于教师教育幸福感的研究中，教育幸福量表有以下几个维度：教师认同感、人际和谐度、教学控制感、个人成长性、工作自主性、教育价值感、积极情感。在这些维度中，人际和谐度起了非常重要的沟通和联结的作用，是七个维度的核心要素。因此，沟通的能力、水平、技巧对教师的工作和生活产生了重要的影响。通过提高教师与学生、教师与家长、教师与学校、教师与教师、教师与社会这五类关系来改善教师的幸福感。

一是善待学生，学会在情感互动中感受幸福。学生的成长是与教师的幸福紧密相关的。作为教师要获得人生的幸福，首先应是个成功的教育者。善待学生是教师事业成功的前提，善待学生就是善待自己。而要做到善待学生就要读懂学生的需要，了解学生的心理，做学生的榜样和朋友。那么需要教师首先要善待学生，学会关注每个学生的需要。其次，善待学生要注意因材施教，关注学生的差异性。再次，善待学生要

---

[1] 影响教师职业幸福感要素的调查与分析——以杭州市中小学为例.童富勇,金优尤.杭州师范大学继续教育学院.

积极帮助困难生，在经济上和精神上给予更多的关爱。最后，善待学生更要学会鼓励和赞扬，鼓励后进生扎实提高学习，多给予正面的引导和关心。善待自己是一种积极的生活方式，善待学生是教师的一种崇高的师德。善待学生就是用一种乐观积极的人生态度去做教育事业，这种态度是不仅对完善自身的教学效果、教学风格、教学理念有指导意义，更重要的对处在中小学的学生的良好的人生观、价值观和世界观的形成也有积极地影响。学会善待学生，给学生一方开心的沃土，让他们健康快乐地学习成长，这应该是教师最幸福的事。

二是理解家长，学会与家长在交流中促进学生成长。由于教师和家长在认知互动和情感互动水平不同，教师了解的是教育的规律和方法，和家长了解孩子的个性和特点，在教育孩子的问题上教师与家长是站在一个问题的两个方面，如果不符合教育的规律，孩子的成长势必要走弯路，如果不了解孩子的个性特点也不能培养出有思想的人。虽然教师和家长关注的点不同，但都是为了学生的成长，每个家长都对自己的孩子寄予厚望，他们希望教师给予关心与帮助，教师要站在家长的立场，考虑家长的感受，然后进行正确、科学的引导，找到教育学生的结合点。这就要求教师在与家长沟通时，要放下"权威"的架子，虚心听取他们的批评和建议，有则改之，无则加勉，教师还要尊重家长的态度和愿望，利用科学的、有效的沟通方法，才能形成和谐的合作关系，共同为学生的成长服务，为开展教育工作营造良好的氛围，教师能在这样的氛围中工作那将是减轻教师压力并增进职业幸福感的有力保障。

三是与学校一致，学会沟通交流保持良好心态。学校是由一个个师生组成的集体，每一个教师的切身利益都离不开学校，学校的利益受损，个人利益必然相应地受损，如果学校衰落下去甚至解体，那对身为该校教师毕竟是一件不幸的事。所以，无论从道理、情理，还是从道德、责任的角度看，维护学校利益、与学校保持一致，始终是每一个教师所应该做的。绝大多数教师深知学校利益和自身利益的密不可分，因而是愿意与学校保持一致的。与学校保持一致，还涉及与领导的距离问题，处理好与领导和学校的关系，也是在不断的提升自我，主要是在于领导的沟通交流中，保持好心态。在人们的思想意识中，似乎已经形成一种"潜规则"，就是凡与领导距离近的，都应该遭遇公众的白眼和鄙弃；与领导距离越远越具正气，这样的"潜规则"是很荒唐的。其实，只要不是损人利己，只要不是谋求额外的私利，只要不违背道义和原则，与领导距离的远近都是无可非议的。所以要保持良好的心态，与学校保持一致，把自身的利益与学校紧密联系起来。

四是与同事合作，学会在合作互助中感受幸福。教师间的关系有两种：合作与竞争,但合作是第一位的,在当今竞争时代中,教师只有在和谐的关系中发挥自己的才能,才能产生幸福感,学校教育目标是各科教师共同努力协同合作,同事之间应尊重、理解和宽容。新课程基本教学理念明确了教师之间必须加强合作,相互学习,通过教师与教师之间所教授内容的互动,教师们可以相互启发、相互补充,实现在思维、科研智慧上的碰撞,从而产生新的思想,使原有的观念更加完善和科学,为了学生的终身发展和全面发展,教师在准备课程进行教学设计时,需要教师集体的智慧相互借鉴、共同探讨。教师之间的合作交流,除了学校内教师的集体备课以外,合作的形式还有很多,尤其是加强与其他学校教师的交流,能起到开阔眼界、启发灵感、提供借鉴的重要作用。正如著名教育家马卡连柯所说:"如果有五个能力较弱的教师团结在一个集体里,受着一种思想、一种原则、一种作风的鼓舞,能齐心一致地工作的话,那就比十个各随己愿地单独行动的优良教师要好得多。"

五是接触社会,学会善待自己开阔视野联通世界。教师的自然属性首先是个体的人的需要,其次教师的社会本质青少年一代是社会的未来,社会希望他们成为有用之材,教师就必须作为社会的代理人,帮助青少年的成长,也就是教师要有计划有目的地参与学生的社会化过程。在这个过程中,教师的一头是社会,另一头是自己的教育对象即学生,对这二者都负有义不容辞的责任。这两种属性要求教师既是自然人也是社会化的人,这样教育的对象也才能更好地融入社会。首先教师要制定切实可行的奋斗目标,通过努力实现的过程可以体验到成功的快乐,感受教育带来的幸福。其次要开阔视野,读万卷书行万里路,不要让自己的知识局限于书本,由于现代科技的发展,互联网的使用,知识的学习和教授不是教师的唯一职责,教师帮助学生丰富知识的广度和深度,还需要指导学生学习方法和技巧,比如分辨是非曲直,这就需要现在的教师善于沟通开阔视野,最后要有沟通世界的胸怀,不管是所教的知识还是技能都需要与社会、与世界接轨,符合现今世界发展的要求,这样学生的知识体系才能更具包容性,这样的生活教师才能真正体验到幸福。

[测一测]

### 教师教育幸福问卷

下面是一些对教育感受的陈述,请您将下列描述与您的真实感受进行比较,在您认为的符合程度上画"√"。"1—5"表示所描述的情况与您真实情况的符合程度,从完全不符合到完全符合。

| 描述 | 完全不符合 | 比较不符合 | 说不清 | 比较符合 | 完全符合 |
|---|---|---|---|---|---|
| 1.这份工作对我的吸引力一直没有减少,甚至还有增加 | 1 | 2 | 3 | 4 | 5 |
| 2.与刚开始工作相比,我现在不那么喜欢当老师了 | 1 | 2 | 3 | 4 | 5 |
| 3.我觉得自己做的工作很有意义 | 1 | 2 | 3 | 4 | 5 |
| 4.我觉得教学工作使我变得没有以前那么热情了 | 1 | 2 | 3 | 4 | 5 |
| 5.面对学生的工作然我觉得很快乐 | 1 | 2 | 3 | 4 | 5 |
| 6.我觉得每天上班工作很愉快 | 1 | 2 | 3 | 4 | 5 |
| 7.我会在与同事或学生工作一整天之后感到很快乐 | 1 | 2 | 3 | 4 | 5 |
| 8.我常在工作一整天后,感到筋疲力尽 | 1 | 2 | 3 | 4 | 5 |
| 9.我经常感到工作负荷很重,耗尽心神 | 1 | 2 | 3 | 4 | 5 |
| 10.我觉得我工作得太辛苦了 | 1 | 2 | 3 | 4 | 5 |
| 11.我觉得我的工作耗尽了我的精力 | 1 | 2 | 3 | 4 | 5 |
| 12.我常对教育学生或班级管理感到筋疲力尽 | 1 | 2 | 3 | 4 | 5 |
| 13.整天和学生在一起的工作确实让我感到疲劳 | 1 | 2 | 3 | 4 | 5 |
| 14.直接面对学生的工作给我太大压力 | 1 | 2 | 3 | 4 | 5 |
| 15.我能有效地处理工作上的问题或学生的问题 | 1 | 2 | 3 | 4 | 5 |
| 16.我很容易就能理解学生对事情的感受 | 1 | 2 | 3 | 4 | 5 |
| 17.在工作中,我能冷静地处理一些涉及情绪冲突的情境 | 1 | 2 | 3 | 4 | 5 |
| 18.我在学校教育工作中已完成了许多有意义的事情 | 1 | 2 | 3 | 4 | 5 |

评分指南:8—14题为反向计分题,选1记5分,选2记4分,选3记3分,选4记2分,选5记1分。其余题目选几得几分。总得分在72分以上说明教师的教育幸福感较高,有较多良性的教育体验与感受;总得分在36分以下说明教师有较多的负性教育体验与感受,有待调整。

现实生活中有些人之所以会出现交际的障碍,就是因为他们不懂得忘记一个重要的原则:让他人感到自己重要。

——戴尔·卡耐基

　　每一个人都需要有人和他开诚布公地谈心。一个人尽管可以十分英勇,但他也可能十分孤独。

——海明威

# / 沟通素养概述

## 女王的沟通智慧

英国著名的维多利亚女王，与其丈夫相亲相爱，感情和谐。但是维多利亚女王乃是一国之君，成天忙于公务、出入于社交场合，而她的丈夫阿尔伯特却和她相反，对政治不太关心，对社交活动也没有多大的兴趣，因此两人有时也闹些别扭。有一天，维多利亚女王去参加社交活动，而阿尔伯特却没有去。已是深夜了，女王才回到寝宫，只见房门紧闭。女王走上前去敲门。

房内，阿尔伯特问："谁？"

女王回答："我是女王。"

门没有开，女王再次敲门。

房内阿尔伯特问："谁呀？"

女王回答："维多利亚。"

门还是没开。女王徘徊了半晌，又上前敲门。

房内的阿尔伯特仍然问："谁呀？"

女王温柔地回答："你的妻子。"

这时门开了，丈夫阿尔伯特伸出热情的双手把女王拉了进去。

聪明的女王运用语言的技巧叩开了房门，也解开了心锁，增进了女王和丈夫亲密的关系。这说明运用恰当的沟通技巧不但可以增加沟通，拉近距离，还可能将复杂的心结解开，达到"润物细无声"的效果。在这一章中我们就来深入探讨怎样形成良好的沟通素养，改善人际交往。

# / 教师沟通的风格 /

## 沟通风格含义 /

沟通风格是指在人际沟通过程中，个体在自身的沟通习惯及规范中所表现出来的规定性的行为方式，具有一定的稳定性。沟通风格是在人际交往中表现出的个性风格，体现了沟通者的人际关系的基本结构和面貌。沟通风格在交往过程中只有维度的分别，没有优劣的差异，相对于某一群体来说，只能说某一种沟通风格更易于交往，而不能说哪一种沟通风格更好。

由于每个人都有不同的个性特征、处事方式和行为习惯，所以沟通风格也不尽相同。沟通风格可以预测一个人的沟通行为，是在实际生活中，由于成长环境和背景不同，而形成了很多不同的沟通风格，有的温和、有的强势、有的理性、有的冲动，如果不了解不同人的沟通风格和特点，而按照常规的思路对所有人进行同样方式的沟通，就会产生很多困难，形成大量的无效沟通，进而影响我们的生活、工作和学习。

教师沟通风格是教师在信息沟通活动中表现出的个性风格，是一种持续的、习惯性的沟通方式。从本质上说，教师的职业体现在教学过程中，狭义的教师关系指的是师生关系，但新型的教师被包裹在复杂的人际关系网络中，包括师生关系，教师和家长的关系，教师和学校的关系，教师和教师的关系以及教师和社会的关系，这些关系形成了一个复杂的沟通过程，它以教师作为主体，为了了解教师的沟通状况我们首先要了解教师的沟通风格。心理学研究表明，如果教师能够采用积极的沟通风格与学生进行沟通，平等友好地关注学生，不仅会提高教学效果，也会促进师生关系的改善。当然良好的沟通风格对其他的沟通关系也有积极地影响。

## 沟通风格的类型 /

关于沟通风格的划分，由于角度和维度不同，存在不同的划分类型。Leary把沟通风格分为支配型、顺从型、亲和型和敌对型四个维度；Hall根据不同的情景场合对沟通效果的影响把沟通风格分为高情境沟通和低情境沟通；Norton认为沟通风格是一种多角度、多层次的变量，他编制的沟通风格问卷包括十个维度：支配型、戏剧型、好辩论型、生动型、印象深刻型、放松型、关注型、开放型、友好型，以及一种整体的维度——沟通形象,此沟通风格问卷得到了学者的普遍认可。我国学者周莉根据我国自身的文化背景,在Norton的沟通风格的基础上,将支配型风格与辩论型风格合并为支配辩论型风格,生动型与戏剧型风格合并为活跃型风格,最后得出支配辩论型、活跃型、印象深刻型、放松型、关注型、开放型、友好型。从人际交往的角度,通常在沟通中有四种不同类型:支配型、表达型、和蔼型、分析型。我们首先介绍着四种类型,不同的沟通类型需要有不同的交往策略,首先要了解人的交往类型,然后用与之相类似的方法进行沟通,下面就来介绍这四种类型。

(1) 支配型交往特征和沟通技巧

支配型的交往特征是:支配型的人个性特点是果断、审慎、独立、热情、有能力、有作为,行为特点是指挥人、有目的性、强调效率、有目光接触、说话快且有说服力、语言直接、面部表情比较少、有计划性使用日历、情感不外露。

与支配型的人交往采用沟通技巧是:

①交流中的回答要准确。

②可以提问一些封闭式的问题,他会觉得效率会非常高。

③对于支配型的人,要讲究实际情况,应有具体的依据和大量创新的思想。

④支配型的人非常强调效率,在最短的时间里给他非常准确的答案,而不是模棱两可的结果。

⑤同支配型的人沟通的时候,一定要直接,不要有太多的寒暄,直接说出你的来历,或者直接告诉他你的目的,要节约时间。

⑥说话的时候声音要洪亮,充满信心,语速一定要比较快。

⑦在与支配型的人沟通时,一定要有计划,不要感情流露太多,并且最终要落到一个结果上,依他看来结果比过程重要。

⑧你在和他沟通的过程中,要有强烈的目光接触,目光的接触是一种信心的表现,身体一定要略微前倾。

(2) 表达型的交往特征和沟通技巧

表达型的交往特征是:表达型的人个性特点是外向、合群、直率友好、活泼、热情、幽默,行为特点是快速的动作和手势、不注重细节、抑扬顿挫的语调、有说服力的语言。

与表达型的人交往采用沟通技巧是:

①在和表达型的人沟通的时候,说话要非常直接,我们的声音一定要相应地洪亮。

②表达型的人不注重细节,甚至有可能说完就忘了。

③要有一些动作和手势，如果我们很死板，没有动作，那么表达型的人的热情很快就消失掉，所以我们要配合着他，当他出现动作的过程中，我们的眼神一定要看着他的动作，否则，他会感到非常的失望。

④表达型的人特点是只见森林，不见树木。所以在与表达型的人沟通的过程中，我们要多从宏观的角度去说。

（3）和蔼型的交往特征和沟通技巧

和蔼型的交往特征是：和蔼型的人个性特点是合作、友好、耐心、轻松，行为特点是面部表情和蔼可亲、频繁的目光接触、赞同、说话慢条斯理、声音轻柔、抑扬顿挫、使用鼓励性的语言。

与和蔼型的人交往采用沟通技巧是：

①和蔼型的人看重的是双方良好的关系，不看重结果。

②同和蔼型的人沟通过程中，要时刻充满微笑。

③说话要比较慢，要注意抑扬顿挫，不要给他压力，要鼓励他，去征求他的意见。

④遇到和蔼型的人一定要时常注意同他要有频繁的目光接触。每次接触的时间不长，三五分钟，他就会目光接触一次，但是频率要高。

（4）分析型的交往特征和沟通技巧

分析型的交往特征是：分析型的人个性特点是严肃、认真、谨慎、逻辑性强、计划性强，行为特点是动作慢、有条不紊、语调单一、语言准确、注意细节、、面部表情少、喜欢有较大的个人空间。

与分析性的人交往采用沟通技巧是：

①注重细节，遵守时间，谈话需要尽快切入主题。

②需要时一边说一边拿纸和笔记录。

③不要有太多和他眼神的交流，更避免有太多身体接触，你的身体，应该略微的后仰，因为分析型的人强调安全，尊重他的个人空间。

④同分析型的人在说话的过程中，一定要使用准确的专业术语，要多列举一些具体的数据，多做计划，使用图表。

这四种不同沟通风格渗透在我们的生活中的方方面面，只要有人的地方就需要沟通，所有的行业都离不开沟通，当然教育行业更离不开沟通，因为即使是教学过程也无时无刻不在沟通中进行，了解了四种沟通风格，不管是与学生的沟通，与家长的沟通，与学校的沟通，教师间的沟通以及社会的人际沟通都有参考作用，对于教师构建良好的人际关系具有重要的现实意义。

### 教师的沟通风格 /

根据调查研究发现，教师的沟通风格会对教学效果产生重要的影响作用。这些影响包括教学有效性、学生对课程和教师的喜爱程度、教师与家长的沟通效果、教师的同事关系、教师的社会关系等。这里我们将的教师沟通风格主要是体现在教学活动中的风格，是狭义的教师沟通风格。教师的沟通风格，可分为：友好型风格、印象深刻型风格、辩论型风格、关注型风格、精确型风格、生动型风格、戏剧型风格、开放型风格、支配型风格和放松型风格。

调查显示，如果学生对教师沟通风格的评价是积极的，如教师采用友好型风格、关注型风格、生动型风格与学生进行沟通，那么学生会更加喜欢学习，也更多的与教师进行沟通交流，对教师的满意度和教学效果也会更好。下面简单介绍一下这三种沟通风格：

(1) 友好型风格：指教师在与学生沟通时，总是用非常友善的态度说话，经常坦率地表达对学生的喜爱和赞赏，并且采用鼓励与支持的方式，积极肯定学生的表现。这种类型的教师能够给学生很多的安全感，学生们不会担心自己的形象是否符合教师的标准，因为每个学生都可以感受到教师的爱和欣赏。

(2) 关注型风格：指教师总是认真倾听学生的讲话，对学生所讲的内容表现出明显的兴趣，而且教师经常会用点头等行为表示回应。这种沟通风格可以使每个学生感受到教师对自己的关注和重视，感受到自己的言行是有价值的，学生们会勇于尝试不同的见解，会大胆地说出自己的想法。

(3) 生动型风格：指教师不是以言语，而是常常以身体等非言语的信息来表达自己的感受。他们较多地与学生进行目光接触，而且有较为丰富的面部表情和手势动作。这些非言语的信息使教师显得更为活泼，学生们非常容易被这类教师所吸引。[1]

尽管不同的沟通风格都有优点，但研究发现，友好型风格在教学效果的许多维度上都有正向影响作用。这说明教师平等、友好的态度对于学生的重要意义。另外，选择什么样的沟通风格应该根据不同条件而定，没有一种极端的风格可以适用于所有学生。一些国内研究发现，学生最喜爱的沟通风格依次为友好型风格、关注型风格、放松型风格、印象深刻型风格、生动型风格、戏剧型风格和开放型风格等。这说明如果教师能够营造轻松愉快的教学环境，平等友好地关注学生，不仅会提高教学效果，更会促进师生关系的改善。这种放松的氛围可以通过教师的言语沟通和非言语沟通

[1] 《中国教育报》2004年12月23日第4版.教师——请大胆亮出你的风格.中国地质大学.周莉.

教师的方式，语言沟通可以将信息迅速、准确地传递给学生。作为教师的基本素质首要的就是语言表达能力。当然沟通的魅力不限于语言，还需要借助于非言语沟通，非语言沟通与语言沟通一样重要，据统计，在沟通中有55%的信息来自非语言沟通。教师的非言语沟通行为包括姿态、动作、人际距离，还包括手势、面部表情、眼神的接触以及语音语调等。

实践证明，一个优秀的教师，不仅要具有高尚的师德、健康的人格、完备的知识、良好的教学技能，还应该使教学过程成为有效的信息传递过程，只有将这些素质融会贯通，才能取得最好的教学效果。

# / 教师沟通的现状 /

在现实社会生活中，每个人都必然要与其他社会成员交往，而彼此发生一定的关系，这种关系是客观存在的，使得我们每时每刻都处在某种社会关系中。人们的共同活动不断地创造或改变着人们的关系，同时，人际关系也制约着人们的各种行为或活动。随着市场经济的发展，传统的人际关系面临着挑战，因此，人际关系问题引起人们的关注和重视，作为教师肩负着教书育人的重任，每天都与学生、家长、同事、领导以及社会上的其他人交往，这五类关系编织成了教师工作和生活的关系网。本节就主要来了解教师的沟通特点和现状。

## 中小学教师人际关系特点 /

中小学教师人际关系特点除了人际关系的一般特点外还有其他的特点，这些特点对于我们了解教师人际关系的规律有重要的意义，主要体现出以下的一些特点：

### 教师人际关系的社会性

人际关系的本质属性是社会性。人际关系是建立在人与人之间的劳动过程中，并且通过在劳动中发展起来的语言来进行的。社会生活中的每个人都生活在人际关系网中，每个人的成长和发展也都依存于人际交往，人际关系的好坏往往是一个人心理健康水平、社会适应能力的综合体现，现代社会是一个需要交往的社会，教师的人际关系也要通过交往来实现，而教师是人类文化的传播者，教师通过传递知识开启学生的心灵与智慧，教师是社会物质文明和精神文明建设的有力推动者。同时，教师经济地位、社会政治地位的提升，有利于促使教师专业化的进行，教师是培养青年一代的专业人员，社会对教师评价的高低，在一定程度上也影响着教师的积极性，所以社会性是教师人际关系的本质属性。

**教师人际关系的客观性**

教师人际关系是人与人交往过程的感情连接，是社会交往的连接点，教师人际关系的形成和发展规律有其客观性，存在现实的人际交往，教师在学校教育与教学工作中通过直接交往或间接交往而建立起来的人与人之间比较稳定的关系。这种关系对个人和群体，乃至整个学校及各项工作都会产生一定的影响，尤其客观实在性，我们探讨教师人际关系是为了通过沟通与交往的规律性来探讨如何改善教师的人际关系。

**教师人际关系的文化性**

教师在一定程度上代表着社会文化，他们肩负着传道授业解惑的重任，因此，教师的人际关系大多是在这个过程中建立的，因而这种关系需要教师具有一定的文化修养水平，教师人际关系的文化性是其职业的突出特点，且具有相对的稳定性。

**教师人际关系的强制性**

为了共同完成教育教学的任务，即使师生之间、教师之间或教师与管理者存在一定的矛盾，也必须与其打交道，使得关系正常发展，无论是工作或生活关系都是一样的，这些关系能良好发展除了能保证教师的工作绩效，对学生的学业和心理的发展也有重要的影响，教师人际关系的强制性对教师工作的正常进行提供有力的保证。

**教师人际关系的教育性**

学校是以培养人为主要目的，教师在这个过程中发挥着主导的作用，良好的人际关系是保证教师教学质量和提供给学生良好的学习环境。这种教育性不仅体现在教与学的过程中，也体现在良好的学习氛围对学生身心的影响上。

**教师人际关系的示范性**

教师不仅要教书育人，而且要为人师表。"学高为师，身正为范"这是教师职业的良好表达。教师的言行、为人处事的态度都将影响到学生，学生大多会以教师为模仿的对象，因此，教师要为人表率，起示范作用。

## 中小学教师人际关系现状 ／

教师人际关系的和谐状态是我们要追求的目标，所谓和谐，其实就是对各种关系的协调和处理。在建设社会主义和谐社会的今天，教师人际关系的和谐程度与教师队伍的整体建设水平密切相关。具体来说，教师人际关系的和谐就是要处理好以下几个内容：教师与学生，教师与家长，教师与学校，教师与同事，教师与社会的关系。

**教师与学生的人际关系现状**

有教师的教和学生的学，才构成了教学过程。教师和学生是教学过程中两个相互

依赖的要素，正是由于这两个要素在教学中发挥着各自的作用，教学才不同于其他的劳动。师生常见的沟通障碍主要有：

(1) 师生沟通内容的差异

首先，由于师生年龄、社会生活的经验、拥有知识的广度深度、看待处理问题的方法等方面存在着差异，所以对同样的一个问题师生间可能存在着较大的意见分歧，如果教师一味地从自己的知识经验出发对学生进行教育教学，师生间的矛盾就会越来越凸显。

其次，有些教师偏重于学生学习方面的沟通，教师与学生沟通的主题多为学习方面，教师很乐意指导学生在学习中遇到的难题以及存在的问题，即使有时教师与学生进行生活、情感等方面的沟通，也还是为其与学生进行学习方面的沟通服务，比较而言，教师对学生生活、情感等其他方面的沟通有所忽略，教师不能第一时间发现学生在生活中遇到的困难，不了解学生的真实感受，不清楚学生内心世界的真实想法，不理解学生的情感变化。

(2) 师生沟通形式的差异

首先，在中小学师生沟通过程中，教师和学生沟通应互为沟通过程中的主体。然而，受传统教育思想的影响，长期以来，在中小学师生沟通过程中，学生的沟通主体地位仍然被忽视，造成师生在沟通过程中的地位不对称，引发教师不平等地对待学生。

其次，有些教师只是单向的将信息传送给学生，这样不但会破坏教师在学生心中的形象，而且会使学生产生与教师沟通的畏惧心理，害怕与教师沟通，导致师生沟通受阻，不利于学生形成主动与教师沟通的习惯。

(3) 师生沟通方法和策略的差异

首先，有些教师在给予学生肯定或否定判断时，只是泛泛而谈，对学生的成长是无益，起着隔靴搔痒的效果，而学生在师生沟通中普遍存在不主动、不积极的心态，对教师的沟通采取应付、迎合、文饰的方法，从而加剧了师生沟通的恶性发展。

其次，有些教师在师生沟通过程中趋向两极化：教师不是关注于个别优秀生，就是关注于个别后进生，而处于两者之间的中等生最易被教师忽略，不受教师的关注，这样做对中等生的成绩提高和性格发展都是不利的。

**教师与家长的人际关系现状**

传统的教师与家长的散淡关系应该得到改变。教师与家长之间应以学生的发展为目标，在民主平等的氛围中实现真诚合作，相互交流沟通。在这里，教师与家长不仅应该都"在场"而且应该"相遇"，没有互不往来的淡漠的应对与敷衍，没有盛气凌人的训斥和唯唯诺诺的收听，更没有横加无理的指责和欲哭无泪的抱怨。在这里，家长首先是一个有独立人格和尊严的主体，然后由"局外人"变成"局内人"，由被动支持者变成主动参与者和决策者。

(1) 教师与家长由于教育方式、方法的分歧，缺少一个和谐的沟通氛围，容易产生一些沟通障碍，导致老师对家长和家庭的教育方式有看法，家长对老师的教育方法有意见。往往就会产生这样的场景：老师成了训话人，家长成了毫不相干的听众，两者都对对方"不以为然"，这就难免走人沟通的死胡同。

(2) 教师与家长沟通渠道少，有的家长即使是每学期一次的家长会也要找亲戚朋友替开。家长在家担任父母的角色，更是各行各业的中坚力量，所以有超过半数的家长抱怨时间太少，只是关注而很少参与孩子的教育，特别是一些"问题"学生的家长，多数都是被老师请到学校，被动地与老师见面。

(3) 教师与家长在合作中认识错位、观念陈旧。大部分家长缺乏参与学校教育的意识，没有认识到参与是自己的权利和义务，他们认为教育孩子主要是学校的事，孩子的学习和品德由老师管，自己只管吃、喝、拉、撒、睡。有的家长只关心子女的学习成绩和分数，在其他方面则抱着无所谓的态度，或对子女娇生惯养，百依百顺。还有的家长对教育子女无自信心，认为自己文化素养不高或不懂教育，没有能力参与学校教育活动。从教师的角度看，教师总认为家长不懂教育规律，一般因教育程度低，文化素质差，往往不懂如何教育孩子，他们不仅没有能力参与学校教育工作，反而时常给学校带来麻烦和干扰。教师认为家长介入校内事务，是在监督、挑毛病，这些实际上是教师与家长缺少一个和谐的沟通氛围，容易产生一些沟通障碍，导致老师对家长和家庭的教育方式有看法，家长对老师的教育方法有意见。

任何沟通都需要诚意，家长与老师也不例外，如果家长拿出沟通的诚意，而老师在与家长沟通时能够平和、客观，这样就容易统一认识，选择一种更适合孩子的教育方法，可以避免老师讲一套，家长做一套，学生无所适从的情况。

**教师与学校管理者的人际关系现状**

教师与学校管理者之间的关系将由传统的、以行政管理为目的的控制与服从转向参与和协作。管理者应改变其单纯的组织者、管理者、监督者的角色，而与教师一起作为教育的实施者介入到日常的教育教学当中，成为协助者、推动者、支持者。但是也存在教师与管理者存在沟通障碍的情况，主要表现是：

(1) 敌对性冲突较少，融合性冲突较多。在现代学校里，民主氛围加强，教师与管理者在相对宽松的环境下发生互动，敌对性冲突减少，主要表现是以罢课来抗议学校管理者处事不公正。

(2) 规范性冲突较少，非规范性冲突较多。随着现代教育的制度化和民主化的趋势，教师与学校管理者能在规范内合理的表达各自的意见和要求，维护和争取应得的权利和利益。如学校管理者侵犯了教师的教学权利，或者教师为了取得更多的学校资源而进行的竞争，或者由于教师和管理者的个性和处事方法的冲突而导致的争论，大部分都属于非规范性的冲突。

（3）公开冲突较少，潜在的冲突较多。教师与学校管理者之间会尽量避免公开的激烈的冲突，因为毕竟是上下级之间，而且文人多数爱面子，他们会采取隐匿的方式。例如教师不满学校管理者的专横的工作方式，而自己的地位又无力抗争，只能采取变向的方式表达自己的不满，总是刻板的机械的服从管理者的命令，来消极反抗。[1]

**教师间的人际关系现状**

随着我国基础教育改革的深入，对传统的分科设置学科背景下的教师的能力提出了严峻的挑战。新的教育课程改革提出了一些新的教育理念，要求教师开展合作教学，发挥教师集体的优势，避免恶性的个体竞争。教师间人际冲突是指在教师个体或群体间由于个性差异、价值体系差异和认识水平差异等原因，导致在互动过程中产生间接的与隐性的或公开的与直接的心理上或行为上的对立或敌对状态。是教师与教师在交往中形成相互关系所发生的人际冲突，是教师之间由于价值观、目标、地位、资源多寡等方面的差异而导致的直接的、公开的旨在遏止对方并满足自己的互动过程，是在学校这一特定环境下的教师间人际关系的一种表现。教师个体与个体之间发生冲突最为普遍。每个教师个体都在一定的群体中学习、生活和工作，与其他同事之间有着相互依赖性。教师之间冲突的主要表现有：

（1）教师的个性差异。教师的个性差异是指教师与教师在个性特征上的不同。在同一学校群体内，每个教师具有各自不同的个性特征，个性差异是一种客观存在也是每位教师独特性的表现。在教师群体中，教师间个性差异较小的人在则在许多方面容易达成共识，个性差异显著就不易接受对方。个体差异越大，共性则越少，合作的可能性就越小，存在的分歧、矛盾就越普遍，在工作和交往中的阻碍、争执和冲突也就频繁。如果一个教师过于强调自己的利益，那么他必然会与其他教师发生冲突。

（2）教师的认识水平差异。对于同一件事，不同的人可能有不同的认识和看法，因而也就很自然地会产生认识不同而导致的冲突。对教学方式、对教学安排、对课程理解、对制度的理解、情感上的交流等原因可能导致教师间矛盾的产生，每个教师都有自己的一套理解和认识，如果对同一问题的认识差异较大，那么对教师间的交往会形成阻碍。

34

[1] 普通高中教师与学校行政人员冲突的分析及应对策略.罗金云.

（3）教师的价值体系差异。由于教学资源分配、利益与需要等原因，教师可能在工作的竞争中造成冲突。例如，当某个教师因为工作表现出色或是其他原因得到提拔时，往往其他教师会产生嫉妒的情绪，教师之间的冲突也由此产生，或者教学资源有限对一个骨干教师投入的多，而其他教师得到的少而产生心理的不平衡感，也容易形成关系的紧张和冲突。

**教师与其他社会成员人际关系现状**

教师的其他社会成员中既有亲朋好友，也有复杂的社会关系，当然与教师生活最密切的亲朋好友对教师的影响最大，亲朋好友中有父母、夫妻、儿女也有朋友同学，这里面最重要的就是家庭关系，家庭关系对教师的影响深远，但是由于教师队伍女性化程度加深，教师的家庭责任、社会责任与职业责任面前，女教师往往面临更多的矛盾。由其他社会关系导致的人际关系紧张体现在如下方面：

（1）家庭角色功能不良。繁忙的教学工作，使得一些女教师在事业、婚姻和生育等问题上顾此失彼。由于工作繁忙，教师对父母总是心存愧疚，对子女的教育缺少关注，夫妻矛盾也越来越突出，教师面临多重的价值标准，常因角色身份处理不当而顾此失彼。

（2）家庭关系定位失调。人们总习惯用"春蚕""红烛""太阳下最光辉的事业"来形容教师，这些期望使教师将牺牲自己作为价值标准，从而忽略了家庭关系，崇高的也是人生最大的幸福，是人生的最高价值。同时人生的幸福之一也体现在建立和睦温馨的家庭上，教师的幸福应该既源于家庭也源于事业，教师应合理定位避免矛盾和冲突。

（3）社会地位的变化。教师作为教育工作者，其社会地位高尚，也得到他人的尊敬，可近些年，教师的社会地位正在发生着变化，由于教师在工作或生活中发生的负性事件，比如安庆市某中学教师丁某，因夫妻反目，掐死妻子后，又砍死妻弟，从"灵魂工程师"沦为了杀人恶魔。还有教师殴打学生，教师对学校领导不满而焚烧校舍等恶劣事件，这些都对教师的社会形象和社会地位产生了破坏性的影响。由于社会地位的变化，教师的形象不再那么高尚、受人尊敬，因此在与他人交往时难免会有挫败感，也增加了教师人际关系的紧张程度。

*中小学教师人际关系满意度下降的原因分析* /

在了解了教师人际关系的特点和现状，我们不得不思考产生这些问题的原因是什么，是什么使得一向备受尊重的教师，竟然走向了一个人际关系的"雾区"。教师人际关系不良的状况不容忽视，为维护教师的心理健康，保证教学活动的顺利进行，做好对教师的激励与管理，我们需要了解产生问题的原因，大致有以下几点：

**教师文化性特征弱化** 在物质与精神生活都极度匮乏的年代，知识的传承除了靠书本，最重要的就是靠教师的教导，懂知识的人少，懂知识并且有良好的品德的教师就更少了。教师受到尊重是必然的。但是现代社会，知识本身在急速地膨胀，教师不过是掌握了某一方面专业技能或知识的人，另外一方面，学生获得知识的渠道变得多元化，中小学生都可以通过互联网查找相关的知识或资料，教师这个教育渠道不再那么不可或缺。

**教师权威的弱化** 既然不能作为知识的化身，教师也好歹是教育的专业人员，应该在教育方面有其权威性，可是就连这种威严也悄悄地牺牲在了法制化的进程中。以前教师对学生的管教能得到家长的支持，现在的学生、家长都懂些法律知识，学生不听教师的，现在叫作天性，教师不能强迫孩子学习，更不能惩罚，只能言传身教，如果这个方式不行那就只能是教师的能力有限了。加上现在的一些将教师恶魔化的报道，即使是一些个案，也严重损害了教师的权威形象。

**教师间竞争的加剧** 市场经济体制的确立，形成了多劳多得，少劳少得的竞争机制，这种情况不可避免地导致人与人之间利益的冲突，教师行业也不能幸免，为了工资、福利待遇、评职晋级，教师都是费尽心机地争名夺利。在残酷的竞争过程中，有些教师采取了不正当的手段，如拉关系、走后门、请客送礼等等以达到自己的目的。这样有可能侵犯了其他教师的利益，会引起有些教师的不满，而造成教师之间人际关系的紧张。由于各种利益冲突教师之间交流较少，有些教师为了工作疲于奔命，有些教师对竞争的认识过于偏颇，没能处理好竞争与合作的关系等也阻碍了教师之间必要的交流，不利于发展良好的人际关系。

**学校领导层的管理能力急需提高** 学校领导不应该只是作为组织者、管理者、监督者，而需要与教师一起成为教育的实施者，成为教育教学过程中的协助者、推动者和支持者。一个学校的校长首先应当领导有方，能够保证学校规章制度的顺利实施，尽量处事公平。他还应当加强品德修养，树立公正无私的领导形象。当然有些学校，由于领导工作无力，导向不正确，思想与作风不正，而导致与领导密切的教师有利可图，而大部分教师的却对这种做法产生不满与抱怨，这种领导方式只会使教师之间的相互猜疑、嫉妒、怨恨，教师人际关系趋于崩溃。

**学校的管理机制有待完善** 科学的学校管理体制将有利于营造公平、公正、公开的健康的学校氛围。教师在这种开放、宽松、有序的支持性的环境中，减少了孤军奋战的孤独感、焦虑感和不安全感，教师尊重学校领导层的行政管理权和权威性，彼此成为互动者。但事实上，当前许多学校的管理机制不健全，尚停留在人情的阶段，领导在处理问题时更多地参入一些主观的因素，这种状况可能导致教师对问题做出偏颇的归因。有些教师不论利益分配是否公平，也会主观认定利益分配是不公平的。这必然会引起这些教师与领导及其他教师间人际关系的紧张。

**教师的心理素质和自我调节能力弱化**　《中国中小学教师发展报告2012》首次披露，在中小学教师队伍中，女性教师的比例已超过半数，有的地区甚至超过70%，而女教师的气质类型会更多的体现出一些女性特点，像多疑、敏感、心胸狭窄、不善与人交流，遇事处理不好就会积怨在心，难以排解，这种心理素质直接影响到人际关系的建立。另外，生活节奏的加快，工作压力的增大使许多教师的心理处于亚健康状态或导致心理障碍，这些不良的心理必然影响教师间人际关系的质量。[1]此外，教师是一些比较理想化和单纯的群体，受过良好的教育，有着崇高的理想，也学习过心理学的知识，当社会变迁，使得个人压力增大，他们又缺少良好的沟通渠道和自我调节能力，就会造成不良事件的发生。

# ／沟通的方法和技巧／

沟通是一门科学，更是一门艺术。良好的沟通是要说对方想听的，听对方想说的。大千世界，芸芸众生，错综复杂的人际关系、高深莫测的交往心理，确实给我们的社交蒙上了一层面纱，因而与人交往很重要的一面，那就是在复杂的人际关系中掌握沟通的艺术。

## 沟通的基本原则／

1. 目的原则。人与人之间之所以进行沟通，总是具有这样或那样的目的，也许是告诉意见事情，也许是请求帮助，也许是打听消息，也许是发布命令，也许是沟通心灵，也许是改善交往增进友谊，这些都可以通过沟通来实现。教师也不例外，教师与学生的沟通是为了教学能够顺利进行，与领导沟通是为了工作更好地开展，与同事沟通是为了互相配合获得最好的教学效益，与家长沟通是为了更好的培养学生，与家人和其他人交往是为了生活和睦，所有这些都是为了能形成和谐的沟通氛围，体验幸福感。

---

[1]　对中小学教师人际关系满意度的思考.张文渊.

2. 理解原则。理解不是按照自己的看法来评判事情，而是设身处地站在他人的立场去认识事情，这样形成的看法或观念才能达到良好的沟通效果。在工作或生活中，教师需要多理解他人，不要用自己的观念去判断人或事，应该多听、多看、多想，不要盲目地下结论，而产生分歧和误会，理解是教师与他人进行良好沟通的前提。

3. 真诚原则。人与人相处如果缺少真诚，这种关系会带给人冷漠和孤独感，所以交往时不能缺少真诚，它是人与人交往的温度计。自我掩饰的虚假地交往，会让他人觉得疲惫、恐惧和厌恶，会严重影响交往双方的沟通效果，教师在交往中，应该多用真诚去打动对方，让人觉得温暖，才不枉教师的崇高形象。不只是在人际交往中需要遵循真诚的原则，这也是人的良好品质。

4. 尊重原则。美国著名的心理学家马斯洛曾经提出了一个重要的需要层次理论，他将人的需要分成五个等级，以金字塔的形状表示五个层次的需要，上一层的需要实现以下层需要的满足为条件，从低到高依次为：生理需要、安全需要、归属和爱的需要、尊重需要和自我实现需要。尊重是高层次的需要，是一种心理品质，教师在人际交往中，需要尊重他人，这样才能建立良好的人际关系，营造和谐的工作环境，保持积极地心态，表现在教学中，能拉近与学生、同事、领导的距离，有利于教学和工作的顺利进行。

5. 艺术性原则。人与人的交往需要理解、真诚和尊重，也需要一些方法和技巧的配合，这些方法和技巧体现了交往中的艺术性，尤其是当对方犯错误的时候，真诚体谅的话语可以给人带去春天般的温暖，当然交往中采取不同的表达方式会产生不同的效果，教师在与人沟通时多采用艺术性的话语或非语言技巧，会达到事半功倍的效果，也会增加沟通的效果。

6. 语境原则。任何沟通都必须在特定的环境中进行，环境会对沟通的过程起到约束和限制的作用。语境可以是主观的也可以是客观的。一方面，听着和说着是沟通的主题，他们有特定的身份特征，比如师生、同事、上下级、朋友、家人等，这就要求在沟通中要注意身份特征，沟通的内容和方式方法要符合双方的特定关系，从而形成恰当的表达。另一方面，还要注意沟通的场合，这是沟通的客观环境，同样的表达，相同的沟通方式，不同的场合表达的效果不同，所以在沟通中要符合语境的原则，才能使沟通顺畅进行。

### 语言沟通的方法和技巧 ／

人类社会的交往时靠语言的交流得以实现的，语言是门艺术，优美的语言能使听众产生良好的听觉反应，并产生轻松愉快的交流氛围。教师的沟通主要是靠语言来实现的，沟通语言包括口语和书面语。教师的主要工作都是通过语言的表达来实现的，所以语言沟通是教师最基本最重要的技能之一，当然运用好语言沟通的方法和技巧对于教师有极其重要的意义。语言沟通的方法和技巧有以下几个方面：

1. 鼓励和赞美。良好的沟通首先要说对方想听的，对方想听的无外乎鼓励和赞美之词，从心理学的角度喜欢听赞美之词首先是出于一种自我保护，所以好听的话即使缺乏客观性也容易被他人接受。教师在工作和生活中，需要交流想法或观点，教师不能只看见缺点而忽略了对他人的肯定和鼓励。有时，对于他人的缺点或错误如果直接表达自己的观点和看法，难免让人尴尬难以接受，在沟通中如果能先扬后抑，先表扬鼓励后提意见看法，比较容易让人接受。而且赞美也是一种良好的品质，赞美别人也会得到别人的赞美，一句中肯的赞美可以让对方更自信，也可以提升教师的说服力，使其人际关系更加融洽。

2. 倾听。良好的沟通还得听对方想说的，沟通是两个人的交流，是双向沟通，不仅要会说，还需要会听，听清楚对方要表达的意思，才能恰当地回应，所以教师在沟通的过程中不能只做说者，更要注意倾听对方的看法和观点。在倾听的过程中，教师要注意聆听对方的表述，同时简明扼要地复述对方的问题，然后做出回应，让对方感觉你对他的表达有兴趣，从而愿意继续沟通，使沟通能够健康的发展下去。

3. 幽默。是良好沟通的调味剂，最能体现沟通的方法和技巧。幽默是一种人生智慧，体现了积极乐观的处事方式和豁达的人生态度。幽默可以让语言更具有亲切感，这种亲切感可以让教师得到更多的理解和支持。幽默可以将周围的人吸引到你的身边来，每个人都喜欢和机智幽默的人做朋友，教师的幽默可以使枯燥单调的教学变得生动有趣，能表达人与人之间的真诚友爱，拉近距离，填平人与人之间的隔阂，是和他人建立良好关系不可缺少的东西。在人际交往中，轻松幽默地开个得体的玩笑，可以松弛神经，活跃气氛，营造出适合交往的愉快氛围，所以幽默的教师常常受到周围人的欢迎与喜爱。但是幽默也要注意掌握分寸，既要是内容高雅、态度友善的，也得区分对象、分清场合。

### 非语言沟通方法和技巧

把自己的想法告诉别人，又使自己的想法得以实行——这就是沟通的最终目的。沟通是双向的，甚至是多向的，沟通需要技巧和方法，它也是一种艺术。非语言的沟通其信息传递的容量有时会超过言语沟通，由于言语沟通的隐蔽性和掩饰性，使得语言沟通的可信程度不高，由于心理学知识的普及，对仪态和微表情的深入研究，人们越来越相信"说的没有做的好"。在某些情境中，非语言沟通的效果要远胜于语言沟通。

非语言沟通主要是以表情、眼神、手势，辅助语言、仪态和交往距离来传递信息。它是教师与他人沟通的重要交流途径，掌握和运用这些信息是教师职业的基本功。教师在工作生活中，要想获得良好的沟通效果，就必须注意非语言沟通的技巧。

**表情，即面部表情**　是指面部各器官对于情感体验的反应动作。人们在与他人面对面的交往时，都在通过不同的面部表情来表达各自的情绪，人的面部表情可以传输信息，是信息的传送器。罗曼·罗兰曾经说过："面部表情是多少世纪培养成功的语言，是比嘴讲的复杂了千百倍的语言。"在观察一张脸时，有非常多的信息需要人们去注意，通过这些信息可以识别他人的喜怒哀乐。美国心理学家艾帕尔·梅拉比在一系列实验的基础上，提出了这样的公式：交流的总效果=7%的语言+38%的音调+55%的面部表情。从这个公式中看出面部表情在交流中的重要性最大，在沟通过程中，人们的面部表情就像一张晴雨表，可以通过对面部表情的分析来判断用何种方法交流能取得最好的效果。教师的面部表情可以使和蔼可亲的、严肃的、温婉的、热情的。有些表情可以掩饰人的真情实感，近年来对微表情的研究方兴未艾，微表情是一种人类在试图隐藏某种情感时无意识做出的、短暂的面部表情。微表情通常会在人们经历得失、情势危急的时候出现。跟普通的面部表情不同的是，微表情很少能够装出来。微表情能够完全反映出人类共有的厌恶、愤怒、恐惧、悲伤、幸福、惊讶以及轻蔑这七种情绪特征。微表情能在1/25秒内一闪而过。微表情的这些特征可以帮助人们更好的识别他人的情绪和情感，以到达沟通顺畅。

**眼神，是非言语沟通中运用得最多的一种**　美国作家爱默生曾说："人的眼睛和所说的话一样多，不需要字典就能够从眼睛的语言中了解心灵世界。"眼神能表达许多复杂而微妙的信息，通过观察一个人眼神的变化，可以得到有关的思想和情感的重要信息，在人与沟通中起着重要的作用。在沟通过程中，教师应注视着对方的眼睛，鼓励对方表达观点或情感，要尽量避免眼神游离，这样会让人觉得不耐烦而导致沟通中断。

眼神的交流主要有三种形式：其一是注视，当与人交谈时，应注意注视对方的时间和位置。一方面注视对方面部的时间应占谈话时间的三分之一到三分之二，如果对方注视你的时间超过三分之二，说明他对你谈话的内容比较感兴趣，这时对方的瞳孔是扩大的；相反注视时间低于三分之一，则表明对方对你的谈话内容并不感兴趣，或者对自己说的话缺乏自信。对于连续注视对方眼睛的时间应保持在1~2秒之间，以免给他人一种压迫感。另一方面注视的部位要根据双方的亲密关系来判断，如果是公务注视，实现应停留在双眼到前额的三角部位；如果是社交注视，实现应停留在双眼与嘴部之间的部位；如果是亲密注视，应停留在双眼与胸腹部之间，不是极其亲密的关系尽量不要将视线长时间地停留在胸部，这是一种不礼貌的表现。其二是环视，多用于教师场合，包括讲课、演讲等。环视的视线有意识、有节奏地来回环顾全场。教师在授课过程中常使用环视的方法，可以照顾所有的同学，环视时应注意不要过于频繁和有规律，应根据所讲的内容和学生的反馈来判断环视的方向和频率。其三是虚视，虚视多用于一对多的场合，虚视的目光没有具体的指向，范围多集中在课堂的中后部，虚视是对注视和环视的补充，用来调整和消除注视带来的呆滞感以及环视的飘忽感。

**手势，是通过手和手指的动作来传情达意的体态语，能直观地表现需求和愿望，是非语言沟通中使用最频繁、表现力最强的表现方式，在某种程度上可以弥补语言的缺失，对语言有辅助和强化的作用。心理学研究表明，手势是通过长期的生产生活实践在学习中获得的，所以不同的手势能够传递一个人的情绪和状态** 手势包括手指动作、握手、招手、摇手、挥手等。不同的手势代表不同的意思，比如竖起拇指表示"好"或"棒极了"，伸出小指表示"差"或"不好"，当然手势所表达的意思还有民族或文化的差异，在美国拇指向上表示要搭便车，拇指朝下表示"坏"，手指在太阳穴旁边转圈表示神经有问题，而在中国则表示思考问题。手势的使用需要注意一下问题：首先，要看语境。在正式场合，用食指指向对方就显得不尊重，在愤怒的情况下，用食指指向对方就显得非常有力。在同长辈和上级交谈时，尽量不用手指动作，会显得很轻浮或缺少教养。其次，不要滥用手指语，在与别人交谈时，不要乱用手指语，如果教师在提问学生时，用手指指指点点，会让学生觉得不被尊重，从而引发不快。最后，手势的使用频率、幅度都要掌握好尺度。如果频率过多，幅度太大，会给人缺乏修养的印象，还会影响沟通的效果。

**辅助语言，是语言表达过程中伴随的有声但无固定意义的语音系统** 它包括语音、语调、语速，语音有包括音色、音量、音高、音长。辅助语言可以表达情绪或者态度，比如运用语音，有经验的教师可以适时地增加或者减少音量，使课堂保持安静；我们都有这样的经验，如果语文教师拥有优美的音色，可以使听课变成一种享受，提升教学质量。这说明教师如果能充分利用语音、语调和语速的技巧，使强弱和谐，节奏分明、声音优美、自然流畅，可以是课堂富于美感。所以教师应该在沟通过程中注重辅助语言的运用，在语言使用的技巧上下功夫，使沟通交往的过程更具有艺术性。

**仪态，是通过静态和动态的身体姿势传递交往信息的一种体态语** 仪态包括站姿、坐姿、行姿等，仪态在社会交往中有着极其重要的作用，仪态不同传递的信息就不同。在人际交往时各种仪态有不同的要求：其一，站姿是用坐站立的姿态传递信息的语言。站姿有静立、直立、侧立等，站姿要求两肩要平，自然下垂，两臂和双手在身体两侧，胸部稍挺，小腹收拢，两脚间距离以不超过一脚为宜。其二，坐姿要求轻而稳，要端正、大方、自然，上身要挺直，不要左右摇晃，双膝自然并拢，双脚可正放、侧放、并拢或交叠。其三，行姿可以轻松自如、稳健自得，也可庄重礼仪、沉思踱步，千万不可亦步亦趋或踱来踱去。教师在沟通过程中，不管采取哪种姿势，都需要表现出良好的精神状态，庄重和自信，维护好教师的仪态，对于保持良好的教师威严有辅助的作用，更能得到他人的尊重。

**交往距离，是人与人交际的空间范围，是社交场合中双方身体之间所保持的距离**空间距离是无声的，但他对交往有钱仔的影响，有时甚至决定交往的成败，从交往的距离也可以看出双方关系的紧密程度，美国的人类学家爱德华·霍尔把人际距离划分为：亲密距离、个人距离、社交距离和公众距离。

（1）亲密距离（0~18英寸，相当于0~0.5米），通常是父母与子女之间、情人或恋人之间，比较密切的同伴之间的距离。在此距离上双方均可感受到对方的气味、呼吸、体温等，这是伸手能够触及到对方的距离，也是在拥挤的公共场所人与人之间不即不离的距离。

（2）个人距离（1.5~4英尺，相当于0.45~1.2米），一般是用于朋友之间，在此距离人们说话温柔，可以感知大量的体语信息，是双方手臂伸直可以互相接触的距离。

（3）社交距离（4~12英尺，相当于1.2~3.5米），一般用于公开关系而不是私人关系的个体之间，通常是用来处理公共关系，如上下级关系、课堂上的师生关系等。

（4）公众距离（12~25英尺，相当于3.5~7.5米），一般用于进行正式交往的个体之间或陌生人之间，讲演时常采用的这种距离，这时的沟通往往是单向的，互不干扰，有时说明双方有许多问题或思想有待解决与交流。

[测一测]

### 人际风格测验

可以用人际风格测验来测一测你的人际类型：

1. 当我和别人说话时（　　　　）

　　A)始终都和对方保持目光接触

　　B)一会儿看着对方，一会儿向下看

　　C)谈话过程中大部分时间都在环顾四周

　　D)尽力想保持目光接触但又不时地把目光移开

2. 如果我需要做一个重要的决定（　　　　）

　　A)在做决定前反复考虑

　　B)靠直觉来决定

　　C)在做决定前考虑这个决定对他人的影响

　　D)在决定前征求一个我所尊敬的人的意见

3. 我的办公室里或工作场所一般有（　　　　）

　　A)家人照片和有感情色彩的东西

B)能够鼓励自己的艺术品、奖品和广告

C)图片和图表

D)日历和工作大纲

4. 如果我正在和别人发生争执（  ）

　　A)尽力把注意力放到积极因素上，从而使形势有所缓和

　　B)尽力保持冷静并且尽量理解争执的原因

　　C)尽量避免谈论引起争执的话题

　　D)马上正视争执以便于争执能尽快得到解决

5. 当我在工作时间打电话时（  ）

　　A)一直都在谈论正题

　　B)在进入正题前先聊一会

　　C)不急于挂电话

　　D)谈话尽量简短

6. 如果我的同事不高兴（  ）

　　A)问他是否需要我帮助

　　B)让他单独待一会儿，因为我不想干扰他的私事

　　C)尽量使他振奋起来并帮助他看到光明的一面

　　D)感到不舒服，并希望他尽快好起来

7. 当我参加工作会议时（  ）

　　A)坐在后面，并在提出我的观点之前考虑一下我要说的内容

　　B)全盘托出我的计划，让大家都知道

　　C)热情洋溢地发表自己的观点，但同时也听取别人的意见

　　D)尽量支持会上他人的意见

8. 当我在众人面前发表意见时（  ）

　　A)我很有趣且很幽默

　　B)条理清楚，言简意赅

　　C)相对而言，我的声音小

　　D)直接、具体、有时声音洪亮

9. 当客户正在向我解释一个问题时（  ）

　　A)我会尽量去理解并同情他的感受

　　B)查询有关这一问题的具体事实

　　C)认真听取主要内容以便找出解决办法

　　D)我运用身体语言和语音语调向他表示我听懂了

10. 当我参加培训课程或听他人演讲时（  ）

　　A)如果进行得太慢，我会感到厌烦

　　B)尽量支持别人的观点，了解工作是多么困难

C)我希望他们能够引人入胜

D)琢磨发言人所说的道理

11. 当我想使别人接受我的观点时（　　　　）

A)我先听他们的观点然后很有礼貌地阐述自己的观点

B)我强烈地表达我的观点，以便使他们都能明白我的立场

C)我尽量说服他们，而不是把我的观点强加给他们

D)阐明观点时，会解释我的想法和理由

12. 要参加一个面议或面谈，我却迟到了（　　　　）

A)我不会惊慌，但我要先打电话说明我要晚几分钟

B)让其他人等我，我会觉得很羞愧

C)我非常不安，尽快赶到那儿

D)我一到就深表歉意

13. 我会设定这样的工作目标（　　　　）

A)我认为实际可行能够达到的

B)我认为富有挑战性的，而且一旦成功会令人兴奋不已

C)作为长远目标的一部分，我需要完成的

D)一旦实现后，能让我感觉良好的

14. 当我有求于同事，向他解释自己遇到的难题时（　　　　）

A)我尽可能地告诉他问题的每一个细节

B)为了表明我的困境，我有时会把问题夸大

C)我尽可能说明问题给我带来的感受

D)我说明我多么希望问题能够得到解决

15. 如果我在办公室等别人来开会，可是他们迟到了（　　　　）

A)我使自己一直忙于给他们打电话或工作，直到他们来了为止

B)我猜出他们可能会晚一会儿，不会感到不高兴。

C)我会打电话给他们，以证实我没有记错时间

D)我觉得很恼火，因为他们浪费了我的时间

16. 当我未完成一个计划，而且感到完成它有一定的压力时（　　　　）

A)以一定顺序到一定时间为止，列出我需要做的每一件事

B)抛开所有的杂念，集中精力做我应该做的事

C)我开始着急，难以集中精力做任何事情

D)我制定完成任务的日期，并努力按时做到

17. 当我被别人言语攻击时（　　　　）

A)我告诉他停止对我的攻击

B)我感到受了伤害，却什么都不对他说

C)我不理会他的怒气，尽力把注意力集中在发生的事实上

D)我言辞激烈地告诉他我不喜欢他的行为

18.当我遇见一个我很喜欢却最近没有遇到的客户或同事时 ( )

　　A)我友好地和他拥抱

　　B)我和他打招呼,但并没有和他握手

　　C)我紧紧地但很快地握一下他的手

　　D)我热烈地长时间地和他握手

注:当你做完题目后,请对照下面的记分卡进行打分

记分卡

| | A | B | C | D |
|---|---|---|---|---|
| 1 | 支配型 | 和蔼型 | 分析型 | 表达型 |
| 2 | 分析型 | 支配型 | 和蔼型 | 表达型 |
| 3 | 和蔼型 | 表达型 | 分析型 | 支配型 |
| 4 | 表达型 | 和蔼型 | 分析型 | 支配型 |
| 5 | 支配型 | 表达型 | 和蔼型 | 分析型 |
| 6 | 和蔼型 | 分析型 | 表达型 | 支配型 |
| 7 | 分析型 | 支配型 | 表达型 | 和蔼型 |
| 8 | 表达型 | 分析型 | 和蔼型 | 支配型 |
| 9 | 和蔼型 | 分析型 | 支配型 | 表达型 |
| 10 | 支配型 | 和蔼型 | 表达型 | 分析型 |
| 11 | 和蔼型 | 支配型 | 表达型 | 分析型 |
| 12 | 分析型 | 和蔼型 | 支配型 | 表达型 |
| 13 | 分析型 | 表达型 | 支配型 | 和蔼型 |
| 14 | 分析型 | 表达型 | 和蔼型 | 支配型 |
| 15 | 表达型 | 和蔼型 | 分析型 | 支配型 |
| 16 | 分析型 | 支配型 | 和蔼型 | 表达型 |
| 17 | 支配型 | 和蔼型 | 分析型 | 表达型 |
| 18 | 和蔼型 | 分析型 | 支配型 | 表达型 |

合计得分:

支配型表达型

和蔼型分析型

如果你的选择结果中某一种类型等于或大于7,那你就有这种类型的倾向。

如果你的选择结果中某一种类型等于或大于9,那你就十分明显的属于这种类型。如果你的选择中某一种类型小于5,那你肯定不属于这种类型。

支配型、分析型、表达型得分都比较高 (都大于等于5),且分数接近,其中支配型得分略高。这种情况表示你属于领导型气质。

以上四种人及风格并非在每个人的身上都是绝对的,大多数人会是其中两种或者三

种的双重人际风格，但是当在具体的场景或者事件时，每个人某一方面的人际特征就会表现得非常明显。很多人惧怕沟通，不是因为不想沟通，而是害怕因为沟通不畅而产生很多尴尬或者不利。其实，只要正确分析不同的人际风格特征，并善于总结和利用相应的技巧，一定会达到沟通的顺利和有效，进而达到最终的目标。

你要教你的学生教你怎样去教他。如果你不肯向你的学生虚心请教，你便不知道他的环境，不知道他的能力，不知道他的需要，那么，你就有天大的本事也不能教导他。

——陶行知

　　如果对于个人的心理结构和活动缺乏深入的观察，教育的过程将会变成偶然性的、独断的。

——杜威

# / 师生沟通策略和方法

### 疏导鼓励的沟通技巧

Z,小学六年级,属于头脑灵活,比较聪明,但学习不踏实的学生。贪玩,学习缺乏计划性,学习中有一定的畏难情绪。

他平时课间休息时喜欢玩游戏,我会看他玩,为了不影响学习,我会给他"只许玩三分钟"之类的规定,没有想到他非常守信,倒计时"3、2、1",他会立刻停下来。我对在他身上发现的这一好的品质感到非常的欣喜,经常表扬他"是个讲信用的好学生"。

在每次上完课,我一般会告知学生下次课大致的学习任务。对Z,我会故意增加学习内容,当我宣布下次的学习任务时,他就会一副苦恼的表情说:"要学那么多啊!"我只说:"你忘了你是毕业班的学生了!"等他情绪极其低落的时候,我才会说:"如果你下次来能把前两周的课文都背上,我们就减免三分之一任务。"他总是会说:"你说话算数?"我坚定地回答:"当然"……就这样我总能如愿地落实我的教学计划。在期中考试中,Z考了小学以来的最高分:90分,上了我们的光荣榜,他的父母很满意,他自己当然也很高兴。

——案例来源:http://www.jiazhang100.com/

师生间有效的沟通的前提是通过尊重、关心、激励唤醒每一个受教育者,使每一个人都能在各自的起点上充分地发挥潜能,张扬个性。每个人都有长处,可以把每一个学生都当成一个"金矿"去挖掘,让我们去点亮每一个学生心中的那盏灯,去激励他们超越自己,然后再超越别人,去实现心中属于自己的梦想。

## / 师生沟通的问题和现状 /

良好的师生沟通取决于多种条件。其中之一是双方的心理是否健康,如果一方心理出现问题，那么再好的沟通技巧和方法都是徒劳无功，其二是师生间的沟通艺术和技巧，良好的方法和技巧可以有效的弥补师生之间的鸿沟，滋润学生的心灵，让教师体验到职业幸福感。根据上海教育学院郭继东的调查，学生的主观满意度中，16.22%的人认为教师难以接近，彼此无法进行正常的情感交流，28.65%的学生与教师的感情较为融洽，17.84%的学生与教师相处时感到十分愉快。而江苏省无锡市十一中冯振德等人的调查显示，教师对学生的态度里，70%的教师认为学生"一代不如一代"，22%的教师认为学生"一代与一代相仿"，8%的教师认为学生"一代胜过一代"，这两项调查充分的反映出现代的师生关系处于尴尬的境地。

### 师生沟通障碍 /

由于教师职业的重要性，近年来教师职业的倦怠常引起社会各界的广泛关注，显然教师这份职业承受的压力较大，除了教学压力外，对学生的教育，师生关系的处理也是一个很重要的因素。在教学过程中，如果能做到与学生进行良好的沟通，就能保证教学任务更好的完成，同时更能收获成就感和自豪感，然而现实和理想总是有差距，经常听到许多老师在抱怨：现在的学生越来越难教了，个性极强，很自以为是，做了错事总会找到一套套的歪理为自己辩解，老师的劝解总是听不进去，唉，当老师，真难！有些教师以说服学生为自己的沟通目的，其实沟通并不是谁说服谁的问题，而且教师对学生要有合理的期望值，不要老是用成人的标准来衡量学生。

曾经在路上看见一对父子，儿子也就是小学的样子，我无意间听到他们这样的对话：

"爸爸我今天在学校做值日生，还得了小红花。"

"那你在家里为什么衣来伸手，饭来张口呢"

"……"

"那你明天早上起来自己叠被子，好吗？"

"好的。"

沟通是一门艺术，沟通并且通了才算是有效，上面的例子就说明孩子的沟通需要得到父亲的赞扬，可父亲却泼了一盆冷水，打击了孩子的自信心，同理在沟通的过程中教师如果不了解学生的内心需求，学生也不明白老师的用意，双方各执一词，就会因价值观的不同而出现更加对立的局面，所以有些老师感叹明明是为学生好，却反而遭到学生的反感和怨恨，主要的问题是你有没有让学生知道你们的沟通是出于让他变好的共同目的，在沟通中有没有让学生感受到你是为他着想的，才会产生误会和冲突。

现在的中小学课程安排除正常课业外，与老师很少进行其他方面的沟通，沟通可以在教学中起到润滑剂的作用，缺少沟通教师觉得教学累，没有成就感和幸福感，学生也觉得累，因为老师不了解他们的真正需求，跟老师无法交流。其实师生双方都迫切的需要沟通，也都认识到沟通对教学的重要性，师生皆期待以"朋友"的平等方式进行沟通，只是没有好的沟通方法，既能保持作为教师在教学中的权威形象，也能激发学生的交流意愿，现在的师生沟通缺乏良好的交流沟通渠道成为目前师生沟通的最大障碍。随着年龄和年级的增长，学生越来越少地与老师进行沟通，教师与学生彼此地不信任及不平等的沟通阻碍了师生间正常的交流，教师不愿意面对或者审视自己在与学生沟通方面自身存在的问题，学生也不知道怎么与老师沟通才能被老师采纳，久而久之，形成了不良的沟通误区，而且师生间的沟通不畅也阻碍了学生的发展，很多时候双方都意识到师生沟通上存在的问题，但却缺少解决问题的办法和策略。[1]首先我们需要了解师生沟通的问题，根据调研发现教师在沟通中常见问题有：

**过度的语言**

教师在教学中常使用一些过度的语言来达到震慑学生的目的，这种方法在实际教学中却有效果，但是这些过度的语言造成师生关系紧张、学生只会把老师的意图当成命令来履行，我把这种方式成为简单粗暴，简单粗暴确实可以在一定程度上解决问题，但不可否认的是由于缺乏耐心和方法，使得学生对教师职业产生了误解，不利于知识的学习和人格品质的形成。

常见的过度语言有：

（1）指导性语言

教师对待学生的问题常会这样说："不许你再说话，影响其他同学，给我闭嘴"，这种信息会让学生觉得老师并不在意他的感受，他的需求或问题并不重要，必须顺从老师的感受与需要，当老师告诉学生不要讲话，这也就是在告诉学生，他此刻不能被接受，这使学生产生对教师权力的惧怕和自己内心的软弱感。例如："你的成绩太差了，我对你没有信心"，因为没有顾及学生的感受，只是教师单方面在发出信息，学生在没有得到尊重的状况下，有可能对教师产生怨恨、恼怒和敌对情绪，如顶撞、抗拒、故意考验教师，甚至大发脾气。

（2）警告性语言

这种语言比之前的指导性语言更有威慑力，只是再加上不服从的效果。例："如果你再这样下去，我要对你采取一系列的措施了！"这样说可能使学生感到恐惧和屈从。如："如果你再不改，我就打电话给你的家长，叫家长来见我！"警告与威胁也可能引起学生的敌意。学生有时可能对此做出老师不希望的反应："好啊，我不在乎！"

51

[1]　小学师生沟通问题及对策研究.沙纯娟.

与教师形成抵触情绪,或者即使老师找来了家长,学生的态度也是完全保持消极状态的沉默,干脆不交流,任凭老师处罚。

(3) 训斥性语言

这种信息的开头首先是你应该怎么做,或者必须怎么做,预先设立了一种不能违抗的立场,使学生感受到与老师之间地位的不平等,感受到老师在运用权威,导致学生容易对老师产生防卫心理。教师运用这些沟通方式时,常会加上这些短语:"你将会……""你应该……""如果你听从我的劝告,你就会……""你必须……"等。这类训诫性的信息在向学生表达老师完全不信任学生,并认为对方应该最好接受别人所认为对的判断。对于年级越高的学生而言,"应该"和"必须"的信息越容易引起抵触和抗拒心理,并更容易激起他们强烈地自我维护意识。

(4) 主观建议性语言

这样的信息是在向学生证明老师不信任他们自身解决问题的能力。比如:"如果我是你,绝对不会这么做","考试的时候一定要先做容易的题目,再做难的题目",这种主观建议性的语言有时使学生变得对教师产生依赖心理,不再自己思考,每临紧要关头便向外界权威求助,形成依赖心理,用这种方式传递信息,会不断削弱学生独立判断的能力和创造力,养成"人云亦云"的心态,不能独立的思考和判断问题。

(5) 恶意中伤性语言

对于班级中的不安分的学生,老师常用的方法就是讽刺挖苦,比如"你以为你很聪明吗?不要自以为懂得很多了!""你怎么这么贪玩,一点也不像快要考试的人!""我就知道你不行!"这样的语言都是属于恶意中伤性的,虽然很多老师有恨铁不成钢的心理,期待通过敲打的方法惊醒学生去奋发努力,但是这样往往会让学生形成不良的心理状态,否定自己,认为自己是个很差劲的人,它的后果是让学生感到自尊心受到伤害,产生自卑心理,这样的语言往往不会起到正向的效果,反倒会弄巧成拙,是学生产生厌烦和敌对的心理。

(6) 重复性语言

反复重复在某种场合可以理解为"唠叨",加拿大教育心理学家林格伦等曾在一部教育心理学著作中指出:许多教师都患有一种可以称为"唠叨"的心理疾病,而且越是资深的教师越感觉不到这种病症。"唠叨"病的主要症状是话特别多、啰哩啰唆,并经常不分场合、事无巨细地指责学生,还认为自己一直是在"诲人不倦"。当我们做出对另一个人的肯定或否定的判断时,如果这种评价是粗浅之辞如:"你是一个好孩子"、"你让我真失望"、"你对待同学太没有礼貌"、"你需要改正缺点"等,这种一般性泛泛的评价对于学生的成长是无益的,长期重复会让学生把老师的唠叨当成是耳边风，增强学生的惰性。

### 强迫性思维和行为

强迫性思维和行为，主要是教师总喜欢将自己的认知强加给学生让学生无条件地服从自己，有两种表现：一种是将自己喜爱的观念或行为强加于人。另一种是将自己不喜欢的观念或行为强加于人。教师对学生的强迫性思维和行为主要是将自己的喜好强加给学生。

一些教师常常认为自己的意见是最好的意见，把自己的喜好强加给学生，是为了让学生从接受好的观念和行为里逐渐改善自己，把自己的价值观视为主流灌输给学生。

例如：

一个高二的学生虽然文理俱佳，但他很喜欢文科，打算在高三时转入文科班读书。这时，酷爱理科的班主任每天都对这个学生进行说服教育，翻来覆去地向这个学生灌输自己的想法：

"你啊，太年轻了。文科学的都是虚无缥缈的东西，缺乏实用性，有时还要讲政治，不像搞理科的人那么稳定。想当年文化大革命的例子太多了……，你都知道么？

"过去说数理化，走遍天下都不怕。现在看来还是对的嘛。你看，凡是学理工科的都有好的出路和前景，诺贝尔奖也是理科出身的比较多。所以，我坚决反对你学文科！'不听老人言，吃亏在眼前'，谁会像我这样跟你这样分析利弊，你还小，好多事情没有经历过，以后你一定会懂得我是真正的为你好。所以，我必须在这样最关键的时刻阻止你愚蠢的想法。"

这位老师的想法可能只代表了一部分人的想法，熟知事物都是两面性，有利有弊，如果这是个学习文科的材料，能在这方面有所建树，不是被这位热心的老师扼杀在摇篮里了。

每个家长都有过这样的体验，孩子进入小学就会被教师的个人思想和观念所影响，导致我国义务教育变成一种毁灭天性的教育，大部分教师都经过专业的学习和训练，可是落实到个人，教育行为就变成自己的喜好，有的老师喜欢遵守纪律的学生，有的喜欢思维敏捷的学生，有的喜欢勤劳踏实的学生……虽然教育有教师个人愿望但也要符合教育规律，比如：初到小学，老师为了养成学生遵守纪律、热爱劳动会用统一的标准来要求，上课时手要背后，打扫卫生后要用白手套去检查，在走廊里走路要靠右侧排成一队等，这些要求使学生不再天真活泼，见到老师像老鼠见到猫，没有老师的地方乱作一团，这样的方式只会让学生形成不良的双重标准，学会逃避责任，撒谎，对形成良好的性格大为不利，有句俗话：环境决定性格，性格决定命运。虽然学生被老师的思想和行为所强制，不会完全起到负面的效应，但是这样教育出来的孩子无疑将会被类化而缺乏个性，像被模板制作的点心，规规整整。

**不能认真聆听**

沟通的前提首先是聆听，先去听学生的问题和情况，才能采取必要的手段和策略帮助学生解决问题。有些教师在与学生沟通时往往凭借经验，不认真倾听，对学生凭经验主义去认识，教育不同的学生用完全相同的方法，但是毕竟教育是无法复制的，每个学生都有其独特性。今天的学生在网络中已经习惯处处平等、没有权威，他们对知识的学习途径和对事物的认识方法都有很大的区别，所以不能完全照搬以往的教学经验来教育学生。每个人都有自己的特点，对不同性格、不同家庭条件、不同年龄段的学生采用的教育方式都要有所区别，即使是成功的教育经验也不能完全复制，带着以往的经验去与学生沟通，无视学生的变化，比如老师会说："这个问题我以前一教学生就会，怎么现在怎么教也不通呢"，不倾听学生的意见，一贯的用自己的方式可能会造成学生的反感，制造沟通的障碍，这时教师应关注学生内心的真实感受，在与学生的对话中，不要把主要的注意力放在说服学生上，而应先听听学生的想法，不能只是单向的给学生灌输知识，其实，有时学生对问题的理解受很多因素的影响，可能是不用心，注意力不集中，或是情绪问题，或者对老师的讲解不感兴趣等。有很多关于教师没有倾听学生的解释，造成了沟通的障碍，无法了解问题的原因，也就不能进行正确的指导，工作便没有效果，老师不应一味地指责学生，应先听听学生对事件的解释或者先让学生表达自己的观点，应该帮助学生找到原因，才能跟学生通过交流解决问题。如：学生考试没考好，教师找到他，询问考试情况，拿到试卷帮助分析原因，最后用鼓励的话语，激励他下次不要犯同样的错误。当然这样的对话对于乖巧懂事的学生会有效果，但是对于调皮捣蛋、屡教不改的学生并不一定起到很好的效果。这就需要教师找到学生的软肋，需找与学生交流的突破口，不管是多顽劣的学生在其心底深处都有一块最柔软的部分，这就需要教师多听多观察，其实不管什么样的学生都有优点也有缺点，不是学习不好就是一无是处，教师应多聆听学生内心的声音，虽然应试教育的弊端对好老师的要求仅仅是学生的成绩和升学率，但是如果可以多聆听学生的心声可以做学生心目中的好老师也是件幸福的事情。

**情绪情感的波动**

教育心理学研究发现，很多学生的不良情绪来自身边的长者，主要是家长和教师的影响。作为中小学教师，每天都和学生打交道。教师的作用是教书育人，育人就是引导学生学会做人。教师是普通人当然也有情绪。在教书育人的过程中，教师的态度情绪、言行举止都会对学生产生潜移默化的影响。

在教师行业中，女教师的数量多于男教师，我曾经听到高中生交谈时这样评价自己的班主任，"咱们老师就是更年期，一会这么说一会那么说，自己没有标准还说我们"，不可否认的这里面有学生对教师的误解，也有教师受个人思想情感影响所做出的行为，其实教师职业从来就不是轻松的，教师的日常工作量远远超过了八小时，尤其是班主任在小学初中阶段的工作量还可以承受，但是到高中阶段，学生学得累，老师教得也累，这个累既有体力上的透支，也有精神上的倦怠，所以教师在工作中会有受情绪情感影响而无端提出各种要求的时候，但是这也是由于近年来推行的素质教育和不断开展的各种教育改革，对教师的学历、能力提出更高的要求，沉重的职业压力导致相当一部分教师常因个人的状况，而难以掌控自己的情绪，在盛怒或烦躁下，制造出破坏性的对话，或者情绪紧张，从而影响师生沟通的状况。

在课堂教学中，教师的情绪不佳，往往有如下的表现：一是教师情绪低落，精神萎靡，讲课时提不起精神，语音低沉，索然乏味，课堂气氛沉默，缺乏生气和活力；二是教师心烦意乱，六神无主，精力难以集中，讲授内容频频出错，导致学生思维混乱，疲于应付；三是教师有时情绪冲动，有时牢骚满腹，易于动怒，常对学生发无名之火，学生情绪压抑，思维的积极性受挫。教师的任何情绪，都会严重影响自己对知识的讲解和学生对知识的领悟，大大降低课堂教学效果。

教师的情绪不稳定甚至喜怒无常，脾气暴躁会不仅会降低课堂教学效果，还会导致学生出现程度不同的心理问题。例如，大部分学生都有这样的经理，写了错别字，老师在怒气之下会罚写几十遍甚至上百遍，造成了学生的逆反心理，如果老师常用这种情绪对待学生，那么这种逆反会影响其学习生活的方方面面，教师的情绪反应不是基于教育的角度出发而是以惩罚为目的，其结果不仅造成了学生严重的逆反心理和反抗行为，也降低了教育效果和学生对教师的信任、尊敬，有时教师一时的情绪发泄，缺乏教育的艺术，往往会对学生造成终生的影响。有这样的一个内向的小女孩由于溜号没有回答上老师的提问，老师当着全班同学的面劈头盖脸一顿训斥，女孩被羞辱得无地自容，脸涨得通红。从此，这个孩子在同学面前抬不起头并产生了严重的自卑孤僻心理，跟谁交谈都会脸红，如果只是为了上课走神，没有回答出问题就受到这样的待遇，不得不说这位教师的情绪很急躁，不问是非曲直，就情绪化的做出这样的行为，对女孩的一生都造成了不可磨灭的影响。苏联教育家马卡连柯说："不能控制自己情绪的人，不能成为好教师。"教师是学生眼中真善美的使者，应该在与学生的交流中善于掌控自己的情绪，不被情绪所驾驭，不在负性情绪下用错误的方法惩罚学生，这样教师的教学工作才能顺利开展，才能给学生一个情绪愉快的成长氛围。

沟通是双向的交流，俗话说：一个巴掌拍不响，虽然教师在沟通中有更多的主动权，但学生在与教师的沟通中也存在不良的心理状态。

**逆反心理**

逆反心理是指，人与人之间为了维护自尊，而对对方的要求采取相反的态度和言行的一种心理状态。在教学中，中小学生会表现出不受管教、不听话，与老师对着干的现象。这种与常理背道而驰，以反常的心理状态来显示自己不同凡响的行为，往往源于"逆反心理"。逆反心理的表现就是教师要求采取某种行动，结果却学生却采取相反的行动。有一个测验，给一些人看同样一本书，前面写着千万不要阅读第五章的插图，其实第五章的插图上没有任何特异的地方，可大多数读者却采取了与告诫相反的态度，首先翻阅了这一页，这也是一种心理的逆反现象，在教学过程中也常碰到这样的例子，老师越是禁止去做的事情，就有学生"冒天下之大不韪"，非要尝试错误和危险，但逆反心理并不是什么不可思议的东西。一般来说逆反心理有以下的原因，其一是强烈的好奇心，越是别禁止的事情越能引起人们的求知欲。由于事物带给人的浓厚的神秘色彩让人总想一探究竟。其二是标新立异的想法，为了得到更多的关注。中小学生处于性格及人生观、价值观、世界观形成的时期，通过否定权威和标新立异的做法可以得到自我肯定的满足感。青年人与社会的认同不仅是简单地采取适应社会规范的途径，而且还希望社会承认他的价值和地位，从而获得与社会之间的认同。其三是创伤性经历，缺少对他人的信任感，习惯用反常的行为来掩饰自己内心的脆弱，一旦这种心态构成了心理定势，就会对人的性格产生极大的影响，经常性地左右他的一举一动，成为他言行举止的一个基本特征。逆反心理的表现是一种单值、单向、单元、固执偏激的思维习惯，它使人无法客观地、准确地认识事物的本来面目，而采取错误的方法和途径去解决所面临的问题。不管逆反心理的产生原因和表现是什么，都表明表现出逆反心理的学生缺少关爱，没有安全感的反应。

**自卑心理**

自卑是低估自己的能力，总觉得自己不如别人的暗示作用。表现为对自己的能力、品质评价过低，与人交往时总觉得害羞、不安、内疚、焦虑、失落等。当人的自尊感得不到满足，又不能正确评价自己，实事求是的分析问题时就容易产生自卑心理。与教师沟通时常表现出胆怯、畏惧、不敢正视老师的眼睛，一些学生觉得自己和老师处于不平等的地位，自己的想法不会受到他们的重视，所以不愿意沟通。例如：一个初二的女生，学习成绩较好，但平时少言寡语，很少跟老师交流，由于一次月考成绩不理想老师将她叫到办公室，刚询问了两句学习情况，就开始流泪，弄的老师莫名其妙，老师再三询问是不是有困难，家里有没有什么事情，这名女学生把脸憋得通红也说不出什么来，后来经老师了解学生的家庭经济状况不好，而且父母前段时间丢了工作，由于经济原因该生一直都觉得在别人面前抬不起头，这个变故更是雪上加霜，加重了孩子的心理负担，以至于孩子的自卑感更强，平时就不爱发言，初二多了很多的学科，孩子一下子适应不了，导致学习成绩下降，这是学生自卑的案例，这种情况在中小学并不少见，自卑的孩子喜欢被忽略，躲在角落里不想引起他人的注意，可如今信息网络的发展，现代的教学不只是知识的学习更是能力的培养，要能被社会所接纳，自卑的心理不但对学生的身心健康不利，也不利于知识和能力的培养，对于师生的沟通也形成了一种屏障。

**青春期心理**

学生进入青春期，其独立意识大大增强，成人感增加，易于冲动，进入了一个狂风暴雨的时期，这个事情的师生交往处于紧张状态，影响正常的课堂秩序和教学，甚至出现极端事件，2008年10月4日，山西朔州市二中年仅23岁的郝旭东老师在巡视晚自习时，经过正在抽烟的学生李明(化名)的座位旁时，李从书包中抽出事先准备好的弹簧刀，突然朝郝老师腹部猛刺一刀，遭到突然袭击后，郝老师立即忍痛跑到教室门口，但被李追上，又连刺两刀……郝旭东在送院途中，因失血过多不治身亡。赶到现场的警方，将仍留在教室的李明带走，在他的书包里，警方找到了两把弹簧刀和一把砍刀，还在他的宿舍里找到了一页"死亡笔记"。这是写在一张活页纸上的寥寥三百余字的日记，日期是2008年9月18日，最上面写着"死亡笔记"四个字。日记中这个16岁的学生称："我已经对生活失去了信心，我活着像一个死人，世界是黑暗的，我只是一个毫不起眼的'细胞'。"在日记中，李明发泄着对初中时教他的两位老师的不满，声称"做鬼也要杀他"。"不光是老师，父母也不尊重我，同学也是，他们歧视我……我也不会去尊重他们，我的心灵渐渐扭曲。我采用了这种最极(端)的方法。我不会去后悔。"师生之间的关系竟至如此地步，让我们这些教育工作者情何以堪，我们不但要反思我们的教育，我们的老师，也要反思我们的学生，青春期的学生的主要特点矛盾性突出，表现为：独立性和依赖性的矛盾，成人感和幼稚感的矛盾，开放性和封闭性的矛盾，渴求感和压抑感的矛盾，自制性和冲动性的矛盾。现在的中学生都是矛盾的结合体，如果引导的不到位，对小的问题缺少关注，只强调学业，势必会对学生的心理产生重要的影响，更别说师生之间良好关系的建立。

## 师生沟通问题原因分析 ∕

师生沟通存在一些固有的问题，那么这些问题的原因是什么呢，这对于我们探讨解决师生问题有重要的意义。师生沟通既有微观层面的原因，又有宏观层面的原因，既有主观原因又有客观原因。下面从四个层面来分析：

**教师层面**

据调查，学生在倾诉对象选择上，愿意向父母倾诉的占45.3%，向同学倾诉的占37.3%，愿意向老师的仅占4%，向老师的倾诉大多数是关于学习方面的问题。作为教育工作者，倾听不到学生的心声，不了解学生的需求就无法寓教于乐，死板的教学不但学生不喜欢老师也毫无成就感可言。由于教师主体原因产生的沟通障碍源于：

首先，是错位的师生观。受传统教育模式影响，"一日为师，终身为父"的训导，讲尊崇师道视为教师的尊严。不可否认的是教师的权威地位保障了教学秩序，但这种权威性同时也加剧了师生之间角色和地位的不对等性，这种权利和地位的失衡有时可能造成师生之间的冷漠和冲突。现代教育提倡尊师爱生，但其内在的概念却依然是尊师第一，爱生第二。很多教师没有意识到沟通对教育活动的重要性，依然采取权威的态势开展对话、沟通，教师以一种盛气凌人的态度对待学生，使得学生不敢与教师平等对话。教师只是在发现学生有问题，犯错误了才找学生，平时则是不能够主动地关心和了解学生。学生对教师敬而远之，保持有距离的沟通，心里话对老师讲得不多。师生双方对自身角色地位的固化认识阻碍了师生的沟通，这很显然和新课改倡导平等的师生关系概念是相互抵触的。

其次，教师的心理素质和修养不高。高尚的师德要求教师通过广泛调查和谈话，深入地了解每个学生的兴趣、爱好、特长、基础等，然后有针对性地组织教学工作，但有些老师师德欠佳，不肯花功夫深入了解学生，对学生各方面的特点知之甚少，因而教育教学工作是无的放矢，与学生的沟通也过于肤浅，没有目标和针对性，导致师生沟通受阻。同时，教师缺乏心理常识，意识不到对孩子疏远冷漠的态度，侮辱和攻击性的语言，以及其他各种伤害，会对学生的心理造成严重的损伤，而教师责备羞辱，道德说教，命令指使，冷嘲热讽和训诫指责等负性情绪都足以让孩子脆弱的心灵受到伤害，而逐渐变得冷漠和顽劣。

最后，教师缺乏相应的沟通技巧。由于教师缺乏沟通技巧的欠缺，使师生之间容易产生隔膜，从而影响了学生的学习绩效，进而也影响了师生关系。教育实践表明，学生热爱一位老师，就会爱屋及乌地喜欢这位老师上的课和他讲的话。这就是"亲其师而信其道"的力量，让学生感受到教师的人格魅力，当然需要一些方法和技巧，这将是下一节我们要讨论的问题。

**学生层面**

从学生方面分析看，有些学生既缺乏基本学习能力，又缺乏责任感、同情心、当他们违纪违规受到教师批评时，随意顶撞；成绩好的学生，自视过高，虚荣心过强，受到他所瞧不起的教师的批评时也会顶撞；学生干部在班级工作上与班主任的意见不一致而发生冲突；部分学生心理素质不稳定，自控能力差，容易和教师发生冲突。

首先，知识爆炸的时代，学生的知识含量可以多于老师。许多老教师都说：现在的学生比以前难教，以前的学生视教师为权威，他们愿意听老师的话，用心上课、读书，由于获取知识的途径非常有限，教师则是知识的象征。可网络时代的到来打破了这个规律，网络世界中的处处平等使得他们无视权威，重视人权和自我，他们经常寻求网络资源，在某些方面他们所掌握的知识与信息已超过他们的教师，他们看到了教师的不足，更加重了他们的逆反权威的心理，所以学生掌握的信息多必然会威胁传统教师的地位。

其次，是学生自身的个性特点。每一个学生都有各自不同的性格特点，有些学生的性格开朗大方，善于和教师进行沟通，但是也有部分学生性格腼腆、自卑、喜欢独处、不善于交际，还有的排斥老师对自己的劝导，总是与老师对着干，对教师发出的沟通信息反应不强烈，这些都会对沟通效果产生不良影响。

最后，学生普遍缺乏与教师的沟通意识。我国现在的班级规模通常都比较大，在班级教学过程中教师很难做到与每一个学生进行及时准确的沟通，本来需要学生主动跟教师沟通，可由于学生普遍缺乏与教师沟通的意识，他们不仅不愿主动接近老师，而且躲避老师，生怕会被老师训斥，只要老师不主动找他谈事情，他绝不会主动寻求老师的帮助和指导，所以缺乏沟通意识也阻碍了师生之间有效的交流。[1]

**家庭层面**

家长是协助班级管理强有力的后盾。但是目前许多家长认为，把孩子送到学校去，许多事情由老师去管就可以了，不用太操心。这样推卸责任的想法，存在于大部分家长中，甚至有的家长从来没去过学校，不知道孩子在哪个班级，更不要说能够和老师经常沟通了，那样的家长是少之又少。

首先，家长对教师缺乏了解，一味指责教师。家长是学生的第一任教师，孩子的性格品质早在童年时期就已初步形成，进入学校，老师除了传道授业解惑，还要帮助孩子融入社会化的进程，可家长的不理解教师的职业权限，一味地要求教师对每个孩子负责，造成学生由于家长的撑腰，双重的教育标准加重了师生间的矛盾。

其次，由于学生家庭结构的转变，家长对其放任不管。近年来离婚率增加，不但是一种社会现象，也带来了教育问题，这样的孩子有可能是单亲教育，或者是隔代教育，还有可能被放养无人专门照料，还有一种父母常年在外打工的留守儿童，这样的孩子都由于童年期缺乏应有的关爱，造成或多或少的心理或行为习惯问题。师生无法沟通的情况下，需要家长的配合，可家长却常认为孩子送到学校就由学校教育，家长可以

[1]　高中师生沟通的障碍及其对策.张洁.

放任不管,这样及影响了孩子的正常成长,给师生沟通造成困难,甚至这种不和谐的关系导致孩子叛逆,不服管教,自暴自弃。

最后,家长和老师之间的沟通少,势必会影响师生间的沟通。学校里是否学生可以带通讯工具为例,现在既有手机上网娱乐也有新型的产品ipad、iphone等先进的电子娱乐设备,通常的学校都会严格禁止学生携带手机去学校,如果学生家长能够理解学校管理的难处和必要性,并能和老师之间一直顺畅地沟通,在一些关键问题上能够思想意识保持一致,共同做孩子的思想工作,这个问题应该可以得到有效的解决。如果家长和教师能够齐心协力,师生之间的沟通效果自然会更理想,师生的关系也必会更融洽。[1]

### 社会层面

一些不正常的社会现象走进了校园,使这片纯净的沃土沾染上了各种颜色,而学生缺乏辨别能力,会将社会现象归结为教育现象,从而对教师、学校产生抵触情绪,师生关系也无法正常化。

首先,应试教育是导致师生沟通不畅的罪魁祸首。目前,我国正从应试教育向素质教育转轨,但是应试教育并没有完全退出历史舞台,分数和升学率仍是衡量教育效果的砝码。在这样的背景下,老师明知应试教育的痛苦和危害,也不得不为提高学生的分数而拼杀。这就必然导致教师会强迫学生集中精力认真听课,完成作业,提高成绩,冲击高的升学率。从而一些学生认为老师这样做是自私的,是为了自己的前程、奖金奋斗而已。久而久之,老师变成了敌人,师生无法正常沟通甚至扭曲了师生关系。

其次,社会上的消极因素以及学校不恰当的做法,严重影响学生的思想观念和教师工作方法,使师生之间难以建立起和谐友好的关系,感情淡漠,难以沟通。比如:从小学、初中到高中,虽然有九年义务教育,但也没有杜绝收议价生、择校费、资料费、补课费等,教育经费无法负担教学的费用,这些额外收入成了教师养家糊口方式,滋生了不公平的现象。中小学的学生思想单纯认为教师就是贪图利益,缺乏师德,所以根本无视老师的教导和劝诫,任意妄为,甚至有学生认为,老师收了我的钱就要无条件的为我服务,师道尊严荡然无存,还何谈教育公平和师生关系。最后,教师的社会地位得不到正确的认识和对待。教师是园丁是蜡烛,是最光辉的职业,但与其他行业横向比较,教师工资少、地位低、任务重、压力大、学生不好教等,这些都加重了教师的职业倦怠,导致教师缺乏职业幸福感。由于缺乏一种公平,民主的制度严重挫伤了教师的积极性,教师无法保持心理平衡,就会将不健康的心态转移到学生身上。这样会师生关系紧张,师生关系被世俗化、功利化。

[1] 高中师生沟通问题研究.任强.

## 师生沟通的心理学原则 ／

基于对师生沟通存在的问题和现状，以及产生沟通障碍的原因的了解，我们需要遵循哪些心理学的原则呢？师生沟通中教师是主体，怎么把握师生沟通中的判断标准，对于了解、尊重人际交往规律，形成良好的沟通氛围，都有实践的意义，这就需要教师践行师生沟通的原则，给学生敞开心扉的空间，彼此尊重和了解。

### 同理心

同理心是师生沟通的重要原则。同理心，亦称共感、共情，最早由美国心理学家铁钦纳提出，它指的是一个人所具有的体会不同情绪的能力。有同理心要求教师能站在学生的立场和角度了解学生的心情，思考问题。同理心有三个必备的条件：首先是站在对方的立场去理解对方，其次是了解导致这种情形的因素，最后是让对方了解自己是设身处地的理解。当然对任何事物的看法，教师和学生之间都不可能完全一致，如果教师只一味强调自己的观点，忽视学生的感受，学生就会疏远、拒绝甚至讨厌你而产生逆反心理。教育效能的发挥是建立在良好的师生关系基础上，而良好的师生关系需要师生之间的有效沟通，教师的同理心则能促进师生之间的有效沟通。这是因为：

首先，同理心有助于教师拉近与学生的距离。教师因为有了同理心，就会站在学生的立场上来看事物，与学生产生同样的感受和体验，体会学生此时此刻的想法，因而也就能接纳学生，拉近与学生的距离。

其次，同理心有助于提升学生对教师的信任度。当教师站在学生的立场去理解学生时，对学生的回应就会感同身受，同时学生也会感到教师明白自己的处境和想法，感到教师是真正在关心自己，而这种感受会让学生对教师产生信任感，继而向教师敞开心扉。

最后，同理心有助于教师正确地对学生的言语和行为做出积极的回应。师通过同理心拉近了与学生的距离，并使学生对自己产生信任感，教师就能在此基础上走入学生的内心世界，对学生进行引导和纠正，并提供建设性的帮助，给学生提供合适的教育。[1]

### 聆听

聆听是集中精力认真地听，学会聆听，也就是学会宽容、谦虚，教师能聆听学生的心声，进而通过思维活动达到认知、理解的全过程，就可以形成师生间顺畅和有效的沟通。苏联教育家苏霍姆林斯基认为"真正的教育意味着人和人心灵上最微

---

[1] 谈教师同理心在师生沟通中的作用及运用.辽宁师范大学教育学院.徐玲.

妙的接触,学校是人们心灵相互接触的世界。"因此,良好的师生沟通以聆听为前提,师生间之所以会出现交流不畅正是因为教师通常的反应模式,使学生感到自己是不对的、不应该的、不可接受的。积极聆听是教师打开学生心扉的一把钥匙。"聆听在师生沟通中有着奇妙的功效。不加评判,表示理解的听在孩子心目中可能是你送给他的最好礼物。"聆听可以起到以下的效果:

首先,积极聆听使沟通保持顺畅。教师需要通过聆听了解学生的感受,并进行合理的肯定使得有阻抗的学生能够畅言自己的问题和困难。当教师积极聆听学生表达的情感时,学生都会用真诚的态度回应教师。这样才能保证师生的沟通有效的进行。

其次,积极聆听使学生感受到教师的人文关怀。积极聆听可以帮助学生以直接有效的方式表达自己的感受。一旦这种方式进入常态化,学生表达了且被教师所接受,那么学生也会用积极地态度来回应,有了教师的爱和关怀,不会为自己有这样的感受而苦恼。

最后,积极聆听有助于培养学生独立自主的能力。学生在出现问题时常会像成人一样推卸责任,为自己辩护。但是教师使用积极聆听正视这些感受时,孩子们就会觉得被了解被关注,使他们相信自己的力量,积极调动自己的潜能主动解决问题。教师的聆听使学生独立自主的意识、能力都得到了增强。[1]

**尊重**

尊重的基本含义是敬重和重视,每个人都渴望得到他人的尊重,但只有尊重他人才能赢得他人的尊重,尊重是建立良好师生关系的基石。教师只有尊重学生也才能得到学生的尊敬,尊重学生要把学生看成一个与教师一样具有平等人格的人,而不是一个可以随意训斥的孩子。要尊重学生的人格,平等地对待学生的不同意见,不以教师的强势地位压制学生不同意见的发表。尊重学生尤其不能说伤害学生人格的教育忌语,给学生起侮辱性的绰号。对学生的批评要重说理,重启发,就事论事,避免由于学生偶然的行为失当而对其整体人格品质的负面评价。尊重学生还包括尊重学生的个别差异,承认差异,同时也以开放的态度接受这种差异。尊重学生可以产生这样的效果:

其一,尊重学生,可以增强学生自信心。有人说:"每一个孩子都有成功的愿望,每一个孩子都有成功的潜能。尊重孩子的差异,赏识孩子的成功,教育之目的就是让每一个孩子都抬起头来走路。蹲下来,你会发现其实每一个孩子都很努力。"这说明尊重学生,可以增强学生的自信心,在教学实践中,如何利用短暂的课堂,充分尊重学生及其差异,发掘学生的潜力,不但可以让学生都抬起头来走路,也能使课堂教学的有效性大大提高。

---

[1] "积极聆听"在师生沟通中的作用.张丽萍.

其二，不尊重学生，会对学生的造成不良影响。教育家洛克说过："父母越不宣扬子女的过错，则子女对自己的名誉就越看重，因而会更小心地维护别人对自己的好评。若父母当众宣布他们的过失，使他们无地自容，他们越觉得自己的名誉已受到打击，维护自己名誉的心思也就越淡薄。"我们一直提倡师生的平等关系，这里讲的不是身份、地位的平等，而是人格的平等，对学生的不尊重可能使其自暴自弃，从而造成社会问题。

### 接纳

美国著名心理学家高顿认为接受他人是培育良好关系的重要因素。接纳使学生深思并能向老师敞开心扉，不接纳则使学生焦虑不安，导致反抗致使交流失败。教师不能将学生变得完美才接受他，而应该无条件地相信学生自己有朝好的方面去无限发展的可能性，这是接纳较完整的品质。接纳是教师对学生爱的表现，当一个教师真正地爱一个学生的时候，也是他对学生无限发展的可能性持有最大信心的时候，教师对学生的爱和接纳是紧密相连的。当然，教师对学生的接纳不是狭隘的，不等于赞同学生的不良行为，也不等于教师用自己的价值观和思考模式来衡量学生，更不等于对学生的表达无动于衷，教师的接纳应该是有客观的原则，既纠正不良心理和行为习惯，又能肯定积极的表现。这样的接纳才能让学生真切的体验到教师用"大爱"的教育理念与其真诚的交流和沟通。[1]

# / 师生沟通的艺术和技巧 /

教育活动是师生之间相互作用、相互影响的交往过程，而师生间的直接沟通是教育交往活动的基本形式。教师是学生健康成长的引路人，教师的言行举止深刻地影响着每个学生的健康成长。要想建立和谐的师生关系，必须善于和学生沟通，掌握沟通的艺术和技巧。教育实践表明，师生之间怎样沟通，关系如何，直接决定着教育交往和教育活动的效果。

## 皮格马利翁效应 /

师生沟通是一种人际沟通，人际沟通是人与人之间的信息交流。由于人际沟通的主体人，而每个人都有其独立的性格及交流方式，这就需要教师善于运用心理学的知识和理论，使师生沟通成为一门艺术。

63

[1] 师生沟通的心理学分析.王小棉.广东教育学院教育系.

"皮格马利翁效应"产生于美国著名心理学家罗森塔尔的一次有名的实验中：他和助手来到一所小学，声称要进行一个"未来发展趋势测验"，并煞有介事地以赞赏的口吻，将一份"最有发展前途者"的名单交给了校长和相关教师，叮嘱他们务必要保密，以免影响实验的正确性。其实他撒了一个"权威性谎言"，因为名单上的学生根本就是随机挑选出来的。8个月后，奇迹出现了，凡是上了名单的学生，个个成绩都有了较大的进步，且各方面都很优秀。这是罗森塔尔的"权威性谎言"发生了作用，因为这个谎言对教师产生了暗示，左右了教师对名单上学生的能力的评价；而教师又将自己的这一心理活动通过情绪、语言和行为传染给了学生，使他们强烈地感受到来自教师的热爱和期望，变得更加自尊、自信和自强，从而使各方面得到了异乎寻常的进步。

罗森塔尔的这个实验是受希腊神话的启发的，这个神话的大意是说，塞浦路斯国王皮格马利翁性情孤僻，为规避塞浦路斯妓女而一人独居。他善雕刻，孤寂中用象牙雕刻了一座表现他理想中女性的美女像，久久依伴，竟对自己的作品产生了爱慕之情。他祈求爱神阿佛罗狄忒赋予雕像以生命。阿佛罗狄忒为他的真诚所感动，就使这座美女雕像活了起来。皮格马利翁遂称她为伽拉忒亚，并娶她为妻。

皮格马利翁效应告诉我们，对一个人传递积极的期望，就会使他进步得更快，发展得更好。反之，向一个人传递消极的期望则会使人自暴自弃，放弃努力。在学校教育中，受老师喜爱或关注的学生，一段时间内学习成绩或其他方面都有很大进步，而受老师漠视甚至是歧视的学生就有可能从此一蹶不振。一些优秀的老师也在不知不觉中运用期待效应来帮助后进学生。教师对学生的赞赏与期望影响到师生关系的好坏，而师生关系的好坏又直接影响学生的学习情绪。在这里，教师对这部分学生的期待是真诚的、发自内心的，因为他们受到了权威者的影响，坚信这部分学生就是最有发展潜力的。也正因如此，教师的一言一行都难以隐藏对这些学生的信任与期待，而这种"真诚的期待"是学生能够感受到的。教师的品德或威信甚至能决定学生学与不学、喜欢与讨厌某一学科，因此，建立良好的师生关系至关重要。每个人学生都渴望教师的关爱，这就需要教师的关爱既有师长的严格要求也应该有朋友般的理解和帮助，它是开启学生心扉的钥匙。通过沟通，让教师走进学生的心灵世界，也让学生真正理解教师。通过沟通，才能彻底拆除妨碍情感交流的墙，才能形成良好的教育网络，才能促进教育目标的顺利实现。

## 师生沟通的方式

### 课上沟通

首先教师应尽快熟记学生的名字，如果不熟悉的人能叫出自己的名字，就会产生亲切感和认同感。在与学生的互动中如果能熟记学生的姓名，这将非常有助于增进师生的情感交流。如果在上过几次课后仍叫不出学生的名字，会产生一种疏远感、陌生感，不利于良好师生关系的建立。其次，教师可以采用语言方式交流，课堂上提问与被提问是师生间沟通最常见的方式，教师可以通过提问了解学生对所教内容的理解，进而调整教学的进度，掌握学生的接受能力和水平，调整课堂的气氛和进程。提问时如果遇到学生答非所问，或与教师的预备答案发生冲突，这时既不要立刻否认学生的观点和看法，把自己对问题的理解强加给学生，也不要批评指责，用探讨的方式说明思想和观点，是学生正确的理解讲授的内容。最后，非语言交流更好的拉近与学生之间的距离。非语言交流包括肢体动作、面部表情、空间距离、仪表仪态来表达，人总是通过外在的衣着来形成第一印象，即首因效应，如果教师在第一节课时，以大方得体、干净利落且采用暖色调的搭配常常给人一种亲和、淡雅且教学严谨的印象，学生在被教师气质所吸引的同时会集中注意力于所讲的内容。教师还可以用眼神和学生沟通和交流，如果发言的学生性格内向且学习成绩一般，教师可以面带微笑用充满期待和鼓励的眼神望着她，给她信心和力量。眼神的沟通也可以是严厉的，必须有些同学课堂纪律不好爱搞小动作，教师可以突然停止讲授，给这样的同学一个严厉的眼神往往要比声嘶力竭的教训更能达到教育的目的。课堂上教师的眼神、手势、动作和仪态，都可以是友好、亲近、信任的交流方式。

### 课下沟通

首先，教师可以利用课间时间走到学生中间去，询问学生对讲授知识学习理解情况，作业的完成情况或疑难问题，也可以对未出席的同学询问和关心，这种方式有助于跟学生之间的情感沟通。其次，对学生的作业本、考试卷、成绩单和学生手册上的评语，也是有效的沟通方式。教师可以将对学生成绩、生活的关心和鼓励用评语的方式与学生沟通，学生看到教师温暖的话语，不管是对缺点的批评，或是对进步的表扬，亦或是对生活的关心，都会给学生带来自信和勇气，也会进一步了解教师并增进交流。最后，还可以通过各种课下活动增进与学生的沟通。比如比赛、郊游、参观等活动，这是教师与学生建立友好关系的重要时刻。如果一位教师参加学生的体育竞赛，对平时学习动力不足的学生在比赛中突出的表现给予真诚的赞赏，那么对于重视品格而非成绩排名的教师，学生更能表示尊重并愿意跟教师保持良好的交流和沟通。

### 新型沟通

现代通讯技术的发展，传统的沟通方式发生了变化，直接沟通、书信交流和语音沟通被电子邮件、短信、微博等网络沟通模式所取代。现今的中小学生以90后为主，个性独立且特立独行者居多，传统的沟通方式并不能产生良好的效果，他们更崇尚朋友式的新型师生关系,如果与过分强调自我权利、逆反心理较重、过分被溺爱或采取语言沟通方式失败的学生交流,最好采取网络沟通方式,避免因当面批评教育产生的对立情绪。例如:某班上有一位平时成绩很好的女同学,近期学习成绩明显下滑,老师询问她出了什么事,可没想到她的眼神中却流落出憎恨且一句话也没说。老师心里一惊心想一定出了什么问题,后来通过与同学了解才知道,女学生的父母离异,且母亲再婚生了弟弟,家庭的变故加上渐渐被冷落,使她的情绪和心境发生了巨大的冲击,影响了学习和生活。老师积极与家长沟通,并常发送短信询问作业及课下学习情况,老师真心的关心和帮助,使学生在缺少家庭关注的情况下得到了老师的重视和鼓励,慢慢从低迷的心境中走了出来。其次,教师也可以采取馈赠礼物的方式进行情感沟通。这种方式既可以用于对成绩好的学生的肯定,对成绩一般的学生的鼓励,对成绩差的学生的关注,也可以用于对家庭困难学生的关心。礼物可以是卡片、文具、书籍、生活用品也可以是电子影音,教师需要根据沟通方法、目的的不同进行选择,正是礼物表达出的教师的关心和重视,使得师生间的隔阂消解,沟通顺畅(王引芳,2011)。

## 师生沟通的策略和技巧

### 接纳学生积极聆听

美国著名心理学家高顿认为接受他人是培育良好关系的重要因素而接纳是培养良好师生关系的基础,接纳是"教师相信学生是一个有价值的人,并想尽一切办法让学生相信他自己是一个有价值的人;帮助学生相信他的老师即使对他的某些行为和想法不认同,而且它们必须改变,但是,他在老师的眼中仍然是一个有潜力和价值的人。"教师对学生的接纳应该是无条件的相信学生,相信他们有朝好的方面去无限发展的可能性。接纳是积极聆听的前提,只有接纳学生的优点和缺点,才能全面了解学生的特点,才能通过聆听的方式寻找问题所在,才能帮助学生解决学习、思想、行为、情感问题。在师生沟通中,聆听是一种技巧,交往中听更重于说,教师要学会虚心地、耐心地倾听学生的谈话,不轻易打断学生,聆听也不是漫无目的泛泛的作个听众,而是要抓住学生说话的焦点和问题,在不知不觉中获取信息,争取时机以作出恰如其分的反应。聆听也体现了教师对学生无条件的积极关注和尊重。在教学过程中只有接纳学生、积极倾听,教师就能获得学生真实的想法,帮助自己发现工作中的失误和不足,找到有效解决问题的办法,采取恰当的方式应对和调整。

### 理解宽容期望鼓励

理解就是设身处地的从学生的角度思考问题,不将自己的想法强加给学生,而宽容是对差异性与多样性的认可,对认识、思想和经验多元性的尊重,对个体真实性的肯定。宽容是在理解的基础上的发展，理解宽容是一种境界，是一种态度，更是一种修养。教师要学会理解宽容，设身处地的进行换位思考，寻找学生学习或生活中问题并查找原因，帮助他们去改正错误，才能赢得学生的信任、理解和支持。宽容学生的错误并不是软弱，也不是妥协，而是给学生一个宽松的环境，使学生有反思的机会，感受到教师的期待，把外在规范的约束变成自我的压力，进而转化为动力。只有对学生的言行采取理解宽容的态度，才能对学生抱有期望，"皮格马利翁"效应揭示了通过肯定和强化学生的动机，激发学生朝着教育培养目标发展的过程，显示了期望的强大动力，积极的期望对学生的身心发展具有推动作用，但盲目的期望或过分的期望不但没有积极的影响，反而会使学生自负感增强或压力加大，所以期望也要注意度的掌握。教师既要对学生积极期待更好采取激励的方法对学生进行教育和管理，教师应该充分肯定和强化他们奋发上进、立志成才等正确的心理愿望，调动他们自我约束、自我管理的积极性。激励学生，使其需要、动机、行为、目标相互联系、相互作用，对学生产生积极的作用。

**热心疏导应对挫折**

热心疏导是教师对教育事业热爱的重要体现，是教师对学生进行教育沟通的感情基础，也是教育的基本道德要求，是培养学生热爱他人、热爱集体的道德情感基础。热心疏导并不是不严格要求学生，而是尊重喜爱学生的表现，是师生交往和沟通的情感基础，其目的积极帮助学生面对困难和挑战，顺利展开教育活动。90后的学生心理承受能力差，挫折感强，不知如何应对挫折。当学生有学习、生活或情感方面的问题找老师帮助解决时，老师首先应该积极聆听，弄清问题实质，设身处地地和学生共同寻找问题的根源，然后本着尊重与信任学生的原则，对学生进行积极热心的疏导，疏导需要教师掌握应对挫折的技巧，首先需要让学生树立高尚、远大的远期目标，其次树立现实可行的近期目标，帮助学生规划自己的人生道路，最后采用斯金纳行为主义的方法，将事情按小步子分成若干阶段，一步步的排除困难，达到目标 (任强，2010)。

**勤于实践把握时机**

良好的师生关系是通过教师经常深入到学生中间，与学生交往不断深化而得来的。师生之间的沟通可以采用多种沟通方式，课上沟通、课下沟通和非正式沟通，三种沟通方式的结合可以互相补充，可以起到加速、深化师生关系的作用。良好的沟通是师生增进情感的桥梁。沟通渠道越畅通，师生关系就越和谐。但教师在交往中应把握好交往的尺度，要懂得和学生交往疏密有度，师生多度沟通不但对教师的教学准备产生影响，教师的时间和精力应更多的放在教学工作上，沟通的目的是为了让教学工作更顺畅，教学效果更明显，切不可本末倒置。教师应该多学习，多研究，采取从实践中来到实践中去的基本原则，不断地提高自身的沟通技巧，掌握学生的共性和个性，因材施教，和谐共处。在积极沟通时，教师都要细心观察，抓住每个关键的沟通时机。教师应当在适当的时机给予学生恰当的沟通，及时的鼓励和赞扬，不仅能够使学生感受到来自于教师的关注和肯定，还会帮助学生树立积极的自我形象，提高学生的自信心和上进心，促进学生的积极发展。如果错过了时机，学生内心的负面情绪会加倍增长，对后面的教育教学效果影响就会增加。学生的心理活动尤其个体差异性和复杂性，即便是对同一问题，不同学生可能会做出不同的反应。这就要求教师积累丰富的时间经验，敏锐的体察学生的变化，准确的找到问题的原因，根据学生个体差异采用恰当的沟通方式"对症下药"，帮助学生走出心理误区，形成积极健康的心理品质，促成学生的自我实现。

总之，在实践的基础上掌握规律，根据学生的个体差异采用有效的沟通方法，运用沟通的技巧和策略，构建良好的师生关系模式。但除了方法也技术上的学习，还需要教师以真诚、平等、尊重和爱心与学生进行情感交流，才能实现师生间积极有效的沟通。

## / 师生沟通的案例及解析 /

中小学教师往往有这种感觉，理论说起来很容易，但真正落实到实际中，确实很不容易的。以下针对师生互动中的典型案例，将师生沟通的艺术和技巧做更深层次的解读。

### 后进生的改变

当我做小学三年级班主任时，我班有个特殊的学生叫小燕。她上课老是走神，叫她的名字她会吓一跳，开始以为她开小差，批评她几次仍不见效，后来了解到她是个成绩差、性格孤僻和奶奶长期生活在一起的后进生，这怎么办呢？决不能让她掉队，我思索着，反省着。低年级学生需要有慈母般的爱抚，严师的教导，朋友的帮助，我总利用课间活动和她谈心，如：爸爸、妈妈你最喜欢谁？爸爸、妈妈哪一个更喜欢你？我们班的小朋友，你最喜欢和谁交朋友？诸如此类的家常话，她总是乐意把心里话讲给我听，我也获得了许多要了解的信息，我想她一定能行。

以后调动班集体的力量，从情感入手，引导全班学生关心她，爱护她，找到她身上的闪光点，一有进步就在班上表扬她。生活上多关心她，有一次早晨，当我踏进教室发现她还没来上学时，我想，难道她今天想逃学，责任心驱使我驾车来到她家。当我来到她家时，发现她家的门紧锁着，她蹲在地上，低着头，书包被扔出数尺远。看到这，我停下车，捡起书包来到她面前。这时她发现了我，哭了，哭得是那么的伤心，委屈，我为她擦干了眼泪，把她抱上了车，推着她边走边问清原因。原来她起床晚了要吃早饭，她奶奶不但不给，反而把她推出了家门，自己走了。于是，我买了两只面包让她当早餐。我用情感去感化她那孤独心灵的过程中，也不放弃她的学习成绩，课上讲的知识她只能囫囵吞枣，一知半解，我便每天利用午间，放学后的时间耐心地给她讲解，分析例题尽量做到由浅入深，由易到难，使她感到老师的爱抚和期望。"精诚所至金石为开"终于在一次测试中，她数学得了83分，语文得了88分的好成绩，我把这个喜讯告诉她时，她笑了，笑得那么开心那么甜……对此，我感到无比的欣慰。

案例来源：http://www.yxedu.net/show.aspx?id=44880&cid=112

案例解析：

班主任工作是一项极其复杂和艰辛的工作，但不论怎样成功的教育总离不开真情的付出。这则案例中是个生活中得不到关爱的后进生由于老师的关注、理解和鼓励不断成长和进步的事例。后进生并不都是顽劣不爱学习的孩子，是多种原因形成的，既有家庭、社会不良环境以及教育不当的原因也有学生生理上存在缺陷或心理上发生障碍等方面的原因，但不论哪种原因，其最显著的特征之一就是对自己失去信心自卑感极强，常常表现为"破罐子破摔"自暴自弃。

这位教师运用理解和接纳的心理学原则，利用课上的帮助，课下的鼓励，以及调动其他学生对小燕的关心，疏导小燕的心结，通过一次家庭事件，更深入的了解了学生的家庭情况，小燕是由于得不到关爱而对自己自暴自弃，成为后进生，这时老师的关爱弥补了学生情感的缺失，当学生从点点滴滴的小事中感受到老师博大的胸怀、宽容的心和关爱之情时，小燕的心理和行为也悄悄的发生了变化，最后在一次测试中取得了优异的成绩，付出的一切都有了回报，重要的是小燕由于老师和同学的爱变得乐观向上，有了新的目标和方向。这是每个做教师的人最希望看到的，也最能获得满足和幸福的事情。师生间的情感沟通，能让学生主动接受老师的引导和教育，不但提高教学效果，对学生尤其是后进生的心理成长也是至关重要的。

苏霍姆林斯基说："自尊心和自信心是学生心里最敏感的角落，是学生前进的潜在力量，是学生前进的动力和向上的源泉，是学生高尚纯洁的心理品质。"在后进生的教育中，应该以培养后进生的自尊心和自信心为切入点，帮助后进生树立自尊心，增强自信心，调动他们学习的积极性，激发他们积极向上的动力。当然后进生的进步不是一蹴而就的，每个学生都有特定的经历和性格，在教育后进生的过程中，教师不仅需要先进的教育理念和方法，还需要耐心、细心甚至是恒心。

### 微笑的力量

"老师，张明把我的书丢在地上"，今天这已经是第八个告状的，都是说张明调皮的事。我心里的"火"一点点的积累起来，我想我得好好"收拾"他，正要去找他，有一个家长来找我，和家长谈了会话。家长走了。我就想怎么去和张明说呢，说实在的，教他六年了，我知道他确实调皮，顾面子，讲义气，但他心地善良，觉得错了也会承认错误。但要讲究方法。

记得有一次是我上课，音乐铃声还在响，我很远就听见张明的笑闹声，我走进教室，他刚好打了另一个男同学一拳，嘴里正要骂，一见我有些生气的神情，他低下头，我想如果我马上问他们之间发生什么事的话，肯定会耽搁其他同学的时间，我按捺下心头的火，微笑这走到他面前，把手放在他肩上问："想这时候见分晓吗？"他马上笑着摇摇头，我说那就好好听讲，有事下来说。下课之后我向其他同学了解了事情的经过后，我把张明和那个同学叫到跟前，几句话说说清楚了，两人握手言和。我想当时要是我生气地指责两个同学，或者是严肃地问事情地经过，效果肯定不好。也会影响他们听课的效果。

想到这，我觉得今天的事我还是"微笑"面对他吧，我把张明叫来笑着对他说："今天已经有N个同学来说你了。"他说有些是开玩笑的。我告诉他什么事得有个度，同学六年了，不要让同学只记住他的调皮。他不好意思地点点头。那天之后来告他状的人少多了。我想这些学生我教了六年，每个孩子的性格特点在我心里我都记得很清楚。不过他们都喜欢我微笑面对他们。因为微笑让我和孩子们的距离很近。

案例来源：http://hnxx.scxcedu.com/wzshow.aspx?type=jxky&id=217

**案例解析：**

这是一则运用理解宽容达到师生良好的沟通的事例，案例中集中体现了教师在面对顽皮学生时的心理状态，我想这是所有教师的心理状态，这么顽皮的学生，当然除了生气就是愤怒，但这位教师马上意识到愤怒并不能解决问题，克制情绪，用微笑的沟通方式表现了对学生的理解和宽容，当然有些情绪的控制不是那么容易的，但是在理解和宽容的基础上情绪的表达既不会急躁也能展现教师对学生的接纳，这位老师对张明同学的性格和脾气比较了解，所以在课上的沟通给该学生留了面子，让学生认识到自己犯了错误，但老师并没有用严厉的语言批评，而是希望通过课下沟通更好的解决问题，课后老师了解情况后热心疏导，既让张明认识到了问题，又体现了教师的理解和宽容，老师的心量让这个顾面子、讲义气的学生产生了变化。

### 差生差哪

初一 (1) 班的梁某成绩特别差，经常在课上与其他同学聊天，有几次甚至在课上与任课教师争吵起来，当众给老师下不来台，对老师的惩罚视为游戏。为此受到学校的两次处分，学校也多次找他谈话，也要求家长严格管束，可未见到任何成效。与梁某交谈时，他说："我就不想听课，就想捣乱，我也知道这样不好，可有一次我蛮好的，什么事也没做，就坐在那里，可是老师说我又在和旁边的人说话，其实是那个人凑过来想和我说，我没有和那个人说话，老师冤枉我，后来我想想，反正老师就那么想了，我就是这个样子了。"

案例解析：

此则案例是教师眼中的"差生"，虽然该学生知道自己的问题，也知道去改正，可以由于老师对他的误解，使得孩子"破罐子破摔"，完全放弃自己。诚然有些顽劣的学生对于老师的做法并不接受，他们会变本加厉地扰乱课堂秩序、激惹老师，现在的学生以不畏惧老师为光荣，他们以惹老师生气为目的，以自己特立独行的方式得到同学的追捧，获得同学的尊重，其实这样的学生如果深究其行为的原因，不难发现，缺乏尊重、自信和安全感是主要的原因，由于早期经历、教育和家庭影响，这样的学生心理往往有缺失，可能是父母关爱少，方法不得当，家庭经济状况，单亲家庭等等，这时，教师的尊重和接纳可以化解顽劣学生心理的冰，让他得到温暖，不能让他滑向仇视老师甚至社会的极端。

## 聆听的魅力

我班有个王同学，平时有个坏毛病，爱睡懒觉，因而经常迟到，在班级中造成了很不好的影响，同时又使班级被扣分，从而影响了班级的荣誉。针对这个问题，我找了他好多次，谈了说不清多少次话，总算有三天准时到校了，我不禁暗暗的松了口气，班级不会被扣分了，我的班主任考核分数也可以好看一点。第四天早上，我刚踏进教室，纪律委员又来告状：王同学又还没有到了，班级又被扣分了。这一下我火了，气呼呼地在教室门口等着王的到来，果然没几分钟后，王同学急冲冲地向教室跑来了，我不分青红皂白地把他骂了一顿。早自修结束后，看了一眼王同学，觉得有什么问题，便把他叫到了办公室。此时的我心平气和了许多，问道：你答应老师的话怎么又变卦了呢？有什么特殊情况吗？话音刚落，只见王同学的眼泪，从眼眶里慢慢地落了下来，这可不是他平时的表现。我觉得事情的不妙，赶紧让他坐下来，给他一个诉说事情原委的时间，也给自己一个倾听他人心声的机会。在他断断续续的诉说中，我了解了前因后果——昨晚，他爸爸与妈妈吵架了，并要离婚。更让我感动的是，他说他今天本来没心思来上学，可想想老师平时对他的关心，最后决定仍然来上课，尽管是一路小跑，还是迟到了。最让我庆幸的是，我给了王同学一个诉说的机会，要不被我的简单粗暴所伤害的心灵，可能永远无法弥补，就像王同学说的世上没有人理解我的痛苦，我不相信任何人。最后，我们心平气和的交流了许多许多……王同学的迟到问题逐渐地少了，最后再也没有发生过此事了。

案例来源：http://www.lgql.net/school/ShowArticle.asp?ArticleID=4264

案例解析：

这是一则运用聆听技巧与学生沟通的案例。苏霍姆林斯基说过："如果学生不愿意把自己的欢乐和痛苦告诉老师，不愿意与老师坦诚相见，那么谈论任何教育总归都是可笑的，任何教育都是不可能有的。"这句名言，一针见血地道出了师生沟通的重要性。这位教师在学生迟到的事件里，首先扮演了一个严师的形象，这是大部分教师在学生心目中的形象，后来观察到学生的变化，在课下了解到学生迟到的真正原因，聆听了学生的心声，体现出了尊重和接纳。学生表达的思想与情感教师能沟通同理心去应对，使学生获得关爱也理解，进而拉近了与教师的关系。师生通过热心疏导，应对挫折的技巧进行了良好的沟通，达到了理想的效果。

## 理解是沟通的钥匙

某天下午，我在去传达室拿报纸时，像往常一样途经所教的初二（2）教室，向里面看看。由于这天天气闷热，又到了第四节课，学生趴在桌子上的比较多，我就多看了几眼，突然，发现李某某的座位上没有人，我简直火冒三丈。在下楼经过操场时，意外的发现他在和学校体育训练队的学生打篮球，这时我想起他是很喜欢打篮球的。但是，我还是很生气，把他叫过来后。

我严厉地问到："为什么在上课时间去打球呢？"

他也很烦躁地回答："我心里现在很烦。"

看到他这样子，我尽量缓和自己的情绪，语气平静地说："那你能说说为什么这么烦，看刘老师能不能帮你？"

他的表情也较为舒缓，但还是不说话，在我们沉默了2到3分钟后，我感到现在是不能解决任何问题，便说："你真的感到打球可以使你的心理压力得到缓解？"

他低头很肯定的"嗯"了一声。

"那现在你就去打吧。"他马上抬头看着我，眼神中充满了意外和茫然，我再补充说："是真心话，既然你现在上课没效率，还不如放松一下。"

第二天，他就写了张纸条夹在数学作业中交上来，详细的解释他昨天的烦心事和近来的心情。主要时星期三的自然考试不太好，并且近期连续的几次考试都不理想，他觉得自己怎么努力都学不好的，加上他也觉得作业也太多、太烦。

我就在放学后，把他叫到办公室好好地谈谈。首先，肯定他这样主动说明情况是好现象，接着帮他分析：心情烦躁是人人都存在的正常心理现象，我非常理解。随后和他讲我在中学也发生过类似的情况，没想到老师也这样宽容他，一下子缩短了我们之间的距离，因此他就主动与我沟通，这时，我应该如何调整自己的心态呢？这时，我想到了社会学的角色转换原理，在自己烦恼时，应换个角度想想，想想学生当时的烦躁情绪，想想学生当时的心理感受。众所周知，当少年学生随着生理和心理年龄的增长，走向成熟的标志是要逐步学会控制自己的心态，不让烦躁的情绪左右自己；心理压力在生活中人人都会有，一定要学会正确对待，学会控制与调整，慢慢地超越原来幼稚的我，逐步走向成熟的自己，这就叫成长。当他听了我的促膝谈心时，他受到一定的振动，也产生了一定的感触，在离开我办公室时，他经过沉思后说："我感到自己又长大了许多，老师，我以后一定控制好自己的情绪，把自己的事做好。"

案例来源：http://www.lgql.net/school/ShowArticle.asp?ArticleID=4264

案例解析：

这是一则教师运用同理心的心理学原则，疏导学生心理问题的事例。案例中这位老师通过转换自己的角色，感受对方的内心世界的种种感受和态度，这样就更加了解学生，了解课上去打篮球的原因，而不是无端旷课，我们的教育有时太过于追求结果——分数和成绩，而忽略了能力和素质的培养，这位教师并没有看到学生打球就立刻叫回班级继续上课，而是给予了人文关怀，因为学生没有学习效率，想通过打篮球缓解压力，这何尝不是合情合理的方式，总比时常压抑负性情绪最后做出伤害他人的事情要明智得多。这位老师由于多年的教学经验，运用心理学的原则，打开了与学生沟通的渠道。

但要达到深度的同理，要求教师在沟通时首先能够放下自己的参照标准，将自己放在对方的立场和处境中来尝试感受对方的喜怒哀乐，经理对方正在或曾经面临的压力，并体会对方之所以会说出这样的话和导致这样的行为表现的原因。这位教师在理论指导下践行了师生沟通的技巧，成功地运用同理心疏导了师生矛盾，使师生关系和谐而愉快。

<h2 align="center">"特殊人物"的改变</h2>

小王曾是我校出了名的"特殊人物"。逃课、打人、顶撞老师样样在行，任凭老师吹胡子瞪眼他也不会有丝毫收敛。老师们一提起他个个摇头，"当了这种学生的班主任，真是倒了八辈子霉。""我宁愿教十个成绩差一点的学生，也不愿教他这样的一个"……同事们都有这样的想法。可是，这样的学生总得有人教呀，我还是接纳了他。

果然，开学的第一天，他就给我来了个下马威，竟然跳到了学校的围墙上，校长、老师、同学谁请他下来，他都置之不理。等我爬上去，他就跳下逃走了，等我下来了他又爬上去了，就像在捉迷藏似的。好不容易把他请进了办公室，他却使出了一副死猪不怕开水烫的架势，任凭怎么问，他就是一句也不开口。

我翻阅了大量文章，其中的"皮格马利翁效应"提到，教师如果能够真正地爱护学生，关心学生，那么学生就会如老师希望的那样进步。我深受启发，我决定以一颗真诚的心，去点燃他冷漠的心灵。可是，小王拒绝与我面对面的谈话，那能不能通过书信的方式来沟通，从而将我爱的信息传播给他呢?

于是，我第一次认真地给小王写了一封信："也许，你不愿和老师说话，但是，我很想和你成为好朋友，老师多么希望看到你变了，变成一个爱学习、懂道理的孩子……"我把信偷偷夹在他的语文书里。第二天我在校门口值班，他出乎意料的叫了我一声："王老师!"尽管声音很轻，但是我还是向他竖起了大拇指，微笑着回答了他。第三天一早，我发现办公桌上放着他的一封回信，信中有这样一句："王老师，从来没有老师喜欢过我，从来没有老师表扬过我，你是第一个……"我欣喜之极，这简单言语在我看来，字字闪着金光，那光，是爱的折射。我忙不迭地拿起笔来……

之后，我们就以写信这样一种特殊的方式进行交流，有时两天一封，有时一周一封，在信中，我倾听他的心声，解答他的疑虑，教育他做人的道理。慢慢的，我发现他开始进步了，和同学打架争吵少了，为班级做事多了；和老师顶撞少了，课堂积极举手多了；作业不做的时候少了，字写得好多了……那次家长接待日，孩子的妈妈握着成绩单激动地告诉我："这孩子，收到你的信后，高兴得睡不着觉，他把你的信藏在枕头底下……"而今，小王已经毕业，每次与他相遇，他总是不忘叫一声——"王老师"这亲切的招呼声时常会激起我心中的阵阵涟漪。

案例来源：中国教师研修网

案例解析：

这是一则运用新型沟通方式的师生沟通的成功案例。师生沟通要求教师平等对待学生、尊重学生的价值和尊严，并且这种平等和尊重不是教师好心恩赐给学生的，也不是教师被迫给予学生的，而是教师相信、看到并珍视每一个学生的价值、潜能，相信每一个学生都有改变和成长的动力与能力，而不是他的成绩好坏、品行优劣、出身贵贱、相貌美丑。只有这样，教师才可能真正视学生为平等的伙伴，是与自己一样值得尊重、应该被尊重的一个人。

[测一测]：

## 倾听水平测试

请根据自身实际情况选择答案。选择A—"几乎都是"记5分；B—"时常"记4分；C—"偶尔"记3分；D—"很少"记2分；E—"从来没有"记0分。

在与人谈话时，您是否：

( ) 1. 习惯打断别人的谈话。

( ) 2. 替别人接话头，即使人家并无此意。

( ) 3. 习惯做白日梦，心事四处游离。

( ) 4. 自动假设他人会说的话，代别人先发言。

( ) 5. 趁他人喘口气时，立刻插入谈话中。

（　）6.试着记下说话者所说的一切。

（　）7.不等说话者做出结论就突然改变话题。

（　）8.做访问时，一直是自己在讲。

（　）9.对方想讨论较严肃的话题时，自己却闪烁其词。

（　）10.为了表示礼貌假装倾听，或是因为怕被对方发现自己不专心听时会发脾气。

（　）11.因噪音、屋外活动、室内的装饰等，让人无法专心听对方说话。

（　）12.很难接受新思想及新作风。

（　）13.因为赶时间而催促说话者讲重点。

（　）14.因为听到一些有争议或伤人的话题而影响自己倾听的态度。

（　）15.身为一名听众时，是否会面带微笑，频频点头。

（　）16.只听想听的，其他的都不听。

（　）17.针对说话者的个性、语气、年龄、性别或美丑而决定听或者是不听。

（　）18.急于下结论。

（　）19.听不懂就保持沉默，也不想搞清楚。

（　）20.做自己的，不管谈话的内容。

（　）21.非常讨厌听别人说自己不熟悉的事情。

（　）22.只注意细节，不在意对方想要传达的信息主体。

（　）23.忽略了对方的身体语言及语调。

（　）24.意识到对方不想询问自己的话题或其他敏感话题。

（　）25.不屑听一些复杂或无聊（但可能很重要）的信息。

（　）26.当别人说话时，自己忙着对说话者品头论足。

（　）27.听他人说话时，习惯性地玩弄手边的物品，例如笔、纸、杯子等。

（　）28.意识到大家对自己似乎有怨言。

（　）29.问一些自己显然没专心听的问题。

（　）30.别人说话时，自己不断看手表。

评分标准：

    10~49分：优秀的听众

    50~69分：较好的听众

    70~99分：普通的听众

    100~119分：不会听的听众

    120~150分：完全不会倾听者

儿童只有在这样的条件下才能实现和谐的全面的发展，就是两个"教育者"——学校和家庭，不仅要一致行动，要向儿童提出同样的要求，而且要志同道合，抱着一致的信念，始终从同样的原则出发，无论在教育的目的上、过程上还是手段上，都不要发生分歧。

——苏霍姆林斯基

如果家长和教师合作，未能真正使家长对孩子的关注同教师一样多的话，那么对孩子来讲是不幸的

——威拉德·沃勒

正确的教育并不依赖于政府的规定或某种特殊制度的方法；它取决于我们的手中——父母和教师之手中。

——圣哲克里西那穆提

# / 教师与家长沟通策略和方法

## 不良沟通的后果参考

班主任刘老师一上班就发现了压在教科书下的一封信。展开一看，不由得大吃一惊，竟是一封血书，斑斑血迹下有几行醒目的大字："老师，我一定改，请千万不要传我爸来学校。"信的落款是"你不争气的学生，崔婷婷"。

刘老师对发生这样的事大惑不解，传家长到校是班主任处理问题时常用的一招，几年来不知用了多少次。此次事态却如此发展，必有原因。带着这个问题，刘老师走访了崔婷婷的邻居刘大妈，了解到，崔婷婷的父亲是一个粗暴而又不通情理的人，容不得孩子们有一点缺点，崔婷婷的大哥曾因偷着去河边玩水，被父亲打成"左腿残废"。

事情简单明了，难怪崔婷婷宁可咬破手指写血书，也不愿意老师传父亲到学校。

案例来源：庐江教育网

教师和家长的沟通，应该是以学校教育为途径，以学生为纽带，教师与家长为着共同的目标而紧密联系在一起的。家长希望孩子受到良好的教育，教师也希望学生在自己的努力下"茁壮成长"，所以从理想的角度说，教师与家长间建立和谐关系应该是理所当然的事情。但事实却与我们的理想相差甚远。在许多的社会调查中，我们发现，教师与家长的沟通存在着一系列的问题，这些问题势必引起家长与教师之间的相互疏离、相互冲突。而学生，在这种不和谐的沟通环境中，学生会感到无所适从，甚至出现身心发展的异常。

# / 教师与家长沟通的问题和现状 /

## 教师与家长沟通的现状 /

近年来，世界各国都在强调教育的开放，将学校、教师和家长看作促进学生的全面发展的共同因素。各国在学校教育中更加重视家校合作，其中特别强调教师与家长之间的沟通。

在我国，为了集合提高儿童教育质量的各种社会力量——尤其是家长与教师的合力，我国政府出台了一系列的政策法规。在20世纪90年代，《90年代中国儿童发展计划纲要》的"策略与措施"中规定了"要发展社区教育，建立起学校教育、社会教育、家庭教育相结合的育人机制，创造有利于儿童的身心健康、和谐发展的社会和家庭环境"。2001年《国务院关于基础教育改革和发展的决定》中强调指出："重视家庭教育，通过家庭访问等多种方式与学生家长建立经常性联系，加强对家庭教育的指导，帮助家长树立正确的教育观念，为子女健康成长营造良好的家庭环境。二三十年来，各地学校开展了家长会、家长进课堂、家访等多种多样的活动，加强了教师与家长的联系。

但是，目前的社会调查显示我国家长参与学校教育、与教师的沟通水平还只是处于初级阶段。教师和家长沟通完全随机化，缺乏科学的指导方法，同时带有很大的盲目性。总之，教师和家长沟通的现状不容乐观。

### 沟通意识逐步提高，但沟通行为滞后

随着素质教育理念的推广，按照国家政策的要求，家校合作的理论和实践研究都如火如荼地开展起来。广大教师已认识到家长参与、合作对儿童的健康成长，全面发展有重要影响；广大教师认为在学校教育过程中离不开家长的支持和配合，许多教师希望提高与家长的沟通次数，希望与学生家长能形成和谐的合作关系。在学校和教师的努力下，许多家长已经意识到家庭与学校联系的重要性，与教师沟通的意识逐步提高。例如，苗建玲在《小学家校合作的现状、问题及策略》中指出有96.4%的家长认识到学校与家长沟通的重要性[1]。

虽然教师和家长沟通意识有所提高，但实际的沟通行为明显减少。潘振娅在《影响家校合作的家长因素的研究》中指出家长在参与的主动性上存在着思想上重视，行

---

[1] 苗建玲.小学家校合作的现状、问题及策略[D].(硕士学位论文).山东：山东师范大学，2008.

动上忽视，被动联系的现象[1]。一方面，我国家校合作不成熟，学校没有给予制度上的支持，沟通形式单一；班级学生多，教师不能熟悉所有的孩子和家长，教师以一对多；所以沟通行为只能一拖再拖，导致沟通行为滞后。

另一方面，家长工作繁忙，对孩子教育有时心有余而力不足，再加上沟通渠道少，往往错过恰当的沟通时机；最后，教师和家长存在文化和品德素养上的差异、缺乏适当的沟通的技巧以及双方存在信任危机，最后往往不欢而散，不能达到沟通的目的。

### 沟通的内容更加广泛，但多存在"抱怨"的态度

随着素质教育的深化，教师与家长沟通的内容朝全面化发展，由以往的学业成绩、思想品德方面逐步发展到心理健康、家庭教育方式、学生个性和人际交往、兴趣爱好等等各个方面。但是双方沟通时多是反映学生/家长/教师的消极方面，存在"抱怨"的态度。

一方面，教师跟家长沟通时，往往只反映学生的问题、缺点，忽略了学生各方面的优点，造成学生听到叫家长就感到不安，而家长接到老师的电话感到害怕；另一方面，教师与家长互相推卸教育责任，因此，出现家长抱怨教师不尽力，教师抱怨家长不配合的现象；再有，家长跟教师沟通时，都希望教师多关心、照顾自己的孩子，然而，教师精力有限，有时不能照看好每一个孩子，孩子一旦出现问题，家长和教师往往互相抱怨，造成双方关系紧张，使学生问题更加恶化。

### 沟通的方式向多样化发展，但缺乏系统性

随着家校合作的理论和实证研究的推广，很多学校开始重视家校合作建设与发展。在学校推动下，随着教师与家长的沟通意识的提高、内容的增加，沟通的方式也向多样化发展，由常规性的联系，例如家长会、家访、书信等，发展到电邮、班级论坛和博客等，再到组织家长交流、亲子活动等探索性的联系，加强了教师与家长合作的科学性与专业性。

但在的实际教育中，教师与家长的合作活动并没有正式纳入班级教学活动中，在时间上缺乏计划性，在内容上缺乏连贯性，家长无法掌握沟通方式的规律，也就减少了主动性。另外，教师与家长的沟通大多都是偶然性的，即时性的，缺乏系统性和计划性。沟通的时间、地点和方式一般由教师发起、决定和实施，而家长只有被动参与的权力；最后，教师很少根据学生学业情况、身心的特点、个性特征等制定针对性的计划、有序的沟通方案。这样的沟通模式显然是不系统的、不科学的，当然其有效性也很低。

---

[1] 潘振娅.影响家校合作的家长因素的研究.[D].(硕士学位论文).上海：华东师范大学，2008.

**沟通的地位缺乏平等性，教师处于主体地位**

家长和教师的合作，本来是以学生为中心的，家长、教师两方面平等的关系，而事实上，家长在合作中一切服从教师的安排为己任，一直以来是被动的，很多提出自己的看法和观点。在关于与老师主动沟通状态的调查中显示：主动沟通占25%，愿意与老师沟通合作占45%，其余30%的家长借口工作忙，没时间。在《影响家校合作的家长因素研究》的调查中，能"经常"寻求指导的家长只有19.4%，而选择"偶尔"和"没有的家长"占家长总数的80.6%[1]。

一方面，很多家长认为教师是受过系统培训的、教育教学的专门人士，是传授知识和教育学生的权威。这些家长不仅是在集体会见，还是在单独约见时，都甘愿作为一个配合者。再加上，部分文化素质低的家长觉得自己文化水平低，教育能力小，所以他们往往只关注子女的基本生活，而把教育责任都推给教师，他们甚少参与合作，即使是参与，主动性也差。

另一方面，大多数的文化素质比较高的家长，尤其是独生子女的家长，希望在孩子的学业成绩、身心发展等方面能和老师平等地进行交流，并且希望老师帮助自己制定一个孩子发展的教育计划等。然而，教师与家长沟通的时间、地点、形式等等几乎都是教师一方决定，很少跟家长商讨。教师为家长提供的沟通平台有限，再加上缺乏科学的沟通技巧，沟通结果不是差强人意，因此，家长与教师联系存在心理障碍，教育合作的主动性难以发挥。

**沟通的频次逐步提高，但满意度差、有效性低**

在家校合作理念的办学思想的影响下，学校要求教师主动跟家长定期联系，并给教师提供了更方便的平台，使合作的形式走向多样化，有些沟通模式被纳入到班级工作中，因而沟通次数明显增加。以往教师与家长沟通的机会主要是一个学期中的一次家长会——主要反映学生学业成绩方面；其次是"问题"通知——学生出现问题后家长到学校解决问题；现今，学校为教师和家长沟通提供了网络平台，网络沟通方法越来越受到家长和教师的青睐，例如：飞信、班级博客和论坛、网上讲座和辅导等等，这些方便简捷的方法为教师和家长的沟通提供了方便，因而增加了双方的沟通次数。然而让人感到失望的是：虽然教师与家长沟通的频次逐渐提高，但是双方对沟通的结果并不是很满意，这说明沟通的有效性低。

郝若平在《家校合作——亲师互动对学生学习品质与心理健康的影响》中的调

[1] 潘振娅.影响家校合作的家长因素的研究.[D].(硕士学位论文).上海：华东师范大学, 2008.

查显示, 在"您与教师沟通能力?"这一问题中, 沟通效果好占35%, 家长愿意与老师沟通, 效果比较好的占30%, 有35%的家长不能有效的与老师进行沟通[1]; 在《A应用绩效技术促进家校合作的个案研究》中, 代思师的调查显示, 一共有37%的家长的问题没有得到完美的解决, 占总人数的三成以上。这是一个危险的信号, 有如此多的家长认为与学校沟通之后没有得到完美的解决, 完全没有解决的8%[2]; 在《中学家校合作问题研究》中, 显示有46.25%的教师、10.56%的学生认为沟通后没有得到家长们及时的反馈, 2.5%的教师、16.32%的学生认为家长的反馈意见没有被重视[3]。总之, 虽然教师与家长沟通的频次增加, 但是沟通的有效性低。

## 教师与家长沟通中存在的问题 /

### 沟通前的准备不充分, 存在急于求成心理

据调查显示:有些教师不愿听家长谈有关学生学习以外的情况; 而许多家长, 向教师提不太切合实际的要求——好、高、全。有的教师只在意学生成绩排名、不良事件。而且, 在跟家长沟通时, 教师大多指责抱怨家长, 要求家长回家好好管束, 这样的沟通方式并不能算是真正意义上的沟通与合作。

我国学者叶一舵将家校联系途径归纳为三种: 常规性的联系, 主要有家长会, 互访, 电话、电邮联系等; 研究性的联系——发现、预防问题, 如问卷调查, 心理咨询、个别谈心、举办座谈会等; 探索性联系——加强家校合作的科学性与专业性, 有专家讲座、研讨、家长交流等。[4]

可见, 目前教师与家长合作往往停留在"问题解决式"的层面, 多属于常规性的联系, 缺少计划与准备。多数情况下, 教师和家长的沟通是为了解决学生出现的问题, 具有随机性、偶然性。在沟通前, 双方并没有就待解决的问题进行准备, 忽略了学生的思想、心理、学习等方面的问题, 往往把沟通简单化、泛化; 在沟通过程中, 双方缺少互动, 不能共同切磋, 相互理解, 很难达成共识; 在沟通后, 双方追踪不到位, 很少关注问题的发展情况, 其沟通的成效难以保证。

教师在沟通前应充分准备,沟通中注意要双方互动,并考虑学生的心理、情绪、思

[1] 郝若平.家校合作-亲师互动对学生学习品质与心理健康的影响.(博士学位论文).北京: 北京师范大学, 2007.

[2] 代思师.应用绩效技术促进家校合作的个案研究.[D].(硕士学位论文).上海: 上海外国语大学, 2009.

[3] 罗东兰.中学家校合作问题研究.[D].(硕士学位论文).广西: 广西师范大学, 2011.

[4] 于洪彦.针对初中生逆反心理的家校合作的研究[D].(硕士学位论文).山东: 山东师范大学, 2009.

想素养及家长的背景和心理, 沟通后对问题的发展情况进行追踪, 再次沟通, 直到问题解决。

### 沟通过程缺乏计划性, 错失沟通时机

由于教师与家长的合作活动与班级教学活动分离, 在沟通时间上缺乏计划性, 在内容上缺乏连贯性; 另外, 教师并没有根据学生学业情况、身心的特点、个性特征等制定针对性的计划、有序的沟通方案; 一旦学生出现了严重的问题也不能及时联系, 往往错过教育的最佳时机。

### "双面"人

某男生在学校表现特别恶劣, 教师的话当成耳旁风, 学校成了他恶作剧的"剧场"。

他时常打骂、欺侮本班的女同学, 还会经常找其他年级的女生打闹, 放学后尾随、跟踪女生到家门口。一些女生把这样的事告诉了家长。一些女生家长又反映到了学校。班主任老师听说后对该男生批评教育, 即使他并没有认错、没有改正。由于工作繁忙, 班主任也没跟男生家长联系。直到该男生严重地打伤了一个女生, 他的家长才知道他在学校是这样一副模样。据家长反映: 男生在家表现特别好, 又温顺又听话, 孝顺爷爷, 还经常帮忙干家务活。通过对比男生在家和在校的表现截然不同。

摘自《小学家校合作的现状——问题及应对对策》

教师和家长之间坦诚的、计划性、阶段性的沟通与信息交流是建立良好的关系的基础, 出现问题后, 是有效沟通的前提。教师应该在沟通渠道方面起主导作用。在日常工作中, 教师可以把教学计划和日常活动告知家长, 根据学生自身的特点制定沟通计划, 并提供有效渠道, 即要鼓励家长了解班级的相关工作, 也要及时了解学生在家的情况和家长关心的问题, 到达早发现、早解决。

教师应该注意沟通的细节管理, 防止简单的灌输、冰冷的制度、喋喋不休的说教, 而是用自己的爱心打动人、用自身的魅力感染人、用自己的专业能力折服人, 从而调动家长的积极性和责任感。家校沟通应该与教育教学紧密结合, 形成计划性和延续性。

### 沟通形式单一, 沟通地位不平等, 降低了家长沟通的积极性

在办公室里, 教师坐在惯常的那张凳子上, 家长坐在对面, 在教师与家长中间隔着办公桌, 办公桌上堆放着教师的各种教学用具, 办公室里还有其他的教师……

这是教师家长沟通时最经常的场景。不难看出, 在这种场景下, 家长被置于对立而非伙伴的位置上, 教师是居高临下, 而家长是谦卑、尴尬。处在这种沟通地位的家长会感觉自己面对的是教师和领导, 易于回忆自己学生时代受到老师训斥的情景, 或

是像雇员一样——只是听，并期盼会见尽快结束。

一般来说，请学生家长到校的目的，不过两点：一是了解学生在家情况；二是让家长了解学生在校情况，这两点无疑对学生的发展是有好处的。然而，一些教师都把面谈变成了"抱怨、批评"的个人演讲——把学生犯错归因于家长，家长是教师忠实的"听者"，而孩子却变成了家长的"出气筒"。

苏联安德列耶娃认为：人与人交往应该是"由某种传递系统发送信息或看成是由另一种系统接受信息""在信息的传导过程中最起码是一种信息的积极交流"。但现今教师与家长会见的形式，使家长内心存在抵制感，因此不可能积极参与交流，只能是被动接受者；教师几乎不可能得到家长的反馈信息。这种沟通，在实质上，根本没有开始。

苗建玲在《小学家校合作的现状、问题及策略》的调查显示：家长喜欢的与学校沟通的方式依次是：家长、教师和孩子三方面谈(58%)；家长会(31%)；电话联系(27%)；家长开放日(23%)；家长访问学校(14%)；平时接送孩子时交流(11%)[1]。实际上，教师在与家长沟通时很少能够平等的进行三方面谈，而多数都是，如家长会、家访、请家长等方式。其中家长会是教师跟家长汇报学生最近的情况——成为班级报告会，很少听取家长的意见和问题，不能够双向交流。而且这种单向交流方式，只能够让家长了解到孩子学业情况，不能对道德方面、性格发展等情况有所了解。长此以往，使家长对家长会只持一种应付的态度，甚至是用工作忙而推托或找亲戚代替。

**沟通观念和行动的偏差，使家长和教师之间存在信任危机**

威拉德·沃勒在《教育社会学》中提到：从理想的角度来看，家长同教师之间应有不少共同之处，例如他们都希望孩子向最好的情况发展，但事实上，家长和教师之间却时常互不信任、有时甚至存在敌对的意识。尽管双方都为孩子做的努力，但是双方差异如此之大，导致冲突根本无法避免。

一方面，教师对学生的关注几乎都放在了学习上，而忽略了其他方面的发展。因此，教师在跟对成绩比较好的学生家长沟通时，很有耐心，态度也比较好；而在跟成绩较差的学生家长沟通时摆足了批评、教育的姿态。在这种态度的影响下，家长逐渐失去了合作的信心，也失去了对教师的信任。实际上每一位学生，不管成绩好坏，都有闪光点，例如：关爱同学、乐于助人、开朗乐观，甚至早睡早起、讲究卫生等。只要我们教师认真的观察，挖掘每个孩子的优点，就能够在跟家长沟通时，做到平等、无差别对待，即能够提高教师自身的素质，也能提升家长交流的信心，取得家长的信任。

另一方面，教师，作为学校教育的专业人士，与家长沟通时占有绝对的优势。如果

---

[1] 苗建玲.小学家校合作的现状、问题及策略[D].(硕士学位论文).山东：山东师范大学，2008.

教师总是以这种专业人士的姿态出现，凌驾在家长之上，那么在沟通过程中，教师更多的是描述学生表现的好坏，应该、期望如何，其语言的表达以及行为动作也会是权威和权利的表现。而教师的行为以及语言时刻支配着双方信任的渗透力，一些微小的行为偏差都有可能导致双方信任的变质。

再有，家长与教师的教育方式不同，也能引起双方的冲突，产生信任危机。第一，学校要求孩子要团结友爱，而家长却教育孩子不能吃亏；教师教育学生学会分享，而许多家长则告诉孩子自己的东西要看紧点；第二，教师注意培养学生的自理能力，积极参加学校劳动，可家长却告诉孩子在学校干活别累着；第三，教师对学生严格要求，而家长"娇宠、溺爱"等。这些教育方式的不同，时常引起教师和家长的冲突。

### 沟通技巧的缺乏，使沟通无实效

心理学理论认为，人际交往建筑于个体的"自我状态"，每个人在心理上都有三种自我状态：常表现为以权威与优越感为标志的统治、责骂与其他专制作风的，称为父母的自我状态；冲动、情绪化的儿童的自我状态；表现为能站在客观的立场上面对实际、能冷静地脚踏实地、合乎逻辑地分析情况，称为成人的自我状态。

人际交往和沟通是一门科学，是一种技术，更是一门艺术。沟通是一门学问，与人的生活和工作息息相关。沟通是一种能力，制约着人际关系的发展方向——和谐或冲突。实际调查中显示，教师和家长在沟通时较少表现出"成人的自我状态"，教师多表现为"父母的自我状态"，家长有时表现为"儿童的自我状态"和"父母的自我状态"，所以双方沟通时，容易形成相互冲突或相互疏离的关系。

因此，教师沟通技能的缺乏，往往成为与家长进一步沟通的瓶颈。比如有些教师不擅长用语言进行友好沟通，不知如何"听"，不知如何"说"，缺乏沟通技巧。教师跟家长沟通时，偏重指责、命令，很少运用引导、激励的方法；有些教师不能巧用非语言的如声音、表情、体态等传递信息的方法。

[测一测]

### 家长与教师沟通状况的测试

人际交流与沟通本来就是一门很大的学问，从家长的角度来说，咱们可以从以下几个方面来测试一下您是否善于跟老师沟通交流。

1.在每一个新的学年，你是否主动去拜访孩子的老师？
2.你是否以请教专家的态度去拜访老师？
3.你是否提供老师一些孩子在家中的生活资料？
4.你是否接纳老师的一些想法和感受？
5.你是否对老师的一些困难有同理心，包括牢骚在内？

6.你是否对老师一些做法表示支持?

7.你是否很少打断老师的话?

8.你是否专注的听老师的叙述?

9.你是否相信老师的专业能力?

10.你是否在谈话结束前感谢老师的辛劳?

如果你回答"是"的答案在七个以上,相信你和老师的沟通已经有一个很好的开始。如果你回答"是"的在四到六个之间,你和老师的沟通似乎有点问题,回头看一看回答"否"的题目,想一想其中的道理:尊重是赢取合作之钥匙。如果你回答"是"的在三个以下,我想你得花更多的时间,诚实地面对自己:是放不下身段吗?是自认为懂得多吗?是防卫性过强吗?是从没有和老师沟通的经验?或是我们的老师不讲理,难以沟通呢?

# 教师与家长沟通的艺术和技巧

一群基督教徒在教主的监督下做祷告。有两个教徒烟瘾发了想抽烟。一个说:"教主,做祷告的时候能抽烟吗?"教主严厉地说:"不行,这是对真主的极大不敬!"他只好忍住烟瘾而做祷告。而另一个人说:"教主,抽烟的时候能做祷告吗?"教主谦和地说:"完全可以,这是对真主的极大尊敬!"另一个人开始抽烟。

同样的事情,同样的目的,由于表达的方式的不同,其结果也截然不同。这就是语言的艺术。教师与家长沟通时,语言的运用至关重要。俗话说,"沟通无限","条条大路通罗马"。其次,教师应该掌握沟通的艺术,深入浅出,避免讲大道理;还有,老师的态度要诚恳、谦逊、温和,用自己的爱心感染人、用自己的行为感动人、用自己的能力说服人;教师的言谈举止要让家长感到受欢迎,营造一个融洽的合作气氛;教师应该忘掉过去和家长不愉快的经历,减少和家长之间的距离,提高家长合作的自信心。

## 教师与家长沟通的艺术

### 树立正确的沟通理念

#### "严母"的转变

健康小学四年一班的学生刘子健的妈妈杨女士是个典型的"严母",平日,无论孩子做什么,她都以"挖苦""打击"为主导的教育方式。"你什么也不行"、"没有任何优点"是她的口头禅,连班主任姚远志老师通知要做家访时,她的第一反应就是"孩子一定犯错了。"孩子委屈的告诉她,自己是作为班级的特长生被家访时,杨女士还不屑地说:"声乐、钢琴都水平一般,这算什么特长生。"当姚老师真正到家里家访时,告诉她刘子健是班级的文艺骨干，性格开朗，很有组织能力的时候，杨女士困惑了，"他真的很优秀，我怎么平时不觉得呢？"姚老师经过与她沟通交流，终于让杨女士"开窍"了。杨女士告诉记者，正在努力改变自己，不再像以前一样限制孩子的自由发展，孩子可开心了，也越来越爱和自己沟通了，感到很开心。

http://www.lhjxw.com/view-10892-1.html (班主任之家)

首先，教师应该在沟通中起导向作用。教师不仅是学生的"老师"，也应该是家长的"老师"，应该引导家长配合教育、教学过程——这也越来越成为教师的责任与义务；教师应该引导学生家庭的教育活动，给家长提供参考与建议，并取得家长的信任，让家长自愿合作；教师既要关注学生学习能力的成长——找到学生的"最近发展区"，还要关注家长学习和成长——找到家庭的"最近发展区"。

其次，教师也应该认识到与家长系统的沟通、处理问题能够达到"事半功倍"的效果，提高教育教学水平。身为合格的教师，仅仅完成备课、上课和修改作业是远远不够的，即应该关注课堂，也因该关注学生的问题。然而，解决学生问题，单单靠教师个人的力量显得十分薄弱。学生最早的老师是自己的父母（家长），从出生时，家长就教给孩子怎么说，怎么做，孩子时时刻刻受到家长的潜移默化的影响。因此，教师与学生家长系统的沟通能够提高解决问题的效率。

最后，教师应该树立正确的学生观。学生之所以称之为学生，就是因为他们思想不成熟，容易出现各种"问题"，需要各方面的学习；学生的种种表现，都是成长中的现象，而不是真正的"问题"，孩子的不良现象就像特定年龄的换牙一样，虽然难看，但却正常；教师因学生的存在而存在，学生出现问题不是偶然，是必然，问题并不可怕，可怕的是不知如何解决问题；教师因该注意正确引导，而不能轻易地给学生贴标签、下结论——消极结论。心怀赏识，永不放弃，这是教师应有之义。

**爱家长的孩子，取得家长的信任**

教育，首先是情感的教育。古往今来，每一个受孩子爱戴的老师，一定是富有人情味的人。合格的教育应该是教师、学生和家长心与心的沟通的艺术产品。学生不是机器人，而是一个有思想、有意识的活生生的人，所以我们的教育不能是一个单一的、程式化的过程，而应是一个充满理解、尊重和爱的过程。

首先，"教育不能没有爱，没有爱就没有教育"，没有爱的教育不能称之为"教育"。只要有"爱"，就会"宽容"，才能原谅学生的失误，才能真诚、耐心、平等地去对待家长。拥有了平等和真诚，就拥有了技巧和智慧，才能够做到"分情况，多报喜，巧告忧"。家长最在意的是：老师是不是关心我的孩子。面对"爱"自己孩子的教师，家长会拿出信任，才会配合我们的工作。

## 一杯水的功效

某位年轻漂亮的小姐用了新买的化妆品后，脸上长满了红疤，心里很生气。她气势汹汹地找到化妆品店，想把东西退还，让他赔偿损失，并发誓再也不用他们的产品。那里的服务员非常礼貌的请她坐下，马上倒了一杯水给她。当一杯茶放到她手里时，本来是愤怒的心一下子被缓解了，经过开导，最后又试用了另外的产品。这位年轻的小姐在后来成为了一名教师。当有家长怒气冲冲到她办公室时，她总是先搬张凳子请家长坐下，然后再倒杯茶送到家长手里时，耐心的听家长的抱怨，耐心的向家长说明事情的缘由。

家长找老师时，情绪可能是平和的、或是紧张的，可能是温和理性、或是蛮横无礼。首先，教师应该了解家长的来意，礼貌地了解情况及对方的看法，掌握他的此次谈话目的；再次，教师应该理解家长的感受。先聆听，并表示理解，肯定家长的用心。最后，等家长平静后再解释。先从自身找原因，客观地分析问题，找到症结所在；然后与家长共同寻找解决问题的方法。

### 站在家长的立场，学会倾听，学会理解

首先，教师和家长在认知互动和情感互动水平不同。一方面，教师是受过教育学、心理学和教学方法等专门训练专家，熟知教育规律，再加上工作本身的特点——天天面对不同个性、不同家庭和不同性别及背景的学生和不同职业、不同类型的家长。教师在情感互动上教易体验对方的态度，继而作出适宜的情感表达。而家长却不然。每个家长都对自己的孩子寄予厚望，他们希望教师给予关心与帮助。教师要站在家长的立场，考虑家长的感受，然后进行正确、科学的引导，找到教育学生的结合点。

再次，教育工作本身就是很复杂的，即使教师的有再多的实践经验和理论修养，也不可能做到十全十美、不出差错。随着家长文化素质水平的提高，他们的某些见解也是值得教师借鉴的。因此，教师在与家长沟通时，要放下"权威"的架子，虚心听取他们的批评和建议，有则改之，无则加勉。例如面对家长的时候，不应居高临下、不以教育者自居，而应多商量，少指责；多引导，少推脱。

最后，虽然教师与家长的行为是朝着共同的目标，但两者的教育方法、思维方式、看问题角度等不同，产生隔阂或误会实属正常。为此，教师除了要尊重家长的态度和愿望，还必须学会科学的、有效的沟通方法，才能形成和谐的合作关系，为开展教育工作营造良好的氛围。

### 减少"抱怨"、学会"赞扬",取得家长的协助
### 家长的转变

某位新转来的学生家长甲,是大学讲师。当我诚恳地向他请教孩子的教育问题时,他总是说:"都听老师的,您看着办吧。"看他的态度对我是明显的应付态度,后来,只要孩子有一点小的进步我就打电话告诉他,并积极地跟他沟通孩子的学习习惯问题。两个月后,学生学习习惯有了明显的好转,家长对我越来越信任,后来他才坦然的告诉:自从孩子上学,由于孩子的成绩不好,自己从来就没少受过孩子老师的训斥,他说别看我是老师,但我最怕的就是孩子的老师。

我们每个人都明白这样一个道理——赞美的作用远远大于批评指责。赞美能调动起人的积极性,而抱怨在人与人之间产生距离;赞美能激发责任感,抱怨只会让人反感。同样,教师跟家长沟通时,如果多赞美,那么会开启家长的心扉,激起家长内心的责任感,积极配合教师,形成一种强大的教育合力,促进教育教学工作的发展。而事实上,一些老师对待家长,尤其是学习成绩不好、出现问题的学生的家长,常常抱怨学生不努力或是家长不会教育,看不到学生的长处。即使老师是为了学生好,家长却感觉不到,家长反感自然"敬而远之",不愿配合教师的工作。

赞美能够提高人的自信心,而抱怨会使人产生自卑心理。而信心是成功的一半,有信心才会努力。俗话说,"金无足赤,人无完人"。再好的学生也有不足之处,再差的学生也有闪光点。对学生的评价不能以偏概全,也不能以点概面。对自己喜欢的学生都是赞美,对家长都是褒奖,会让家长放松对孩子的管教,溺爱孩子,使孩子的今后的心理承受能力差;对某方面较差的学生都是批评,感觉毫无可爱之处,会使家长失去家庭教育的信心,或是放任,或是棍棒教育,导致孩子产生逆反心理。显然这样的沟通语言不仅无效,还会对孩子的教育起反作用。尤其是问题学生的家长——学习成绩不好或表现不好,这一点对他们更加重要。经常听到自己孩子的负面评价的家长,常常失去教育能力的自信,觉得孩子一无是处,会"破罐子破摔",那么靠教师一个人的力量去教育学生,其效果必然大打折扣。反之,如果问题学生的家长能够听到教师学生一点点肯定,就会保有教育的希望,才会寻找方法,引导孩子。尤其是火暴型的家长,他们听到教师的抱怨,往往怒火中烧,就会对孩子唠叨、打骂。这样找家长不仅不能解决问题,反而使问题恶化。

教师在跟家长沟通时,首先简要介绍情况、客观地反映问题,尽可能多地谈及孩子的优点、优势、潜能,引导家长正确认识问题,共同寻找问题的原因、商定对策,让家长在乐观的基础上展望未来。只要让学生家长感觉到老师对孩子的真诚的关爱,提

高他们的自信心, 家长自然寻找好的方法, 耐心的引导、关心孩子, 成为教师的有利助手。

### 平等对待, 用真诚打动家长

新学期开始了, 一位家长想为儿子转班, 于是发生了下面这段教师与家长的对话:

家长: "小宇太调皮, 我想把他转到人数较少的三班, 这样老师可以多看着他点。不是对您有意见, 您看会不会影响您的工作。"

教师: "一个教师管二十几个学生和三十几个学生, 他分配在每个学生身上的注意力肯定不一样。"

家长: "是啊, 孩子不管严一点不行。"

教师: "三班班主任老师人挺好, 教学能力也很强, 孩子转到他们班也差不了。只要对孩子有好处就行, 我这方面你不用担心, 当然我很喜欢小宇, 他能继续在我们班, 我会很高兴, 对他的教育, 我不能保证什么, 但我会尽力。"

面对家长, 不作为"专业人士"抬高自己; 面对过分的要求, 也不能因自己的失落而贬低自己。案例中的教师"不卑不亢", 把现实展现给家长; 教师站在了家长的角度来处理问题, 尊重家长自由选择的权利, 反而让家长信服自己。家长看高或看低教师在学生成长中的作用, 都是不科学的[1], 所以用真诚开启家长的心扉, 让家长平视你, 可使你教育教学工作中出现的突发事件顺利解决而不至于影响全局。

在《学校与家庭的联系——如何成功地与家长合作》一书中写到, 教师在与家长交流时可以参考以下基本原则:

——关心父母们的孩子, 询问有关他或者她的情况;

——关心父母, 询问有关他们的情况;

——倾听、理解;

——当提及孩子的学校生活时, 使用描述性的而不是判断性的语言, 避免使用教育术语;

——不要谈论别的父母或者他们的孩子, 尊重所有家庭的秘密;

——主动建立相互平等的关系, 不要因为最初的失败而泄气;

——在开学初期问题发生之前开始交流[2]。

[1] 司华台.教师与家长沟通的技巧.教育艺术.

[2] [美]Mary Lou Fuller.学校与家庭的联系——如何成功地与家长合作.轻工业出版社.2003.

### 教师与家长沟通的策略和技巧 ∕

有很多的教师员工,他们心怀慈爱,内心充满了对学生的关心与爱护,希望自己的努力能够对学生的成长起到积极的作用。可是由于缺乏沟通技巧,缺少经验,而造成了沟通不畅。不仅不能解决问题,很多事情还"好心办坏事"。

**沟通前应充分准备**

沟通工作不能是偶然的、暂时的,而应该是一个科学化、系统化的过程。教师应该了解每一个学生,包括情绪状况、个性、家庭背景、家长的教育方式和对孩子的发展的看法等等。其次,教师不能单凭自己直接的经验和感受跟家长沟通,应该加强沟通理论的学习,掌握沟通的方法、艺术及注意的问题。

安迪哈格里夫斯研究表明:如果家长和教师会面场合不正式、时间短暂而且极不平常的话,那么二者就不可能形成"学术上"及"情感上"的互相理解。这就需要教师在跟家长沟通之前,进行充分的准备。

首先,教师要掌握学生的性格、品行、爱好、学习方法、学习成绩。当跟家长面谈时,既能表现出对学生的关心和了解,能够胸有成竹,从而掌握讲话的主动权。如果对学生情况不了解,随意发挥,模棱两可,会让家长质疑教师的能力,怀疑教师工作的责任心。再次,在跟家长会见之前,教师应该想好约见家长的主题和目的。然后,"第一印象"是沟通双方良好关系的基础,为此,教师跟家长的首次交往时应该注意自己的仪表、姿态、言行举止等等,从而增强自身的吸引力,赢得家长的信任与尊重。最后,教师应该设计好如何切入主题、怎么描述学生的问题,怎样结束。另外,一次沟通的结束并不意味着问题的解决,教师除了总结经验和如何改进之外,还应该注意从多方面收集学生的信息,并对信息综合分析,为以后的良好沟通打下基础。

**发现问题,及时沟通**

在实际教学中,只是一些小事,但却发展到不可收拾,例如学生逃学,没有回家,在外边发生意外;学生情绪突然出现异常的,而后自杀的惨剧,这些我们都不陌生了。而这些事实就是因为缺乏及时沟通。首先我们教师应该时刻洞察班级中的细微变化,及时发现问题并跟家长沟通,做到防微杜渐,正如《学记》所说,"禁于未发"。然后,对家长和学生的疑问,教师应及时回复电话或邮件。这是一种礼貌,也是一种良好的守时习惯。

关于如何做到及时沟通，Kathy Hawes提出了两点，应该值得我们借鉴。第一，一旦意识到学生有严重的学业或纪律问题，必须及时与其家长取得联系。如果你看到一个学生在班级中表现出情绪异常（明显的不安或烦躁），你就应该打电话告知家长。如果你感觉到某个学生对你反感或感到受到了不公平的对待，在学校放学前给家长打电话并告诉他这些事实；第二，24小时内回复电话或电子邮件。看似简单的习惯不仅会让家长对你产生直接的好感，甚至还可为你建立起专家地位。如果想让家长配合你的计划，那么，告诉家长如果24小时内没有接到他们的回复，那就说明你没有得到应有的反馈。

**与家长进行沟通时，需注重语言的艺术**

语言是人与人沟通时不可或缺的，而且语言既是一种沟通手段，更是一种艺术。同样，教师运用不同的语言会使与家长关系走向不同的道路。在实际调查中，教师和家长之间的矛盾大多都是从语言产生的。教师的好意，因语言不当，有可能造成误会。

首先，先扬后抑——先肯定孩子的优点，然后点出不足。其次，避实就虚先稳定家长情绪，慢慢切入主题。例如听说孩子出现学业和纪律问题后，相比教师，家长是最会忐忑不安的，如果教师毫不客气的"直击"孩子的"错误"，会让家长产生反感、冲动，失去合作的积极性。教师的委婉，也体现了教师的理解与关怀，家长感受到教师用心，因此帮助教师积极解决问题，方便教师与家长共同分析、寻找问题所在并解决。再次，学会淡化。孩子之所以成为"孩子"，是因为思想与智力不成熟，教师如果以成人的标准去要求孩子，那就大错特错了。家长担心的不是孩子犯下的错误，而是教师对于孩子所犯错误的认识与态度[1]。因此，在跟家长沟通时，教师应该首先表明：孩子的出现错误，是成长过程中的"自然现象"，出现问题不可怕，可怕的是我们不能很好的解决。沟通的目的只是希望得到家长的支持，以便共同帮助孩子成长。在沟通的过程中，教师要注意叙述问题的方法，实事求是，共同合作、研究解决问题的办法。

**根据不同家长的类型进行交流**

Clevette(1994年)对的访谈调查后得出：家长的教育程度影响其在子女学校教育上的参与，学历较高者有较多的参与。张笑虹关于《教师与家长对教育认知的研究》也显示"家长的性别、教育程度会影响家长对教育认知的看法，其中又以教育程度为

[1] 史军兰.老师如何与家长沟通[N].平凉日报.2006.

最主要的影响因素"[1]。

对于知识型的家长：

知识型的家长比较理智，一般比较注重对孩子的教育，也有比较好的方式、方法。跟他们沟通时，可以诚实一对，如实反映情况，它们一般都比较配合教师的工作。

对于溺爱型的家长：

溺爱型的家长，对孩子的要求比较简单，不是很严格。不喜欢别人说自己的孩子有什么缺点。对他们要用"先扬后抑"法。跟他们沟通时要先肯定学生的长处。这就对需要教师以爱孩子的心理，充分挖掘孩子身上的闪光点，学生好的一面给予肯定。如果要达到好的沟通效果，教师首先要尊重家长的感情，先肯定后否定——不夸大，但也不否认，实事求是。再次，教师要先用恳切的语言向家长反映情况，然后指出学生需要帮助的地方。

对于脾气暴躁型的家长：

脾气暴躁型的家长一般都有"恨铁不成钢"的心理，他们爱孩子，但是却不知道怎么教育孩子。学生一旦出现错误，他们的方法是最直接的"拳打脚踢"，这样的方式不但不能解决问题，反而使问题更加恶化。这就需要教师努力想办法安抚他们的情绪，首先采用"和风细雨"的交谈方式。老师要表明不希望自己给学生招来一顿皮肉之苦，希望孩子从心理佩服、喜欢老师。再次，家长的暴利不能够使孩子认识到错在那里，也不可能知道怎么改正，更增加了师生间的隔阂，使问题更加严重。最后，教师应该表明学生哪些方面需要改进，家长需要做那些配合的工作。

## 沟通的智慧

在一次体育课上，罗同学和李同学闹着玩，罗同学不小心用标枪插伤了李同学的腿。为了解决治疗费用的问题，我请两位同学的家长第二天到学校来一趟。学校领导提醒我罗同学的家长比较可能不会轻易的答应治疗费用的要求，让我耐心一点。

次日早晨，我下课后刚回到办公室，就看到一个中年男子气势汹汹、不耐烦的等在那里。我马上意识到他可能就是罗同学的家长，忙迎上去笑眯眯地问："您是罗同学的父亲吗？"他冷漠的点了点头。我连忙搬了张椅子请他坐下，又到了一杯水，家长不耐烦的态度稍稍缓和。我简单了叙述了昨天的情况，说："两个同学只是闹着玩，不是有意的。罗同学性格开朗，对同学热情，和同学们关系很好，尤其是李同学，两人是很好的朋友。昨天不小心伤了李同学，我看他很着急。"罗同学的父亲听了，情绪很快稳定下来，说："原来是这么回事，我昨天听那小子说了，以为他又不老实了，欺负同学了。"我连忙说："我一看您就是个通情达理的人。"他一下子笑了。就因为有了这句肯定他的话，当我把事情的前因后果介绍清楚之后，他爽快地答应了我提出的解决方案，事情得以圆满解决。

94

---

[1] 张笑虹.教师与家长对教育认知的研究. 台北市立师范学院学报.1993, 24: 181~214.

对放任不管型的家长：

在实际调查中，确实有一部分"学困生"，他们不喜欢学习，也不努力学习。他们的家长一般都是"放任不管型家长"。对待这类型的家长，教师要说明，读书不好并不意味失去了大好前途，所谓"条条大路通罗马"但是孩子要学会遵守纪律、尊重自己和他人，家长应该注重培养孩子的其他爱好，有"爱好"的孩子就有积极的心态。总之，教师要表明每个学生都是特别的，都各自拥有各自不同的未来，学习并不是唯一的条件，想办法激发家长对孩子的爱心和预期，调动家长的积极性。另外，对孩子的缺点，教师实事求是，但不可一次性说太多——令家长失去积极性，可以分情况，分时间说明，需要教师把握。

对于气势汹汹的家长：

对于气势汹汹的家长，教师一定要冷静，不要被家长的"火气"烧着，沉住气，认真听，以理服人。首先，教师要面带微笑，不和家长争执，认真倾听，等家长平静下来，再表达自己的观点，进一步消除误解和矛盾，最后，教师依靠自己的智慧，引导家长回归到学生的教育或者待解决的问题上来。

## 实事求是，犯错道歉

Kathy Hawes指出：你如果无意间犯了错误使学生不快乐，应马上做真诚的道歉。同样，我们在跟家长沟通时，也避免不了出现一点小小的失误。出现问题，不能逃避，知错就改反而会得到家长的尊敬。Kathy Hawes举例说：他曾经使一位妈妈发怒，她坚持说她没有收到学生的期中成绩书面通知——在我们学校这是必须发给学生的。检查完我的记录后，我证实自己犯了一个错误。我忐忑不安地给她打电话，我吃惊地发现，当我承认错误并简单地道歉后，她把发怒的目标从我转向了她儿子。这次电话后，我们制订出一个帮助她的孩子在第二学期改进的计划。

面对发怒的家长，教师要保持冷静，首先查找自己工作中的失误。实事求是，自己犯错就应向家长敞开胸怀，大方地承认，改进工作中不合理的部分，做好学生的管理计划，使自己的工作更上一层楼。

但是，事实就是，犯错道歉并不意味着懦弱。面对盛气凌人、溺爱孩子的家长，教师要坦然大方，不懦弱，开诚布公地指出学生的缺点。如果说话吞吞吐吐，含糊其辞，就会表明教师对学生无可奈何，有求于家长。这样家长会觉得教师能力差，性格懦弱，缺少经验，不可信赖。

# 教师与家长沟通的案例及解析

[案例一]

## 平等对待，学会理解

刘同学刚转来我们班两个月，学习成绩一般，尤其是纪律性差，上课不仅不认真听课，还经常搅乱课堂。一次在我上课时，因为他说话，我叫他起来回答问题，他不仅不回答问题，还故意搅乱课堂，而且毫无悔意。于是，我只好打电话给家长。可是，家长的语气很生硬，我一直保持态度平和，请家长务必到学校来一趟。家长看到我的第一句话就是："学校是干什么吃的，有事就找家长，孩子不就是调皮点吗？也没啥大毛病。"直觉告诉我，这位家长经常受到教师的埋怨、批评，以至于现在面对我时，增加了他的反感。我首先调整了自己的情绪，用平和的笑脸面对，礼貌地请家长坐下，递上一杯热茶，然后坐在家长的旁边。我的礼貌和客气，让家长的情绪逐渐稳定下来。我充满诚意地说："这么忙还请您过来，主要是因为您孩子刚转到我们学校来，我一直跟您聊聊天，跟您沟通沟通，请您别介意。"家长有些不好意思了，说："孩子是不是给您添麻烦了，我们平时工作忙，管得不严，孩子如果有什么不对的地方，您多担待，我们一定想办法帮他改正……"于是，我们的谈话一直在愉快中，直到结束。后来，学生理解了老师，主动认了错。在家长和老师的共同帮助下，学生进步很快，成绩也有所提高。

解析：站在家长的立场上，如果自己经常因为孩子的错误叫到学校来，时间长了，也难免会抱怨。教师要充分理解家长的立场，安抚家长的情绪。虽然此次沟通中，教师起主导作用，但两者在人格上是完全平等的，教师不能使用"教育的权威"来压制家长，而要以诚恳的态度、良好的修养去倾听，然后委婉提出缺点和改正意见。尤其是对待所谓"差生"和"不听话"孩子家长，学生家长本来就敏感，教师的不良态度，只能激怒家长达不到应有的效果。

[案例二]

## 爱家长孩子，取得家长信任

小美，父母离异，母亲嫁人跟她很少联系，父亲又不管她，由奶奶抚养长大，奶奶很心疼她。小美性格孤僻，没有积极向上的心态，而且纪律性差，自控制能力差。开家长会时，小美的家人没参加，几次打电话，父亲推托，奶奶不愿交流。于是我只能试着去改变孩子。小美从小没有得到家人的疼爱，所以性格孤僻，再加上父母离婚后都当她是负担，没有给过她爱护。

于是我试着包容她，完不成作业，我不批评，不打骂，只是让她放学后等我，我一直陪她直到把作业完成。起初她说我多管闲事，对待作业马马虎虎，我一遍一遍地讲解，直到她自己独立完成。两个星期下来，她终于不再抵制，主动独立完成作业，我在班级里表扬了她，并打电话告诉了她的奶奶。从此，不管她有什么错误，我都不批评，而是从正面引导她取得了小美对我的信任。

我经常带她到我家玩，找一些立志的小故事书给她看，引导她和我辅导的其他孩子玩。看到别的孩子与父母的好，她很羡慕，于是我引导她对她的奶奶感恩，鼓励她帮奶奶做一些力所能及的家务。每次只要有一点小进步我就给她家里打电话。两个月下来，虽然小美的性格还是比较孤僻，但不像之前那么叛逆，会顺从奶奶的一些要求，上课遵守纪律，很少搅乱课堂。小美的作业情况一直很好，期末成绩上升到了中等。期末的家长会，奶奶终于来参加，看得出小美很高兴。

一次的班级活动中，我发现小美唱歌很好，于是请教学校的音乐老师，音乐老师也说小美唱歌很有发展空间，于是我建议小美参加学校的合唱团。在年末联欢会时，小美的独唱激起同学热烈的掌声，她的奶奶热泪盈眶。奶奶看到小美的进步，上门道谢，她说："我不敢理老师，是不好意思，我明明知道孙女学习不好，纪律不好，却管不了。孩子很小的时候父母就扔下不管了，所以从小叛逆，不听话，我一直可怜她，也舍不得管她。后来见您一直这么关心她，我才经常给她讲道理。现在孩子还知道帮我做家务，性格也开朗了，真是谢谢您。以后我也会试着多教育她，也请老师以后多帮忙。"

解析：

生活在离异家庭中的孩子，一般比较叛逆，孤僻，不信任别人。再加上家长的素质差，不懂得如何教育孩子，致使学生的学业、品德等越来越差。所以，在这种情况下，需要教师很大的耐心，引导学生取得学生的信任，爱学生学会包容，赞美孩子，提高家长的教育的积极性。孩子提高了，家长才会自觉配合教师的教育，否则家长会躲避老师，教师独木难撑很难成功地教育孩子。

另外，教师与家长沟通要做好打"长期仗"的准备，不能"毕其功于一役"、而是坚持，做到持之以恒。

[案例三]

### 减少抱怨，学会赞美

小海，单亲家庭的孩子，父亲去世，由母亲抚养。他的母亲没有文化，再加上生活艰辛，母亲在对孩子的教育上力不从心。小海学习成绩差，做事懒散，学习态度极其的不认真，经常不完成作业。我几次跟他的母亲沟通，说明了孩子哪些地方存在不足，希望她能加强那方面的教育，但效果总是不明显。看来批评并不能解决问题，我想应该改变一下沟通的方式，于是，一天下午，我请小海母亲到学校来。

刚见面小海的母亲就急着问我："小海是不是又出什么错了？"我看到他一脸无奈的样子，我想了想说："是这样的，小海最近学习上挺有进步，学习态度也好了许多，我觉得应该告诉您，所以请您来学校，看看我们怎么帮帮他。首先，我就想给他补补课，把他以前落下的知识点给补上。"小海的母亲听了，一下子高兴了起来，"真的吗？真的进步了吗？"看表情，她还是相信了，于是我接着说："确实是进步了，不过他的基础太差，还得好好给她补补，只是他现在没有复习资料，我想跟您商量，看看买什么资料呢？""那您多费心！你看着买资料吧。"说着就要掏钱，我赶忙把他给拦住了，"先别急，我先找找看，要不借几本也行，如果要买了我再告诉您。不过这以后您可得在学习上多关心关心小海。我也知道您挺辛苦！为了孩子，也要想办法多抽时间跟孩子交流啊，这样小海提高的更快。"小海母亲听了不住地点头。之后，我又跟她沟通了几次，每次都尽量说孩子的优点和进步，渐渐的小海母亲提高了对自己孩子的自信，总是鼓励孩子好好学习。

小海有了明显的变化，按时完成作业，学习成绩提高。他的每一个进步我都表扬，到期末考试时，他的成绩提高了10名。

解析：

信心是成功的一半，有信心才会努力。提高自信的最有效的方法之一就是——赞美。尤其是问题学生的家长——学习成绩不好，这一点对他们更加重要。孩子的"一无是处"会让他们失去教导孩子的自信，"破罐子破摔"。试想，假如我上来就说小海的不足，批评她对孩子不尽责任，那么小海的母亲就会对我产生对立情绪，以后的谈话效果肯定不好。因此，作为教师，要减少抱怨，学会赞美，寻找孩子身上的闪光点，还要调整好自己的情绪，平和地与家长交流。

[案例四]

### 根据家长的不同类型进行交流

杜敏的家长是高校教师，每次沟通时，说到孩子的优点总是很不在意，提到缺点她就很感兴趣，在电话里经常发出爽朗的笑声一再感谢我，回头就严肃批评孩子和他讲道理。

有一位家长，总是夸他的孩子在原来学校表现怎么好那边老师又怎样夸他。事实上他的行为习惯极差，不听讲、爱打人，最头疼的是不肯写作业，而且字迹潦草，两次写作业他都不肯动笔，于是当场打电话给家长，家长反问我"是不是你布置作业太多，孩子受不了？在原来学校他可不是这样的，很乖的。"很明显家长护短。当时我很生气但还是克制了，不亢不卑地说"作业不多，只是练写九个生字，你只有这么一个儿子我很理解你疼爱儿子的心情，但你的孩子才转来，这些毛病早就有，你却忽视了，可能那边学校的老师只会对你说孩子的好话吧？但我不会撒谎，我想改变他，但是如果家长护短，老师再努力也是白费。"说完我就挂断了电话。第二天家长打来电话向我道歉，后来逐步也改变了教育孩子的方法，不久这位学生改变了坏习惯，成绩也提高了。

——选自《教师与家长互动关系研究》

解析：

每个家长的文化水平素质修养都不一样，有修养的家长在交流时她就很希望老师指出学生的不足，当然也有"护短"的粗鲁的家长，他们视自己的孩子为"掌上明珠"，就是老师也不得轻易去"碰"，孩子成绩不好不找孩子原因，只会挑老师的毛病，给班主任工作带来很大的困难，对这样家长我们沟通时就要注意策略，调整方法，不能曲意思逢迎，要维护自己的尊严。对他们要用"先扬后抑"法。教师要尊重家长的感情，先肯定后否定——不夸大，但也不否认，实事求是。再次，教师要先用恳切的语言向家长反映情况，然后指出学生需要帮助的地方。

[案例五]

### 真诚——打开家长心灵的钥匙

周一小梁同学过了早自习才来，还不好意思的告诉我：定报纸的钱他没带来。看他的表情很不安，我问其原因，小梁说："我爸说订报纸没用，不让我订了。"我拍了拍他的肩膀，告诉他我知道了，让他好好上课。可是一上午小梁都心不在焉，情绪低落，也不跟同学打闹、玩耍。第二天，小梁没来学校，我意识到好像事情严重了。于是我打电话到小梁家，小梁妈妈接的电话，说："小梁昨天因为订报纸的事情跟他爸吵起来了，他爸生气了，不让他上学了。"我耐心的劝解，希望首先让小梁回学校，有什么事情我们放学后沟通，但是最终没有成功。

小梁学习成绩不错，学习态度、习惯都挺好，各科的老师都说他上课遵守纪律，也认真听课，属于教师眼里的好学生，以往，我跟小梁父母沟通过程中，没有发现什么太大的问题。我放学后，直接到小梁家，刚表明来意，小梁爸爸开始抱怨："怎么又让小孩子订报纸了？都义务教育了，天天交钱？竟敢跟家长顶嘴了，我们做家长的可从来没有教过孩子！你们学校不会教，我就让他在家，明天后天下星期都不让他去了，我们自己教！"我一听，也生气了说："所谓的义务教育，就是你有让孩子上学的义务，也没有权利不让小梁上学，这是法律规定的。小梁明天一定得准时上学！"于是我和他爸爸理论了起来，最终小梁爸爸转身走开了。

此时，我也很想转身离开，问题并没有真正解决，看来来硬的是不行了。我深吸一口气，让自己冷静下来。冷静了下来之后，我想到了他们家中的特殊情况：小梁的母亲在他很小的时候就去世了，为了好好照顾他，小梁爸爸一直没有再婚。直到后两年前认识了志同道合的王女士，也就是小梁的继母。婚后孩子的生活、学习都由继母照看，继母对小梁很好，母子感情很深。小梁爸爸是很倔强、吃软不吃硬。我知道我必须改变沟通的方式了。于是我决定先获得小梁妈妈（继母）的支持，再跟小梁沟通，了解问题的前因后果，最后在寻找解决问题的方法。

于是，首先我跟小梁妈妈道歉，自己刚才有点太冲动了，话说得不合理，请您帮我跟小梁爸爸道个歉。然后我又说："小梁是我的学生，我要对他负责，让他心情愉快的去上学是我的责任。"我的诚意打动了小梁妈妈，与小梁的妈妈的交流异常的顺利。小梁妈妈说："我明天一定先让小梁去上学。其他的事情我们在进一步沟通。"

第二天，小梁按时来到了学校，但是精神状态不好，订报纸的钱也没有交上来。我知道事情还没有完全解决，下课后我叫小梁到办公室，准备跟他好好谈谈。我问他前天是否跟父母发生什么不愉快的事情？刚开始，小梁小声地说没有，我跟他说："我只是想帮助你，希望能够得到你的信任。"我静静地等着，终于小梁开口了，他说：他跟妈妈要钱订报纸时态度不好，爸爸说让他好好说，他不听，爸爸生气了告诉妈妈不给钱，妈妈在旁边劝说，他愤怒之下顶撞了妈妈。爸爸见后异常生气，可在叛逆期的小梁拒不认错，父子两个就闹僵了。昨天回去后，小梁又要钱，但是不认错，爸爸在教育无效的情况下就将怒火转嫁到学校，并且不让小梁上学。

了解事情的缘由后，我也有点体谅小梁爸妈的苦心。小梁妈妈一直将小梁视为己出，真心的对待小梁，为他付出了很多，见孩子如此对她肯定非常伤心，也难怪小梁的父亲刚刚会把矛头指向学校。

我看着小梁垂头丧气得样子，知道他已经知道自己错了，于是我没有批评小梁，而是先肯定了小梁妈妈在孩子成长过程中的付出。再次肯定了小梁在学校中的各项表现：聪明、学习成绩好、爱劳动，是老师眼中的好学生，同学心中的好榜样。这些优异的表现是离不开妈妈的教导的。一个人必须要有一颗感恩之心，这是为人最基本的道德底线。然后再请他自己说说看自己的行为表现，最终他哭了。放学后，我们一起来到了他家，他主动跟妈妈道歉，也跟爸爸道歉。小梁爸爸已经冷静了下来，觉得迁怒学校、老师不应该；也许是我的执着感动了他；也许是他感受到了我为了孩子的真诚的心。我和小梁的父母商讨事情的解决方法。最后，我明确告知小梁爸爸：我可以体谅你的心情，但是我绝不同意你的做法，不让孩子上学的惩罚是绝不应该。小超爸爸也表示，这次是气疯了，下次再出现事情一定先和老师商量对策，绝不会再用这种措施了。

第三天早上，小梁把订报纸的钱交到了我的手里，回头和同学们嬉戏打闹起来。

解析：

家长们都是"望子成龙、望女成凤"的，而面对孩子出现的问题时往往因为这种"希望之心"而冲动，最后束手无策。他们也想从学校处得到寻找解决问题的"灵丹妙药"，但是对教师又缺乏信任，在这种矛盾心理的冲击下，就出现了上述案例中的情况。

学会倾听。教师在跟家长沟通是往往扮演者激情的演讲者，总是以权威者自居，认为家长应该听自己的；然后在与家长的沟通中，却要懂得"沉默是金"四字。当孩子有问题时，最焦急的是孩子的家长，由于自己无力解决问题，于是把责任推给学校。此时你跟他讲任何话他都是听不进去的，我们能做的只有"倾听"，不要发表任何意见，从家长众多的话语中找到问题的关键点。上述案例中，在教师跟家长的接触中，第一次失败的原因就是急于表达自己的观点。而在第二天与小梁母亲和小梁的沟通中就采取了先静听，等家长讲完了，才发表自己的观点，取得了比较好的效果。其次，在你沉默静听的过程中，也会留给家长教师比较稳重的感觉，让你有信服的感觉。

用真诚打动家长。教师与家长沟通时，家长会从教师的言谈举止中评估我们是否真的想教育好我的孩子，还是单纯为了完成学校的任务。案例中，教师第一天失败是缺乏经验，没有讲究语言的艺术。第二天的成功则是因为他的真诚！诚恳让家长感受到了我平时对于孩子的关注和关心。只要在与家长的沟通中是怀着一颗真诚的心，那么即使你缺乏技巧，你也一定能获得成功！

多一点宽容，多一点理解。案例中教师的成功，还归功于他及时克制了自己的怒气，重新了解事件的缘由。只有充分了解了事情的缘由，了解了家长的生活压力，才能充分的理解家长，给他们一些谅解和宽容。虽然他们有时候不知道怎样教育自己的孩子，但是他们肯定会有爱孩子的心。只要我们教师站在他们的角度，理解他们的处境，那么沟通的智慧就油然而生。

[测一测]

## 社会支持评定量表 (SSRS)

下面的问题用于反映您在社会中所获得的支持，请按各个问题的具体要求，根据您的实际情况来回答。

1.您有多少关系密切、可以得到支持和帮助的朋友？（只选一项）

(1) 一个也没有 (2) 1~2个 (3) 3~5个 (4) 6个或6个以上

2.近一年来您：（只选一项）

(1) 远离家人，且独居一室

(2) 住处经常变动，多数时间和陌生人住在一起

(3) 和同学、同事或朋友住在一起

(4) 和家人住在一起

3.您与邻居：（只选一项）

(1) 相互之间从不关心，只是点头之交　　(2) 遇到困难可能稍微关心一下您

(3) 有些邻居很关心您　　　　　　　　　(4) 大多数邻居都很关心您

4.您与同事：（只选一项）

(1) 相互之间从不关心，只是点头之交　　(2) 遇到困难可能稍微关心一下您

(3) 有些同事很关心您　　　　　　　　　(4) 大多数同事都很关心您

5.从家庭成员得到的支持和照顾（在合适的框内划✓）

| | 无 | 极少 | 一般 | 全力支持 |
|---|---|---|---|---|
| A.夫妻（恋人） | | | | |
| B.父母 | | | | |
| C.儿女 | | | | |
| D.兄弟姐妹 | | | | |
| E.其他成员（如嫂子） | | | | |

6.过去，在您遇到急难情况时，您曾经得到的经济支持和解决实际问题的帮助来源有：

(1) 无任何来源

(2) 下列来源（可选多项）

A.配偶　　　B.其他家人　　　C.亲戚　D.朋友E.同事　　F.工作单位

G.党团工会等官方或半官方组织　　　　H.宗教团体等非官方组织

101

I.其他 (请列出) : _____

7.过去, 在您遇到急难情况时, 您曾经得到的安慰和关心的来源有:

(1) 无任何来源

(2) 下列来源 (可选多项)

A.配偶　　　B.其他家人　　　C.朋友　D.亲戚　E.同事　F.工作单位

G.党团工会等官方或半官方组织　　　H.宗教团体等非官方组织

I.其他 (请列出) : _____

8.您遇到烦恼时的倾诉方式: (只选一项)

(1) 从来不向任何人诉述

(2) 只向关系极为密切的1~2个人诉述

(3) 如果朋友主动询问, 您会说出来

(4) 主动诉述自己的烦恼, 以获得支持和理解

9.您遇到烦恼时的求助方式: (只选一项)

(1) 只靠自己, 不接受别人帮助　　　(2) 很少请求别人帮助

(3) 有时请求别人帮助　　　(4) 有困难时经常向家人、亲友、组织求援

10.对于团体 (如党团组织、宗教组织、工会、学生会等) 组织活动, 您: (只选一项)

(1) 从不参加　　　(2) 偶尔参加

(3) 经常参加　　　(4) 主动参加并积极参与活动


社会支持评定量表计分方法:

(1) 第1—4、8—10条: 每条只选一项, 选择1、2、3、4项分别记1、2、3、4分。

(2) 第5条分A、B、C、D四项计总分, 每项从无到全力支持分别记1—4分。

(3) 第6、7条如回答"无任何来源"则计0分, 回答"下列来源"者, 有几个来源就计几分。

(4) 社会支持评定量表分析方法:

总分: 即10个条目记分之和。

客观支持分: 2、6、7条评分之和。

主观支持分: 1、3、4、5条评分之和。

对支持的利用度: 第8、9、10条。

(5) 判断标准: 分数越高, 社会支持度就越高。正常情况: 总分≥20分。一般认为总分小于20, 为获得社会支持较少; 20~30为具有一般社会支持度; 30~40为具有满意的社会支持度。

# / 教师与学校沟通的策略与方法

## 送给校长的礼物

我们学校新来了一位女老师，人挺聪明，讲课有自己独特的方法，和同事们团结，对学生也非常负责，从来没有出现过迟到早退的现象，好好表现下去，应该会有一个不错的结果。可是这个女老师平时一没事就到我的办公室来找我谈话，汇报思想，刚开始的时候我还认为是这个老师工作认真，可是逐渐她就把我整得不自在了。有一天她来到我的办公室给我送了一支钢笔，我当时也没在意，参加老同学聚会时，被同学提醒才知道那支钢笔是国际名牌，要上千元呢，我这下感觉到事情的严重性，给人家退回去已经不可能了，我已经用了小半年了，无奈之下，我让爱人买了一个漂亮的女士包送给了她，花了860元呢。本以为这件事就算过去了，可是没几天，那个女老师又给我爸妈送了鹿茸和人参，我又咬着牙回赠她一件羊绒衫。连续回赠了两样礼物，对于我这样一个普通校长来说，觉得有些吃不消了。我认为该跟那位女老师谈谈了，在办公室里，我直截了当地告诉她，这样送下去我们两家的经济都负担不起，而且还明确地告诉这位女老师，我们学校的评优选贤、提拔干部，从来不论资排辈，也不讲关系，就是凭工作能力、教学成绩，如果好好地工作，群众的眼睛是雪亮的，自然会获得相应的奖励。当我说完这些的时候，我的真诚打动了那位女老师，从此再也没有出现给我送礼的事。

案例来源：http://www.hzedu.net

教师与学校领导的关系是学校人际关系中最基本的关系之一。如同"婆婆和儿媳"一样，教师与学校领导之间也是天生的一对"冤家"。婆媳关系融洽与否关系到整个家庭能否和谐相处，而教师与学校领导的关系融洽与否，将直接影响到教学的管理工作与教师的教学工作的开展。如果教师担任班主任工作，那么这种关系还将直接影响到班级的管理工作。

教师的各项工作都离不开学校领导的领导和监督，开展各项教学工作也需要校领导的支持和帮助。所以教师，尤其是新教师要使工作达到预期的目的，取得良好效果，就必须处理好和学校领导的关系，掌握人际交往的艺术。那么教师如何才能协调好与领导的关系呢？这将是本章重点解决的问题。

# 教师与学校沟通的问题与现状

## 教师与学校沟通中的角色

沟通活动的主体是"人"，沟通活动的客体也是"人"，因而二者是互为主客体，那么沟通中所谓的主客体是指处于互为关系中的人，人群或者组织。在教师与校长的沟通中，沟通的主体即为教师和校长。要了解一个沟通过程的发生及其影响，首先要定位沟通过程的要素之一：沟通者的角色。

角色是指每个成员在一个群体中表现出的特定的行为模式。每个人在沟通过程中都会扮演不同的角色。有学者将沟通群体中的成员分为三种角色：(1) 自我中心角色。自我中心角色是指成员处处为自己着想，只关心自己。这类人包括：障碍者，指那些总是在群体通往目标上设置障碍的人；寻求认可者，指那些努力表现个人的成绩，以引起群体注意的人；支配者，指试图驾驭别人，操纵所有事物，不顾对群众有什么影响的人；逃避者，指对群体漠不关心，认为自己和群体没有关系，不作贡献的人。(2) 任务角色。任务角色主要包括：建议者，指那些为群体提出建议、出谋划策的人；信息加工者，指那些为群体搜集有用信息的人；总结者，指为群体整理、综合有关信息，为群体目标服务的人；评价者，指帮助群体检验有关方案、筛选最佳决策的人。(3) 维护角色。这一角色主要包括：鼓励者，指那些热心赞赏他人对群体贡献的人；协调者，指解决群体内部冲突的人；折中者，指协调不同意见、帮助群体成员制定大家都能接受的中庸决策的人；监督者，指鼓励寡言的人发言，压制支配者，以保证每个人都有发言机会的人。要成为有效的沟通者，每个人都需要了解他人是如何看待自己的。同时，一个人还要清楚的了解自己的个性，认识到自己是如何看待自己和他人的价值观的。要评估自己对于一个沟通关系的贡献大小，理解自己是第一步。每个人对自己的想法会影响其对他人的想法。在教师－校长沟通中，教师对自己的定位同样会影响二者之间的沟通质量。

### 校长

作为教师与学校沟通中的角色之一，校长是其中重要的一个角色。如果要给学校来个比喻，那么它更像一艘船，校长则是船长，引导者学校这艘大船按着既定的方向行驶。校长在学校管理中扮演着决策者的角色,学校的重大事务都有赖于校长来做决策,他是一个学校的领导核心,指引学校的发展方向。不同人眼中的校长身份不同,但有一共同点,就是校长对于学校的作用是非常重要的。

校长在学校管理中的角色是学校行动目标的制订者、学校发展的引领者、教育管理的实践者、学校社会事务处理的活动者。因此,校长在处理学校具体事务中体现出不同的角色。

(1) 民主办学中的群众智慧的倾听者。善于通过交流沟通集中智慧,形成符合教职工意愿的学校发展的科学决策,形成学校目标价值的认同与支持。

(2) 群众疾苦的同情者。校长在与师生交流沟通过程,要把为师生服务、为教学一线服务作为工作的立足点,深入了解教职工的各种困难,及时采取各种策略为他们排忧解难,以宽容和理解去打开干群隔阂的心灵。

(3) 与上级行政部门交际的社会活动者。在与上级行政部门沟通的过程,把学校的政绩也是上级领导的政绩作为沟通的出发点,以创新的行动方案争取更多支持者,在尊重的基础上拿出具体的、有说服力的分析推判,以对事业的充满信心与工作激情,感染影响决策部门,形成上下协调融洽的工作关系,求得更多支持与指导。

(4) 与家长交流沟通的教育咨询家。学校教育必须与家庭教育有机结合,注重营造良好的育人氛围。作为校长要通过与学生家长的沟通,对家庭教育、子女成才成人教育进行指导,特别是针对家庭教育的误区,家长教育观念等方面进行个别交流沟通,对家庭教育、子女成长的教育进行指导。特别是针对家庭教育的误区,家长教育观念等方面进行个别交谈、问卷调查、专题讲座、家庭访问、问题学生的跟踪调查,从而为家长提供更多的指导方法。

**教师**

教师是谁呢? 在新的教育环境下,教师应该承担什么角色呢?

(1) 导师的角色

随着现代科学技术广泛应用于教育,教师已不再是唯一的知识传播者。教师的角色不再以信息的传播者、讲授或组织良好的知识体系的呈现者为主,其主要职能已经从"教"转变为"导"。教师的教学方法设计是让学生主动发现和学习,帮助学生构建自己的知识体系。因此,教师只能充当学生学习的引导者和促进者的角色,设计制定有效学习的情境,引导学生自主学习,推动学生不断去开拓创新、发展自己。

(2) 合作者的角色

在信息时代,以计算机网络为特征,各种技术把跨学科领域联结起来,形成一个全球化课堂,他们支持地理上分离的研究单位、学科以及个体之间的合作,提供更公平的获取专门知识、信息和讨论工具，促使学生在合作的学习环境中发展批判性思维和创造性思维的能力。

(3) 课程的设计者和开发者的角色

在传统的教学中，教师的任务只是按照教科书、教学参考资料去教，课程游离于教学之外，使教师丧失了课程意识和课程能力。在信息时代的新教育系统中，教师作为课程的设计者和开发者在其众多角色中显得十分重要。由于教育环境发生了显著的变化，使课程和教学范例不可避免地发生改变，教师应以建构主义为基础进行课程开发，要突破教材的束缚，使教材由主导地位转变为辅助地位，这就需要教师学习和熟悉信息技术，通过网络采集最新的信息补充到教学中。

而且在信息时代，教师可通过计算机（人工智能）诊断学生对学习的需求和学习能力，根据学生的需求随时给学生以帮助和指导，帮助学生选择满足这些需求的项目，指导学生制定学习计划，通过评语评价学生的进步，给学生提供反馈信息。

(4) 研究者的角色

当教师被新技术从繁重的教学工作中解放出来后，可以有更多的时间和精力从事教育科研，教师的角色应由"教书匠"向"研究型"教师转换，成为名副其实的教育专家，研究在现代信息技术环境影响下，不仅使学生学会而且会学的规律，现有课堂教学模式改革等问题。例如，在大量信息面前，有的学生出现了求新、求快、求刺激而不求甚解的倾向，就应研究怎样使学生加深理解以及提高他们处理信息的能力。同时，还要进行教学试验，研究创设不同的学习情境会对学生的学习产生怎样的影响；研究如何利用新技术提高学生高层次思维、解决问题的能力；对网络提供的教学材料进行研究和评价。

(5) 学习者的角色

未来的社会是一个终身学习化社会。教师只有针对自己所处的情境以及个人专业能力的发展状况，适时地修正个人未来的发展方向，才能有效地促成教师专业潜能最大限度地发挥。为此，教师必须牢牢树立终身学习的理念，保持开放的心态，将学校和社会视为自己学习的场所，通过工作与学习的结合，不断地对自身的教育教学进行研究，对自己的知识与经验进行重组，拓展自我的效能，不断提高教育教学质量，成为适应时代发展要求的合格教师。

创新是一个民族进步的灵魂，是一个国家兴旺发达的不竭动力，也是一个政党永葆生机的源泉。教育是培养人才和增强民族创新能力的基础，必须放在现代化建设的全局性战略性重要位置。要按照"三个代表"的要求，大力推进教育创新。推进教育创新，离不开教师创造性的辛勤工作。每个教师都有创新的潜能，在未来的教育环境下，教师应该承担何种新的角色，校长应该承担何种新角色，在沟通中，各自应该扮演什么角色，这都是需要思考的创新之处。要使教师的创新能力从主观的、潜在的状态转化为客观的、外在的状态，需要特定的环境和条件，没有良好的条件，即使有很高智商的人也不会表现出创造性的品质。教师创新能力的开发除了个体内部动因外，个体成长的外部环境极为重要，如良好的人际关系、民主氛围、组织体制及文化因素等，而教师与学校领导的人际沟通又是构建良好人际关系的关键因素。

### 教师与学校的关系

学校管理的核心问题是学校与教师的关系问题，学校与教师的关系和谐便有学校管理的和谐，学校与教师的关系不和谐则学校管理一定不和谐。纵观各级各类学校，在众多的学校与教师关系不和谐的现象中存在着两种典型情形：一是强势的学校，什么都由学校说了算，教师的权益得不充分的尊重或者根本得不到尊重；二是弱势的学校，学校说了什么都不算，学校的权益得不到充分的尊重或者根本得不到尊重。从这两种典型的不和谐现象看，学校与教师之间不和谐关系主要有如下几种：

教师对学校的依附关系：这种关系是指教师在生存和发展方面依附于学校的权力，教师的岗位、待遇、荣誉和升迁等均由学校决定。这种对学校权力的依附造成教师的主动性、创造力的严重缺失，使教师失去独立思考和理性的认知能力，使原本充满生气的校园失去活力。

学校与教师事实上的主仆关系：这种关系表现为学校是主人，教师是仆人，学校的一切由学校领导说了算，学校说什么，教师做什么。这种学校视自己为主人、教师为仆人和教师视学校为主人、自己为仆人的关系使校园里充斥着唯命是从、阿臾奉迎、看校方脸色行事等各种潜规则。

学校"管理"与教师被"管理"的关系：这种关系是指重在学校的管和教师的被管上，出发点是"学校是管理者，教师只不过是被管理者"，其不和谐表现在只有管而没有理：即为了管而不怕失去理据，为了管而不顾失去理性，似乎学校的管理只是为了管而管，管得越多越严就越好。

学校"猫"与教师"鼠"的关系：这种关系是指学校俨然以"猫"自居，将教师看成一群鼠，去玩猫捉老鼠的游戏，而教师也常以米老鼠的机智不断地去戏弄学校这只猫。在许多学校，常常是学校一会儿抓门防，一会儿抓课堂，疲于奔命，而教师虽有被"猫"捉住的时候，但更多地时候也总能有办法应付或糊弄这只"猫"。

教师我行我素与学校无可奈何的关系：这种关系是指学校囿于良好的制度文化缺失或价值文化缺失，许多教师以自我为中心，我行我素，而学校往往困于束手无策，徒生奈何，至多背地里"吏呼一何怒"或"一声叹息"。这种不和谐的关系表现出学校与教师的在学校价值和学校制度上的双重错位。

学校和教师的和谐关系到底是一个什么样的关系呢? 有人说是"民主与平等的关系",有人说是"服务与被服务的关系",有人说是"指导与被指导的关系",有人更从学校人格化角度将学校与教师的关系说成是"朋友的关系"、"一家人的关系"、"志同道合的关系"、"教师为主人、领导为仆人的关系"等。其实,这些众说纷纭的"关系",不是语义不祥使人不明就里,就是貌似堂皇却难以精确度量。如:民主、平等的关系是一个什么样的关系、一家人的关系又是一个什么样的关系以及怎样的关系才能是称得上志同道合等,似乎说不清,理还乱。

学校与教师的关系首先是契约关系。契约关系是以契约为核心的,契约是各契约方相互间在法律上具有约束力的协议,契约所关心的是实现所约定的义务,而通常,契约责任是以自由同意为基础的(契约自由原则)。因此,所谓契约关系是契约双方基于契约而形成的一种法律关系,它规定了契约双方即学校与教师的相互责任、相互权利及相互承诺。

首先,从调整关系的三种途径看,将学校与教师关系首先看成是契约关系最具理性;调整学校与教师的关系有三条途径:情感、道德和契约。利用情感调整学校与教师的关系的弊端在于:一是情感所具有的主观性、多样性和情境性往往会影响人们在处理复杂关系中的理性判断;二是情感所具有的随意性、偏好性会造成学校与教师关系中的亲疏远近;三是情感具有独特性易导致"人治"的结果。利用道德来调整学校与教师的关系的弊端在于:一是道德是一种软性约束或隐性约束,其作用很弱;二是道德约束具有很大的不确定性,师德高的教师对自己的要求高,师德水平低的教师对自己要求低;三是往往只对教师的师德,而没有针对学校管理者的"官德"。用契约调整学校与教师的关系的最大优势在于:契约关系是理性关系、法律关系。在这种关系下,关系的双方即学校和教师是经过双方自由的选择并各自明确双方的责权利,且双方为自己的选择和在关系中的行为作出承诺。这是能够精确度量的,谁该做什么不该做什么、做到什么程度以及做了或不做又如何。

其次,把学校与教师的关系首先看成是契约关系是"依法治校"精神的体现;"依法治校"是"依法治国"在学校办学中的体现。"依法治校"首先要依法调整学校与教师的关系。学校与教师的关系是学校的核心关系,这种关系是和谐的,其他关系就会随之和谐起来。为推进学校"依法治校"工作,教育部曾专门发文指出学校加强"依法治校"工作的意义,强调依法治校有利于保障各方的合法权益,有利于运用法律手段调整、规范和解决教育改革与发展中出现的新情况和新问题,化解矛盾,维护稳定。这其中就包括了依法调整学校与教师的关系，如要求学校"加强制度建设，依法加强管理"，要"严格教师管理，维护教师权益"等。从法律的意义上讲，学校和教师关系不和谐就是在调整双方关系时有法不依、无法可依和执法不严、违法不究[1]。因此，只有当学校与教师之间的关系成为了契约关系，学校才真正能做到依法治校。

再次，把学校与教师的关系首先看成是契约关系是从法律上为维护学校和教师的权益提供了保障。从整体上看，学校既是教育的主体，也是法律的主体；从个体看，教师既是教育的主体，也是法律的主体。以往，人们对教师也是法律的主体认识不足，并没有通过建立契约关系使其法律地位得到确认，因而，在学校与教师的关系出现不和谐的时候，双方的权益都可能受到损害。契约关系的本质是权益平等，具体表现在：一是在契约关系下，学校和教师既受到法律的约束，同时法律又为双方各自的权益提供了法律保障；二是在教师群体中为每一个教师提供了相同的法律保障，从而维护了教师和学校的整体利益；三是学校与教师从传统的"管理与被管理的关系"、"同志式的关系"中走了出来，从而建立起一种主要表现为法律地位平等的新型的关系。因此，可以说只有在学校与教师形成了契约关系时，学校和教师在"法律面前人人平等"才能成为可能。

### 教师与学校沟通中存在的问题 /

学校领导与教师的关系是学校人际关系中最基本的关系。领导与教师人际关系的融洽程度是办好一所学校的关键。为此，上海市普陀区教育人才交流中心进行了一次调查，调查对象涉及到上海市普陀区三所学校的中层干部、年级组长、教研组长、教师计215人，其中男教师78人，女教师37人，他们分别代表了初级中学、普通高中和九年一贯制三种不同类型的学校。调查内容主要有教师与领导人际关系的感受、与学校领导沟通的动机和内容、沟通的频率与方式、影响与学校领导沟通的因素等，共设计15个封闭式问题。

调查结果显示，教师对与领导人际关系的感受呈橄榄形，即非常满意与非常不满意的均占少数，感受一般的居多。教师自己对于同学校领导之间人际关系的满意程度也显示了同样的情况，非常满意的有20人，占9.9%，不满意和非常不满意的有30人，占14.9%，基本满意的是152人，占75.3%，是大多数。这一结果表明：学校领导与教师的人际关系基本上是好的和比较好的，但是消除不融洽，不满意，进一步提高满意程度，还有很多工作要做。

#### 教师与学校沟通的动机

教师思想政治觉悟和认识水平的高低，直接会影响到与学校领导的人际关系。

---

[1] 《教育部关于加强依法治校工作的若干意见》，2003.

人的行为是受思想支配的，有什么样的思想就有什么样的沟通动机。值得我们庆幸的是：教师对与学校领导沟通的意义和动机基本是积极的，健康的。他们认为与学校领导经常沟通、交流的主要意义依次是：(1) 可以使学校获取教育教学效率的最大化，有利于学校发展；(2) 得到领导的关心、理解和支持，把工作做得更好；(3) 促进教师个体心理的良好发展，得到被理解的心理满足；(4) 帮助领导改进工作作风，形成进言纳谏的氛围和渠道；(5) 有利于学校内部建立一种新型的干群关系；(6) 有利于教师与领导的"共生效应"得到充分发展。在这些思想认识的指导下，教师与领导进行沟通的动机也是健康的、积极的。总结而言，教师找领导谈话的动机首先是为了给学校领导出主意，为了学校的前途和发展；其次是请领导帮助自己解决工作中的难题和困惑；再次是使领导了解自己、理解自己；最后是帮助领导出主意和向领导反映自己的工作成绩，展示自己。应当说这些动机都是正确的，无可非议的，因此，学校领导应当经常与教师沟通、交谈，以调动教师的积极性、创造性，全面推进素质教育。

**教师与学校沟通的内容与方式**

学校生活是丰富多彩的，教师在参与学校生活的过程中有很多切身感受希望与领导沟通、交流，这是非常正常的。其内容主要是向领导反映自己的工作情况，希望与领导交流思想，发展友谊，或是反映年级组、教研组的情况，反映家庭问题和个人私事，亦或是反映同事间的情况。不论教师反映的是公事或是私事，对于领导联系群众，了解教师的需求和愿望，改进领导工作都是十分必要的。

教师与学校沟通的主要方式有：谈心活动、随意进行、家庭访问和正式交换意见。然而，采用家访和正式交换意见这两种方式的沟通很少，教师最乐于接受的沟通、交流方式是在与领导携手旅游等集体活动中，或在用餐等公众场合中随意进行。在这种场合下，教师可以忘却行政的等级关系，以平等的民主的心态与领导自然地无拘无束地倾心畅叙，教师对这种交流方式的期望，是学校民主生活的进步和教师自主意识的觉醒。

**教师与学校沟通的频率**

据上海市普陀区教育人才交流中心调查显示，学校领导与教师相互沟通、交流的情况基本属于正常，因为有将近1/3的教师经常与领导沟通。但是，经常与学校领导交流、沟通的多是学校的中层干部占71.4%，其次是年级组长和教研组长，而一般教师则与学校领导沟通、交流的机会很少，而且还有18.5%的教师根本不与领导交流、沟通，成为"被遗忘的角落"。

与领导沟通、交流的主动程度也显示了同样的情况，即领导主动约的占1/3，教师主动约的占16%，而其中中层干部占42.9%，教师与领导的沟通、交流在不经意间发生的占多数，说明在自然状态下的沟通、交流是教师所期望的。

# / 教师与学校沟通的艺术与技巧 /

## 影响教师与学校沟通的因素 /

有人说，沟通是校长开展学校管理，取得学校教职工信任和支持的必要途径。校长没有良好的沟通能力，自身的领导力就会大打折扣，也不会有高效的管理。校长的沟通能力直接决定着学校管理的成效。但在实际的工作当中，有效沟通并不是一件简单的事。记得有这样的一个故事：两个旅行中的天使到一个富有的家庭借宿，这家人对他们并不友好，并且拒绝让他们在舒适的客房过夜，而是在冰冷的地下室给他们找了一个角落。当他们铺床时，较老的天使发现墙上有一个洞，就顺手把它修补好了。年轻的天使问为什么，老天使答道：有些事并不像它看上去那样。第二晚，两人到了一个非常贫穷的农家借宿。主人夫妇俩对他们非常热情，把仅有的一点点食物拿出来款待客人，然后又让出自己的床铺给两个天使。第二天一早，两个天使发现农夫和他的妻子在哭泣，他们唯一的生活来源，一头奶牛死了。年轻的天使非常愤怒，他质问老天使为什么会这样：第一个家庭什么都有，老天使还帮助他们修补墙洞，第二个家庭尽管如此贫穷还是热情款待客人，而老天使却没有阻止奶牛的死亡。有些事并不像它看上去那样，老天使答道，当我们在地下室过夜时，我从墙洞看到墙里面堆满了金块。因为主人被贪欲所迷惑，不愿意让别人来分享这笔财富，所以我把墙洞填上了。昨天晚上，死亡之神来召唤农夫的妻子我让奶牛代替了她。所以有些事并不像它看上去那样。有些时候事情的表面并不是它实际应该的样子。而有效的沟通则可以弄清楚事情的真相，也可以校正自己在某些方面的偏差。

曾经有人说，如果世界上的人都能够很好地进行沟通，那么就不会引起误解，就不会发生战争。但事实上，世界历史上战争几乎不曾中断过，这说明沟通的困难程度了。那么影响教师与学校有效沟通的因素有哪些呢？在学校教育管理中，很多学校领导善于与教师沟通，营造和谐的学校人际关系氛围，使广大教师在良好的教育环境中孜孜以求从事教育创新工作；也有领导不重视与教师的沟通交流，造成干群关系紧张，影响育人工作的健康发展。对于教师与学校领导的沟通障碍，有领导的因素，也有教师方面的因素，还有社会环境的因素。

### 学校领导因素

影响学校与教师沟通、交流的领导因素是多方面的，主要是思想工作、管理方法、领导艺术和人格影响等。据调查，教师最厌恶领导者的不平等、不民主、不理解的领导作风。此三项处于影响与教师沟通因素的前三位，表明教师的现代平等、民主意识普遍增强，如果学校领导对此视而不见，或者见怪不怪，久而久之，则会产生情感上的疏远和隔阂，会产生情绪上的冷漠甚至对立，彼此间会逐渐加大距离甚至产生关系紧张，从而影响正常工作的开展。

可见，"领导者作风"是影响组织沟通的重要因素。社会心理学家勒温曾把领导者在领导过程中表现出来的极端工作作风分为三种类型专制作风、民主作风和放任自流作风。三种不同的领导作风对于组织沟通效果的影响是大不相同的。专制作风的领导者实行的是个人独裁领导，把权利完全集中于自己手中。他个人独断设计工作中的一切，却很少与组织成员进行沟通，更谈不上向组织成员征求决策意见。所以这种领导作风表面上看来虽然是一种极为严格的管理，但无法顾及组织成员的精神与情感需求。因而，组织内部弥漫着消极态度和对抗情绪。从长远看这种领导作风必将有害于组织的发展与成长。民主作风的领导则会把部分权力授权给组织成员，并积极提倡组织成员之间相互交流并商讨组织事务与决策。同时，还关心他人，尊重他人，鼓励组织成员提出新意见、好想法。

**教师因素**

同学生遇到困惑，心情烦闷时不愿向老师倾诉一样，教师有烦闷需要倾诉时也不愿面向学校领导，这表明学校领导离成为教师的朋友还相距甚远。通常，教师在沟通对象的选择上明显倾向于家人和朋友，学校领导处于垫底的位置。这根源于教师与学校领导之间存在的层级关系，这种层级关系成为了教师与学校领导之间的一堵隐形的屏障。

沟通是双向的，有领导的因素，也有教师的因素，即教师不愿意、不喜欢与领导沟通。之所以不愿意、不喜欢与领导沟通，主要有以下两个原因：一是心理上的不平等关系。在学校管理中，学校领导具有一定的指挥权、奖惩权、任免权以及其他各种权利，而教师的地位和威信，在很大程度上取决于领导的态度和评价。这种实际地位的差异性，时常会导致心理上产生一些不平等关系，而很多教师不愿意在被支配、服从的从属关系下与领导沟通、交流。

二是教师自身的一些弱点。广大教师一方面具有中国知识分子的传统美德，如好学、淳朴、正直，具有接受新思想、感受新事物快，富有开拓创新的特点；另一方面又自觉不自觉地表现出知识分子一些消极的东西，如为了求得心理上的满足，对学校中的问题，采取的独善自身，安于本分的态度，"与世无争，与人无争"的态度，自视清高，文人相轻的习气，事不关己，高高挂起默然态度等，都会影响与他人、与领导沟通、交流的欲望。

### 环境因素

嘈杂声干扰像门窗开关的碰击声、邻街的汽车声和叫卖声、邻室的音响声、各种机械噪声，以及与沟通无关的谈笑声等等。

环境氛围的影响像房间光线昏暗，沟通者便看不清对方的表情；室温过高或过低，及难闻的气味等，会使沟通者精神涣散，注意力不集中；单调、庄重的环境布置和氛围，有利于集中精神、进行正式而严肃的会谈，但也会使沟通者感到紧张、压抑而词不达意；色彩鲜丽活泼的环境布置和氛围，可使沟通者放松、愉快，有利于促膝谈心。

隐私条件的影响凡沟通内容涉及个人隐私时，若有其他无关人员在场，缺乏隐私条件，便会干扰沟通。回避无关人员的安静场所则有利于消除顾虑、畅所欲言。

### 文化传统

文化传统影响：文化发展具有历史的延续性。不同地域、不同民族的文化在长期的发展过程中会形成许多具有鲜明地域性和民族性特征，从而形成特定的文化传统。这种文化传统的影响定势，总是在左右着每个人的行为，形成它们既有共性又有个性的"文化"特征。一般来说，文化传统相同或相近的人在一起会感到亲切、自然，容易建立相互信任的沟通关系。当沟通双方文化传统有差异时，理解并尊重对方文化传统将有利于沟通；反之，将对沟通产生不利影响。

## 教师与学校沟通的艺术与技巧 /

### 教师与校长的关系

曾经有一位另类校长做过局长与校长的比较，同样对每一个身处这个时代的人来说，都很清楚一个学校当然应该是校长大，教师再大也大不过校长。校长能行使财权、人权、物权，教师也就只能在40分钟的课堂上拥有自主权。果真是这样吗？

华东师大课程与教学研究所赵中建教授提到在现代学校制度建设中一个显著的特征就是"校本管理"。"校本管理"主要就是强调教育管理权和重心的下移，把中小学作为决策的主体，运用分权、授权、协作、团队等组织行为学的原理和技术，来构筑学校与外部（上级主管部门、社区等）及学校内部（校长、教师、学生等的相互关系）的新型关系。在校本管理的概念中包含有这样一个要素，即学校教师在校本管理中将成为重要的参与者；校本管理的另一个重要特点是"共同决策"，这里主要是指教师、家长和社区成员（有时也包括学生）参与学校的各项决策。

校本管理成功的关键是参与式管理，参与式管理是20世纪60年代在美国确立起来的观点,其目的在于最大程度地满足员工的社会需要和工作的技术要求。运用这类参与式管理方法的企业组织具有扁平化的管理结构、丰富的且通常是基于团队的工作、跨部门的培训、组织内的信息共享、最低层面的自我导向、因绩效和技能而获酬劳、员工广泛地参与组织的各种决策和实践活动等。

在现代学校制度进入改革的新时期,校长与教师的关系不再是单纯的上下级关系,教师被赋予了更多的权利,也参与到对学校的管理和决策中。

在校本管理中,决策是由处理问题的最基层做出的。从这个意义上讲,教师所发挥的作用不亚于校长,学校的发展离不开基层教师处理问题的能力。

那么现代学校中的校长和教师究竟该建立怎样的关系呢?

**可以是垂直关系——无偏差的上下级**

作为一校之长,需要对学校关注的层面很多,且对学校有整体的规划。校长对学校的长远规划需要教师去领会、实践、操作。如果光有蓝图,没有打桩建设,还是一纸空文。教师与校长处于上下传递关系,且不能有任何偏差,只有如此才能执行到位。从这个意义上来说校长应凌驾于教师之上,需有高瞻远瞩的目光及对教育走势的敏感。

**可以是平行关系——平等的合作伙伴**

校长和教师的愿景应该一致,作为一个团队中的每一个人都应该且努力为这个团队前进发挥各自的作用,至此,校长与教师是平等的伙伴关系。在决策的执行过程中,作为基层中的教师有更多的发言权,他能对看到问题的出现与存在,他能提出解决问题的设想,他能将问题逐一化解。校长不依靠这一合作伙伴,学校的发展是无望的。

**可以是斜交——灵活的变换角色**

参与式管理强调参与,教师与校长在共同管理的过程中,应该处于你中有我,我中有你的状态,由于权利下移,原本一些由上级部门承担的责任转移到学校,这就使得校长所要承担的责任更多,作为校长可以分权给教师,使教师能通过行使校长赋予的权利参与到管理中,如让他们负责预算、人事和课程等。教师已不是简单意义上的教师,也是学校的经营者。

基于以上的关系,在现代学校制度建设中,我们应该建立一套相应的教师参与管理的制度。当前很多学校都很重视教代会,也让教师参与到学校的管理中,然而教代会是先有校长的提案,再由代表表决。而参与管理的制度却与之不同,由教师制定出相应的决策,赋予教师更多的自主权。为此打破原有的行政结构,构建新型的管理层次,才能真正实现校本管理。

### 教师与学校沟通中学校领导的责任

#### 学校领导要确立人格平等的观念

人必须先要被别人看作是一个完整的主体，然后才能让他人认可他对财产的占有。人如果已经被看作机器上的螺丝钉，他拥有的东西也就可以任意剥夺了。所以说，人格平等是一切平等的基础，人格乃是人立足于社会的资格。这是学校管理中最为重要的认识之一，也是与教师沟通交流的思想基础。从伦理学的角度来说，人格平等是指领导与教师之间应当相互尊重、相互理解，不存在高低贵贱之分。平等是一种观念、一种态度、一种精神，也是一种具体行为，领导对教师要多一点帮助指导，少一点命令；多一点和蔼协商，少一点指责。领导和教师之间的关系，只有建立在这一基础上，彼此间才能排除势利的眼光，由衷地平等待人，进行朋友间的友好沟通。

校长要想与教师保持良好的沟通状态，必须放下领导的架子，努力营造上下级进行平等讨论的氛围；要想实现真正的对话，校长必须学会倾听，要让教师有同等的权力去说；校长在和教师进行有效沟通时，应该尽量多听老师说，少发表自己的观点，以便教师个人意见有表达的机会。

要想实现真正的沟通，校长必须学会包容。作为一名校长，要想真正地管理好一所学校，就应该能够接受各种各样的批评意见。如果校长一听到别人评论自己的缺点错误，就跳起八丈高，那谁还敢给校长提意见？其实当校长有了错误别人能及时地给指出来，从而避免不必要的损失，总比自己有了错误没有人愿意或没有人敢给指出来，从而造成不必要的损失要强得多。

要想繁荣，必须包容。作为领导，如果没有人愿意或没有人敢给指出缺点错误，那么他多半是高高在上脱离群众的校长。若校长缺少雅量与胸襟，就会失去很多成长的机会。一名优秀的校长，应该拥有海纳百川的博大胸怀，既能容纳顺耳之言，更能容纳逆耳之话。校长要允许教师为自己或教师全体的合理建议进行辩护，鼓励教师提出不同意见，而不是利用职权对提出不同意见的教师进行压制。只有平等沟通，才有可能走进老师的内心世界。实践证明，只要老师有了发表自己见解的机会，不用过问，教师们就能主动关注自身素质的提高，积极参与学校的发展建设。

#### 用制度规范学校领导办事的民主化、透明度

公开民主地办事，能使教师产生信任感。事实上，一所学校的管理，涉及到秘而不宣的事情是微乎其微，这就为预防领导独断专行、家长作风，实行公开办事制度提供了可能。其一，学校领导就教师感兴趣的问题多开一些民主会、各民主党派的恳谈会等，全面实施校务公开制度，对于那些关系到教师切身利益的事，能公开的都应公开，能让教师参与的都应让教师参与，比如评优、评职等过程的公开，评价结果的公

开，评审程序的民主化等，并通过建立民主管理的制度，如教代会制度；建立公示栏；巡视反馈制度；领导述职制度等，增强学校领导工作的透明度，让教师的渴望民主参与的心理得到满足，感到学校领导办事敢于公正、公开、公平，值得信任，值得尊重和敬佩，愿意与胸怀坦荡的领导开诚布公地交往、沟通。其二，学校领导应增加与教师的面谈次数，通过自上而下，自下而上的沟通方法把学校领导意愿转化为教师们的自觉要求。其三，建立谈心室和心语信箱，学校领导要鼓励教师主动找学校领导沟通，变上对下的单向沟通为双向沟通，教师也要表现出一定的主动性，对与学校领导的交往有足够信心。

**注重非公务性交往**

非公务性的人际交往，对于人际沟通作用特别明显，是最受教师欢迎的交往方式。学校可多组织一些联谊会、学术交流、沙龙活动、集体旅游等，在这些非公务性交往中，作为学校领导以平等的角色地位和教师相处，在无拘无束之中彼此了解内心世界，教师心理上能获得极大的满足，各种情绪及时得到宣泄，心理上的各种冲突和矛盾得以缓解和解决，从而保持心理平衡，形成积极向上的工作情绪，它是组织沟通网络的有益补充。

校长要想和教师进行有效沟通，就不能整天呆在办公室里，而要在繁忙的工作之中抽出时间深入到广大教师中，主动关心教师的工作和生活。要想实现有效沟通，校长就要走进教师的心灵世界，了解广大教师想什么，缺什么，准备做什么以及为什么这么想，为什么这么做，以便促发他们的内需，增强他们的内驱力。

作为校长，在开展各项工作时，最令人担心的事是有过失却没有人提醒，从而给学校造成不必要的损失。学校的发展壮大离不开师生员工的群策群力，校长只有深入教师，主动沟通，充分调动师生员工的主人翁精神，让广大师生员工都积极主动地为学校的各项工作献言献策，集思广益，才能促进学校各项工作的健康开展。只有急教师之所急，想教师之所想的校长，才能和广大教师心贴心，从而真正实现与广大教师"心心相印"，达到"和谐共赢"的理想境界。

**提高社会智力，给教师以心理关怀**

所谓社会智力是美国心理学家塔林特提出的人类智力中的一种，即善解人意，能想象事物的发展，善于理解他人的处境，为自己与他人的交往创造有利气氛，集中体现了交往者的主体能动性特征。由于素质教育对教师的要求越来越高，同行的竞争越来越激烈，教师的工作压力和心理负担越来越重，这些问题如解决不好，不仅会造成教师的心理疾病，还会严重影响相互沟通。因此，学校领导要提高社会智力，关心教师的心理健康，适当地利用竞争机制，减轻教师的工作负担和心理压力，丰富工作内容，兼顾教师的工作、学习和休闲，满足大多数教师的成就需要。

学校管理离不开校长和教师的有效沟通，有效沟通是传递信息、协调利益、统一思想、凝聚力量、激励行动的重要途径，这就要求校长要加强理论学习，积累实践经验、掌握沟通技巧，提高沟通能力，努力做到能沟通、会沟通、善沟通。

能沟通是指校长要有较强的口头表达能力和书面表达能力，充分宣传学校的办学目标和发展方向，解释学校发展战略制定者的意图，要确保广大教师能够准确、全面地理解学校的发展计划和自身在战略执行中的角色。

会沟通指校长要准确把握沟通时机。如果沟通时机不当，自然环境和心理环境不成熟，那么广大教师就无法准确理解学校的战略决策，学校的发展也就无法顺利推行。会沟通还体现在校长要力图使广大教师都能够看到自己的利益是被包含在学校发展之中的，而不是置身事外的，这样才能够有效增强广大教师的责任感。

善沟通是指校长要讲究沟通艺术和沟通策略，对于共性问题应该例会沟通，对于个性问题应该单独沟通，对于敏感问题应该及时沟通，对于重大问题应该反复沟通。有效沟通犹如春风吹拂，犹如清泉汩汩，她可以化干戈为玉帛，可以架情感之桥梁，可以燃希望之烈焰，可以助进取之动力。校长应该研究沟通技巧，从而有效地促进学校各项工作的健康发展。

### 正确处理制度化管理和情感投资的关系

在学校管理中，规范的制度化管理是非常必要的，然而单纯重视规章制度建设而忽视情感投入是不能取得良好效果的，特别不利于与教师的沟通。而情感投资是一种人性味浓厚的管理方式，这种方式的最大特点就在于关心人、爱护人、尊重人，使教师处处感到自己受到重视和尊重，被理解。特别是在学校这样一个知识密集、文化层次相对较高的社会系统，教师对尊重的需要和关心的需要更为强烈，注重感情投资的领导才有和教师沟通的资本。

### 提高学校领导的思想道德素养

这是能否与教师正常沟通的关键。思想品德素养好的领导在教师的交往中能够做到相互理解，平等相处，容易形成协调、和谐、融洽的人际关系，容易沟通。凡是无法与教师沟通的领导，思想品德素养一定存在某些问题，如自视为领导者，心理上处于一种居高临下的状态。此类心理常常伴随着权力之争、用人分歧、私欲作怪、竞争冲突、功利评判、求全责备、性格缺陷等情况而到来。所以提高领导者的思想道德素养是教师沟通艺术的灵魂。

### 创造条件，加强沟通

学校的发展建设，离不开师生员工的群策群力。为了更好地征集广大师生员工对学校发展建设的不同意见和建议，校长应该通过热线电话、校长信箱、电子邮件、短信平台等切实可行的方式方法，广开言路，积极鼓励广大师生员工为学校的发展建设献计献策。

为了征集到更多的意见和建议，一方面校长要强化师生员工的民主意识，培养广大师生高度的责任感；另一方面，校长还要定期整理广大教师的意见或建议，该反馈的及时反馈，该调查的抓紧调查，该处理的认真处理，争取做到件件有着落，事事有回音。只有这样，才能调动广大教师献计献策的积极性，让校长听到更多的"杂音"，从而促进校长和广大教师的有效沟通。

**教师与学校沟通中的艺术**

**尊重领导，服从领导**

校长是党的教育方针、制度的执行者和传达者，也是学校各项工作制度的主要制订者。教师既然是学校团体中的一员，就有责任有义务遵守学校的各项制度、要求，服从学校管理，尊重校长的决定，维护校长的威信，接受校长的领导，以便使学校的各项制度得以贯彻执行，使学校的各项工作计划得以实现。

**做好本职工作，获得同事、领导的良好评价**

教师要处理好与学校领导之间的关系，最基本的是要尽心尽力地做好自己的工作，保质保量地完成自己的工作任务和学校布置的突击任务，获得学校领导对自己工作的认可。以增强学校领导对自己的满意程度和信任感。作为学校领导，都希望自己学校的教师具有承担各种工作的能力，具有独当一面的能力，具有敬业、乐业的精神。所以教师首先要热爱自己的职业，关心自己的学生，工作中表现出色，这样才能使领导满意，让领导放心，同时也增加了自己在领导心目中的地位，上下级的关系也才会更加融洽、和谐。

**加强信息沟通，搞好信息交流**

教师在日常工作活动中，要多向领导请示汇报，汇报自己的工作情况，提出自己的建议和看法，多与领导沟通接触，缩短和领导间的心理距离。这样，既便于及时、准确地获取领导的指示、评价，提高工作效率，又可以使领导较快地获得学校工作的信息，增进上下级之间的理解，促进双方的信息沟通。

**树立全局观念，维护整体利益**

学校领导要顾全大局，不可能面面俱到，而教师所抓的是具体工作，如学科教师抓的是自己任教班级任教学科的教学质量，班主任要抓的是自己班级的具体工作。因此，在工作中，难免会与学校的整体利益产生这样或那样饿矛盾甚至冲突，出现教师个人与学校大集体、班级小集体与学校大集体不相一致的局面,从而造成教师个人与校领导之间的矛盾局面。作为我们年轻教师不妨采用换位思考的方式考虑一下问题,多站在校长的角度考虑一下,设身处地的为校长着想。教师要主动维护学校这一大集体的利益,决不能心胸狭窄、斤斤计较,只为自己着想,而全然不顾其他教师、其他班级甚至学校整体利益。

### 坚持原则,不逢迎媚上

学校的领导是教师的上司,所掌握权力对教师的利益有一定的影响,但教师决定不能因此而媚上欺下,对领导阿谀奉承,不能为了自身的利益或某种企图而一味的逢迎讨好领导,毫无原则的迁就领导,而应该光明磊落,不娇不媚。对领导的正确指示,要坚决贯彻,对于领导的错误,要敢于提出批评,对于不合理的指示和意见,应进行抵制。不过要注意抵制的方式和方法,力求做到既帮助领导改正缺点和错误,又要维护领导的威信,不能鲁莽、蛮干,凭意气用事。

### 了解校长的领导方式,采取相应的交往措施

学校校长的领导方式是指学校校长用来对教职工行使权力和发挥领导影响的行为表现方式。它体现了领导过程中领导者与被领导者之间的关系,体现着领导的工作作风。教师刚踏上工作岗位,社会经验不足,应注意分析校长的领导方式,应主动去适应。

## / 教师与学校沟通中的案例分析 /

学校行政人员进行沟通行动时,可能产生的潜沟通行为现象,目前系统性的研究几乎没有。因此要做一完整的内容介绍尚待更多的研究努力与累积。以下仅就平日观察、探讨所得以及从若干实际性研究论文取得的报告资料,举述若干案例并加以分析,以知其梗概。

### 怎样对待教职员工发牢骚

一天,当校长路过语文教研组的时候,听见办公室里正在热热闹闹地谈论着什么,校长好奇地凑近一听,李老师正发牢骚说:"现在的老师真是当不成了,每天起的比鸡早,吃的比猪差,干的比牛多,精神上还要受到折磨,各种评比考核就没让人消停过,当个班主任更是苦不堪言了,学生的大事小情、吃喝拉撒都得管,一个学期才给400元的班主任补贴,辛辛苦苦地把班级的成绩提高了,全校第一名才发600元,学校真是太抠门了,为挣那么一点钱我都得折好几年的寿。"这时候办公室里面更热闹了,老师们七嘴八舌纷纷发表意见,女老师小张也说:"就是,你看我今年才28岁刚过,让不认识的人一猜,人家会说话的就说我32、33,碰见冒失的还猜过35、36呢。""痛苦呀,没出路呀","学校领导没人性

呀"，"房子也没着落"等，顿时整个办公室好像在开一场忆苦大会，学校领导好像就成了控诉的主要对象。该校长听了顿时火冒三丈，狠狠地推开门说到："吵什么，吵什么，还有没有一点为人师表的样子，你们的声音大得连楼道对面都能听见了，谁不想干了，给我打招呼，我决不挽留，有的是等着分配的大学生抢着当老师呢，给你们的待遇已经不低了，怎么那么不知足。"

案例解析：

在学校管理中校长肯定会遇见老师们发牢骚这种事，不少校长还极其反感发牢骚的老师，经常当众或者私下批评他们，告诫他们把心思用在工作上。其实我们仔细想想，老师们工作压力大，待遇相对不高这是事实，让老师们找个途径发泄也在情理之中。现在老师待遇低，工作压力大是一种社会现象，不是某个校长能够解决的，老师们在内心深处其实也明白这个道理，校长们需要做的就是用真诚的态度对待老师们，主动地对老师们嘘寒问暖，了解老师们真实的想法，倾听他们的心声，然后有针对性地改进，能为老师们解决的就尽量满足，不能解决的也要向老师们说明情况。这样处理，校长不仅不会失去人心，更会得到老师们工作上的支持，长此以往一定会促进学校各方面的发展，更有助于建设和谐校园。

然而，对于教师而言，工资待遇低、奖金少，这种社会现象不是简单的发发牢骚就能改变的事实。作为教育教学职责的专业人员，教师的第一职责应是履行承担教书育人，培养社会主义事业建设者和接班人、提高民族素质的使命。教师以什么样的精神对待工作，决定着工作的成败；以什么样的态度面对学生，决定着学生的成长。教师的态度决定着学生的成长，这就是教育工作之所以神圣的原因，也是表现我们教师职业道德的所在。我们每天以什么样的态度面对我们的学生，这应该是师德水平的重要体现。张云泉说得好，"做人必须像人，不求惊天动地，但求问心无愧"。忠诚党的教育事业，就要有胸怀大局，恪尽职守，爱岗敬业的责任心，艰苦奋斗，埋头苦干，无私奉献的崇高品德。

### 没有能耐，你就给我坐下

本校校长有一次校务检讨会时，鼓励学校同人踊跃发言，初时同人保持缄默。校长又再鼓励，同人仍未有人举手发言。最后校长再三鼓励同仁说：开会就是要听大家的意见，请大家千万不要吝于发言。校长并强调说：学校行政事务千头万绪，行政人员虽然大家都很用心，但难免有些会有未能尽如人意之处，各位同人可以提出来让我们有改进的机会。在校长再三鼓励之下，有位同人终于举手发言：校长！我本来不想发言，但看到校长用心良苦，一再鼓励，我好受感动，我就先来提个建议好了，希望学校以后学生编班要能尽量做到公平公正的地步。不要好教的学生都集中在某些班级，一些不好教的学生又集中在某些班级。

李老师说完，校长说：好！李老师你先说说看，什么样才算是公平公正的编班？李老师回答说：就是依常态编班，不要有因特权关说编排学生或调班的情事。校长说：好！那你再说说看，什么是好教和不好教的学生？李老师说：好教的学生就是上课老师一点就通，学生问题行为少，家长又不会找麻烦。不好教的学生则情形刚好相反。

等李老师回答完这些，校长口气突然变得严厉的对着他说：孔老夫子在五千年即倡导有教无类，你心目中早已把学生做好教不好教的分类，又怎能有教无类的公平对待学生！还有，学校在社区里难免会有些民代和士绅会关心学校的事，学校有事情有时也得去拜托人家。如何能完全避免得了编班请托的事！好！下学期编班工作由你来做，你要做得没有任何问题，保证家长没有不爽的！学校同人也没有任何意见！

听完，李老师马上站起来回应说：校长！我哪有那种能耐！

校长说：没有能耐，你就给我坐下！

校长这种沟通行为的表现让我们觉得：他其实并不是真的有开放的胸襟要听同人不同的意见，也让我们觉得他并不尊重老师。[1]


案例解析：

案例中之潜沟通行为状况：依案例提供者的说明，可知该校长的沟通行为让学校同人学到：校长虽然说要听同人的不同意见，其实并非真正如此，校长并不尊重老师；发言不符合其意，甚至将会遭受到责难。而若从李老师的角度分析，其发言让校长认为其心中已将学生做差别分类，不能以公平对待的方式教学，可能亦是其事先所未能预期。

## 后果我完全负责

这个案例是一位主任在沟通课程上的书面报告，其内容如下：

这是我接训导主任的第二年，学校承办全市自治市长表扬大会，那一年正逢九二一大地震的影响，在经费上不能有餐叙的名目，但之前都有餐叙，为了权宜之计我与教育局私底下沟通讨论将时间延长至中午之后，以编列便当的经费举办餐叙，教育局与市政府会计部门私下皆同意。当我计划全部完成，校长看了之后，叫我将计划时程提早在中午前结束，不能以便当名目举办餐叙。虽然我曾经试着以沟通协调的方式去想去说服校长，甚至表明后果要完全负责！但他只和我说一句话"不能这样做"。在整个过程我与校长沟通数次，但校长都不能被说服。之后，校长竟然还向别的同仁表示说："我不尊重他，想用教育局人员的意见压他。"哪是如此！为什么当校长的竟是这么自以为是！[2]

[1] 张潮夫.一个实际经历的学校行政沟通冲突案例.国立台南师学院国民教育研究所.1995.

[2] 高大义.学校行政实际体验之沟通.突案例与反省.国立台南大学国民教育研究所.2003.

案例解析:

案例中之潜沟通行为状况: 从这个案例的描述至少可以从两方面监视潜沟通行为的发生: 一是主任以已向教育局人员私下沟通好欲编列餐费的说法, 原本意在说服校长同意编列活动餐费, 但没想到校长认为主任的行动是不尊重他, 甚至是以用教育局人员的看法在压他。二是校长的沟通行为原来并非要该主任以为"校长是个自以为是的人", 但该主任透过校长的沟通行为, 却认为"校长是个自以为是的人"。

### 校长自己都已经先有意见了, 就以校长的意见为意见吧!

内容大要: 这个案取自一篇实地观察研究国小校长领导风格的报告, 研究者论文的文本如下:

甘老师认为彭校长在会议之前早有想法, 然后他在会议中分享其看法, 而分享的语气却又带有威权性, 所以老师们都不愿再提意见。她说:"开会先说她心理的思想是什么, 然后再问说, 那大家觉得呢? 但是这样的话……大部分……觉得说, 既然校长都已经这样说了, 好吧! 那就以校长的意见为意见吧……"由于未能充分理解校长备腹案之基本立足点何在, 多数老师对校长所召开各式会议沟通, 常有一种为其背书的感觉。[1]


案例解析:

案例中之潜沟通行为状况: 本案例中之校长在开会时虽然未必希望教师"不要再提"与校长有不同看法的意见, 或希望教师觉得开会只是在为校长的意见"背书", 但她的沟通行为却让教师有此感觉。

### "您表面称赞我, 我对您的称赞却怀疑起来!"

内容大要: 以下的案例来自一位国小主任的研究反省日记。

……在就任主任之初, 我也自觉因一时无法调整自己的个性, 而"犯"了"龟毛"个性的毛病。为此, 我特别在意的把两件事在"反省日志"中记上一笔, 引以为戒:

其一是, 本校承办全市躲避球比赛, 体育组长已经很负责的把"秩序册"打好了, 共包括三十几队的名册, 分成六组的"赛程表"等。而我当时亦认为他已经算是"很认真"的人了。

但是当他打好拿给我看之后, 我还是"忍不住"的"想"依我所认为"好"的标准去"改", 终于我还是改了格式、版面、字体、大小……, 反正就是我认为这样才会"很好看"就是了, 而且我也花了不少时间。

我虽然如此大费周章, 只是这些全部都是我自己"自愿"改的, 而且从头到尾也从没

---

[1] 郑秀凤. 女校长的教育伸展台: 一位小学女校长领导风格之个案研究. 国民教育研究学报, 2004, 13, 147—181.

嫌过体育组长打的"不好"之类的，反而，夸他"很辛苦"，打得很好……我心想，也许我这样做，才能减轻一些因似乎"不信任"他人而遭致的批评。

……

虽然我如此"周详"，但是，协同反省伙伴仍然提出他们的"质疑"，而且似乎是他们很在意的，因此着墨颇多：

可是体育组长发现他辛苦打完的东西被改过印出来，会不会有微言呢？对啊，您表面称赞我，但是却把我的东西都改过了……让我对您的称赞怀疑起来了……[1]

案例解析：

案例中的潜沟通行为状况：该主任虽然认为体育组长编写秩序册很用心，也口头给予夸赞，但他大改秩序册的做法，造成同仁怀疑他给予的称赞只是表面的。

### "我举反对票引来校长的讪笑，从此我表决都不再举手！"

内容大要：这是一篇论文中有关沟通的研究案例报告，其文本如下：

我记得有一次在表决是否赞成将篮球场加盖成风雨操场，可免学生无礼堂可用之苦。全校多数都举赞成，只有我一票举反对，结果引来校长的讪笑。从此以后表决我都不再举手，因为我了解了主管并没有尊重少数的风度。如果一个人的看法跟全部的人都不同，你不认为他必定是有个相当充足的理由在支持他，应该要请他说明一下吗？[2]

案例解析：

案例中的潜沟通行为状况：校长在投票表决后的讪笑。让同人觉得主管并没有尊重少数的风度，造成某同人在以后的表决都不愿意举手的情况。

### "你今天的记录工作很轻松喔！我听完了怒在心中"

内容大要：以下的案例是一位国小实习教师的经验报告，

在实习期间，有一次实习学校的校长请我担任教学研究会议的记录工作，我欣然接受。在教学研究会的开会过程中，校长可能觉得我很少提笔做记录，于是在众多老师面前笑着说："今天的记录工作很轻松喔！"我听完了怒在心中，认为校长意指我没有认真做好记录的工作。[3]

案例解析：

案例中的潜沟通行为状况：实习教师会议中很少提笔做记录的行为，让校长感

[1] 杨爵光，一位国小训导主任的自我行政信念之研究。国立台南师范学院硕士论文，2002.

[2] 杨爵光，一位国小训导主任的自我行政信念之研究。国立台南师范学院硕士论文，2002.

[3] 叶宜婷，实习期间实际体验之沟通冲突案例与反省，2005.1.

觉其未能好好认真做记录。而校长在众多老师面前笑着说："今天的记录工作很轻松喔!"让实习老师觉得校长意指其没有认真做好记录的工作，引起怒在心中的情况。

### 校长说话"飞飞"，会"翻"，也很"情绪化"

内容大要：以下是实地参与观察一位国小校长行政沟通行为及访谈的一些资料。研究者先访谈校长对自己沟通行为的看法，校长回应的都是"给予自己正向的评价"，像是"理性沟通"、"说得让人心服口服"之类的。但是访谈同人，有多位同人却提到校长说话会有前后不一致的情况，例如：

一位主任表示"他说话'飞飞'，就是不稳…他有时候都是反反复复。一位学校同人说："原来谈好的，他会'翻'。"一位老师形容他说："他很会讲话…就是跟老师讲的话，跟私底下做的不一定一致，今天跟大家讲说，我对大家是怎么样的…可是事情所表现的并不一样。"另一位同事说：排课，当初……协调就是这样，而且您在朝会上面，也宣布是这样，当初宣布的时候，我们以最低，每一个都以最低来算……然后，这个消化不掉的，消化不掉的大家再来平分，那现在你讲出来，全部都不一样……就是你讲的，跟我实际上接触的不太一样，还有一点差距啦!

至于说话很情绪化，同人说法是这样的：

某位同事表示：他很情绪化，他讲一些事情的意思，只是把他的感觉讲说来。[1]

案例解析：

案例中的潜沟通行为状况：校长对自己平日沟通的行为持正面的看法，却未知觉察到同人对其平日沟通行为已有"前后不一致、不稳定"、"飞飞"，会"翻"和很"情绪化"的感受。以上案例发生的潜沟通行为，大抵都是较倾向于负面，且是沟通发动者自己未意图或知觉的。然而潜沟通行为未必都是负向的，有些也可能是具有正向效果的。以下的案例，即具有这种特质。

### "校长说话比较直，比较没有心机"

案例内容：在一个研究校长沟通行为的访谈中，受访的一些同人提供如下的描述：

一位老师描述校长说："我觉得他这个人比较直啦! 比较没有心机。"另一位老师说："他讲话很实在……，哈! 哈! ……有些校长你做得他不喜欢的，可是他都不告诉你，心理会对你有偏见，啊不过他不会，他都说出来，啊反正你都知道他在想什么就对了。"

C同事说："他有这个特质啦! 他有什么感受，他就讲出来。"

D同事也说："他比较不会心口不一……他想讲什么，就讲什么。"

E同事私下说："他这个人有话藏不住，我想他的字典中大概找不到秘密两个字吧! 因此你刚接触他时，会觉得他是很好相处的人，很容易去接纳一个人。"[2]

[1] 黄宗显(1996)，一个国小校长行政对话的权力运用表演~学校行政运作的微政治行为探讨.

[2] 黄宗显,学校行政对话研究：组织中影响力行为的微观探讨.1999:310.

案例解析：

案例中的潜沟通行为状况：该校长平日心里有什么话就直说出来的沟通行为，让学校同人觉得他比较不会心口不一，是一个比较没有心机的人，也是个很好相处的人。

沟通是学校行政的灵魂性活动。缺乏沟通，学校行政将难以运作，学校行政有关人员的理念亦将难以相互交流与实践。因此，有关沟通的问题，向来甚受学校行政学者与学校实务人员所重视。然而，完整学校行政沟通行为的探讨，应包括沟通者"意图、知觉的"和"非意图及未知觉的"两大部分，缺乏其中任何一部分，对于沟通行为的了解都属于欠缺不全。过去国内学者对于学校行政沟通的研究，不管在理论或实践性的研究方面，都相对忽略沟通行动中沟通者自己"非意图和未知觉的"的行为部分，亦即忽略"潜沟通行为"的探究。本文试图就个人研思所得，从完形心理学、周哈里窗（JohariWindow）、阴阳辩证、解构论、功能论、俗民认识论、心理牢笼论和行动反省论等角度，提供潜沟通行为不同向度的立论基础，以便有助于认识"潜沟通行为存在"、"潜沟通行为功能"、"潜沟通行为认知障碍"和"潜沟通行为反省"的问题。而本文举述的九个案例与分析，亦有助于具体了解学校行政潜沟通行为的样式及其可能发生的正功能或反功能情形。其亦具体显示潜沟通行为研究的不可缺和必要性。

试题：

教师与学校沟通中存在的角色有哪些？

教师与学校沟通存在的问题有哪些？

影响教师与学校沟通的因素有哪些？

教师与校长的关系怎样？

教师与学校沟通中学校领导的责任有哪些？

教师与学校沟通中的艺术技巧有哪些？

一个人从另一个人的诤言中所得来的光明，比从他自己的理解力、判断力所得出的光明更是干净纯粹。

——培根

　　我们的能做的事情都是我们所了解的，了解得越多，就会做得越好。向您的同事倾谈吧，相互倾谈，才能相互指导和学习。

——汤姆·考林

# / 教师与教师沟通的策略和方法

沟通，即表达、疏通。在人与人之间是必不可少、无处不在的。作为光荣的职业教师群体，我们的教育事业本身就是沟通的表现，承载着历史文化、思想教育等各个层面的表达、疏通，这些意图或者意愿传递的对象，是我们的学生。而在这个过程中，我们可能因为班级成绩苦恼，因为课程设置苦恼，因为学生的种种问题苦恼，但似乎很少因为教师之间、同事之间的沟通而严肃、认真地思索过。事实上，研究表明，同事之前的有效的沟通，不单单可以提高教师的心理健康水平，提升自我修养，还对教育水平、教学效果等多层面都有着非常重要的影响。

## / 教师与教师沟通的问题和现状 /

### 教师与教师沟通的内涵 /

顾名思义，教师与教师沟通，即教师之间思想与感情的传递和反馈的过程，以求思想达成一致和感情的通畅。这里既包括语言沟通，又包括肢体语言沟通。语言是人类特有的一种有效的沟通方式。语言的沟通包括口头语言、文字语言。口头语言包括我们面对面的谈话、电话沟通、学校组织的教师交流活动等等。文字语言包括信函、报告和宣传资料、网络交流等。肢体语言包含得非常丰富，包括人们的动作、表情、眼神等。而实际上，在我们的声音里也包含着非常丰富的肢体语言。人们在说每一句话的时候，用什么样的音色、音调等，这都是肢体语言的一部分。我们说沟通的模式有语言和肢体语言这两种，语言更擅长沟通的是信息，肢体语言更善于沟通的是人与人之间的思想和情感。

沟通的内容、沟通的方法、沟通的动作是沟通的三大要素，就其影响力来说，沟通的内容占7%，影响最小；沟通的动作占55%，影响最大；沟通的方法占38%，居于两者之间。教师与教师的沟通也包含了以上三大要素，其中，沟通动作仍是影响最大的要素之一。教师在与教师的沟通过程中一定要注意沟通动作的把握与实现，以达到沟通的最佳效果，实现有效沟通。

## 教师与教师沟通的意义

俄国作家、思想家列夫·托尔斯泰曾说过："与人交谈一次，往往比多年闭门劳作更能启发心智，思想必定是在与人交往中产生，而在孤独中进行加工和表达。"教育工作是一项任重而道远的光辉事业，也是每一位教育工作者的光荣使命，在教育改革的背景下，教师间的沟通是教育活动得以实现的必要保证，也是教育成功与否的重要条件。同时，它对教师的人际关系、心理健康水平也有着重要的影响，对教师个人的成长起着举足轻重的作用。

### 推动教育改革的顺利进行

我们都知道，宏观层面的教育改革，落实到实际层面，不外乎两点：即教育改革的理论与教育改革的实际行为。而将这两点真正紧密结合并且具体实施的，自然是教师这个令人尊敬的职业人群。然而，众所周知的"一"个道理是：可能在你的眼中，一代表的意义是一块钱人民币；而在我的眼中，一代表的又是一个人活着一辈子。这就是所谓的形而上差异。教育改革的推行过程中，将不可避免的遭遇类似的差异化理解，最终影响到教师的实际行为——这就是教师课堂教育的差异化。

其一，是出于教师自身的主观理解以及意识所产生的差异化理解，必将导致的一层隔阂，直接导致的结果就是课堂教育中的教师无法形成比较切合教育改革所代表的原本意义的行为，自然也就造成了对教育改革事业的阻碍。因为，教育改革的真正执行者，还是广大的人民教师。所以教师之间的互相沟通，不但有助于对教育改革制度顺利推行的理解、执行，更能起到促进作用。

其二，当第一个问题得到有效解决之后，教师从业人群对于教育改革的制度有着明确的认知和认识，并且意识该怎样融入课堂教育这一环节时，我不得不对教师对某种教育理论的了解是否能自动地对教学活动产生一定的影响而表示担忧。我不是质疑广大人民教师的师德，也不是质疑其从理论到实践的执行能力，而是任何人对于某种理论的理解，并非都能够很好的自动转化到自身的实际行为层面，即教师"所倡导的理论"并不能自动地转化为教师"所采用的理论",这就不免会在教学中出现理论思想与实际行为相分离的现象——"只会说不会做",甚至是"说的是一套,做的是另一套"。

基于这种忧虑,教师之间的相互沟通就凸显得尤为重要。圣人有云:三人行,必有我师焉。而对于宏观层面的教育制度改革推行的具体执行人群,作为有着同样目标、同等环境以及面对着同样目标人群的光荣群体,教师之间对于自身"所倡导的理论"到"所需要付诸的实际行动"的互相沟通,毫无疑问是非常必要,并且也是非常需要的一环。

作为执行教育制度改革的人群,我们有必要、有需要也必须要增进互相沟通频率,或许只是互相之间的三言两语,就会令人茅塞顿开,也或许只是公开课堂的一次随意旁听,就能带来你我脑海中的灵光一闪,从而更好的执行教育改革的光荣任务,有效并且有效率的将"理论"转化到实际行动层面。

### 提高教育的整体水平

初为人师的我们,除却一腔热血与满目热忱的教育理想之外,都会在内心深处对于自己的课堂、自己的学生、自己所从事的教育事业有着自己的一番理解与冲动——尽管他可能有些不切实际,有些年少轻狂,但我们不能否认其中或多或少的存在着闪光点。

数载从事教师职业的我们,除却丰富的实际经验与技巧之外,在内心深处或多或少的也会存在各种奇思妙想,亦或是有心无力之处——不管是奇思妙想,还是有心无力之处,我们都不能否认其常年累计的经验技巧是一笔宝贵的财富。

所以,不管您是风雨数十载的老教师,还是初登讲堂的职业新秀,在同一条道路上,我们都有太多太多值得别人学习、借鉴的地方,同样也有太多太多可以从别人身上学习的地方。教师常常在课堂上教导学生们要取人之长,补己之短,而事实上在我们光荣伟大的职业生涯中,这也是不变的金科玉律。在与同僚的沟通中,在教师职业研讨会中,甚至只是一节普通公开课的旁听,我们总能发现一些什么,遇到一些什么,解决一些什么。

作为人类的灵魂职业,作为"传道授业解惑"的光荣教师,这样的一群人,这样的一个人群,在同样的专业——职业教育这条道路上,每个人可能都会有不同的思想、观念、模式、教学方法以及教学方式的冲突。为此,不管是学校方面,还是教师自身层面,都需要通过互相的沟通、研讨、互助和合作,通过开放自己,加强教师之间以及课程实施等教学活动上专业切磋、协调和合作,分享经验,互相学习,彼此支持,共同成长, 提高自我。

有了自我提高, 才有整体的提高。事事如此, 教育事业更是如此。

### 避免教师工作冗余, 减轻工作负担

你知者, 我知者, 他不一定知道; 我会者, 他会者, 你不一定会; 你有者, 他有者, 我不一定拥有。任何人群, 任何职业, 都适用于上面这三条规律。

在团队协作中, 互相沟通更是重要, 我们不能保证每一句话在每一个人的理解中都是正确的, 我们也不能保证我们每一句话别人都能理解正确。这个时候, 只有有效、及时的沟通, 才能真正的达到团队协作的真实意义。

而事实上, 由于个人素养、职业经历以及学习经历和方向的不同, 教师这一职业人群中, 往往一点经验, 一分技巧, 一份资料的共享, 都可以节省那个"不知者、不会者"很多的精力与时间。

生而知之是为神, 我们都不是神, 我们是职业教师, 所以我们每个人所知道的、擅长的, 在互相沟通、互相学习的过程中或有意识或无意识的一次表露, 都有可能对旁人或者自己带来意想不到的收获, 不知者知之, 知之者论之。

同样, 任课教师之间的相互沟通, 也可以有效的避免出现学生课业负担过重的问题。试想, 如果各学科教师之间没有任何沟通, 为了提高教学成绩, 各学科教师不顾学生的课业负担, 盲目地追求题海战术, 一味地增加作业量, 作业完全霸占学生的课余时间, 这样势必严重打击学生的学习兴趣, 给教育教学工作带来不便。

### 有助于教师的个人成长

首先, 教师与教师沟通可以为彼此提供强大的心理支持。生活需要分享, 研究表明, 与人分享成功后的喜悦, 自己的主观幸福感也会随之增强, 将消极的情绪适当的倾诉, 情绪却会得到极大的缓解。人的一生, 不可能一帆风顺, 挫折、失败谁也无法避免, 而此时, 心理支持显得尤为重要, 这种心理支持不只来自于专业人士的疏导、家人和挚友的宽慰, 很多时候, 同事之间的理解和沟通也可以解决很多问题。

其次, 教师与教师沟通可以缓解职业倦怠。由于工作性质所决定, 教师行业中的个别人会相应的产生职业倦怠, 而倦怠意味着教师发展中的一种危机。在面临这种危机的时候, 教师需要各种各样的人的支持, 如果教师自己陷入孤立主义, 则不可能克服这个危机, 教师发展也就无法实现。但是, 通过教师沟通, 就可以使这样的个体在一个以相互支持与关心的合作文化背景下, 觉得可以表达他的消极和积极的情感, 坦诚失败与弱点, 发泄怨恨和失望之气, 表露喜爱之情, 从而告别职业倦怠。正如英国学者尼亚思指出的那样: 同事关系可以强化教师的道德视野和价值观, 因此能够减少

倦怠。

最后，教师与教师沟通可以提高自身职业素养。卡尔·罗杰斯曾指出：理解力是指体会别人内心世界的能力。每个人的理解能力不同，每个人的经历、经验也各自不同，对于事物认知、课堂教学等各个层面都可能存在差异，甚至是冲突，而只有通过有效的沟通，在这个同等职业范畴中有着同样目标、从事同样工作的我们，才能够真正的快速、有效提高自身的职业素养。

## 教师与教师沟通存在的问题 ∕

### 流于表象的人际交往

在学校中，很容易出现类似的场景：教师之间以礼相待，相互见面都会微笑着打招呼，工作中的沟通也似乎没有什么大问题，遇到事情多数时候可以共同协商解决，不会有大的冲突出现，表面上看来一团和气，但教师之间私下却没有什么过多的交往，所谓的教师间的亲密朋友更是少之又少。相反，在生活中彼此总是敬而远之，缺乏推心置腹的沟通。教师与教师关系中的一个很重要问题就是只进行表层的交往而缺乏深层的沟通。国内的一项调查发现，在学校内有亲密朋友的教师只有11.5%，而88.5%的教师在校内没有亲密朋友，而且住得很近的教师之间既没有经常串门、吃饭、聊天等亲密交往，也没有经常吵闹、为生活琐事而冲突的紧张人际关系。教师之间的这种流于表象的人际交往，会严重的影响教师的心理健康水平，使教师经常体验到否定的情绪，如不信任感、孤独感、苦闷感等，这样既不利于教师的个人成长，也不利于教师集体观念的形成和巩固。

### 盲目的以自我为中心

教师之间既是合作伙伴，又是竞争对手，一些教师受"同行是冤家"的陈旧思想影响，在教学中只顾自身利益，忽略大局，以不合理的竞争手段提高自己的声誉和教学成果。比如，在教育水平不太发达的中小城镇的中学校园，因为音乐、美术、体育这类的小学科升学考试不考，这类的课堂常常被所谓的"主科"无偿霸占，而这些小学科的任课教师也会被语文、数学、外语等这些学科的老师轻视，长此以往，学校的教学体系很容易向应试教育的错误方向发展，不利于整体教育事业的全面、健康发展。

另外，还有一些教师过于自以为是，盲目的以自我为中心。在学校中，我们不难发现有这样一些教师，他们存在着过于浓厚的自我中心观念，认为自己的学科是最重要的，自己的学生是最出色的，自己的教学效果是最好的，他们只要集体照顾，否则就感到委屈、受不了，不讲集体纪律，不与同事沟通，对其他教师漠不关心，甚至相互贬低，看到别的教师的才能、荣誉、境遇等方面比自己强时，就心生妒忌，并贬低、诋毁别的教师，以此来抬高自己。而且，很多教师在工作中也都有过如下的经历：被人无端指责、代人受过，自己的工作成果成了他人的成果，同事对自己不屑一顾、或被人背后诋毁，工作上的困难得不到同事的帮助和指导等。

**集体荣誉感缺乏**

教师与教师沟通过程中存在的另一个突出问题是一些教师缺乏整体荣誉感，大家没有共同的而奋斗目标，而是各自为了自己的小利益而奋斗，却丝毫不为大局着想。相反一些有共同利益的教师彼此形成局部的利益集团，拉帮结伙，大搞帮派活动。各个小帮派为了维护自己的利益，对于那些不属于自己帮派的教师排斥、抵制甚至常常进行无端诋毁、相互拆台等现象。在农村的中小学，由于大部分教师是本地人，因而在教师队伍中就不可避免地存在一些亲戚、家族、同学、师生等关系，形成错综复杂的利益集团。这些不同的利益集团彼此明争暗斗，彼此拆台，增加了教师集体的内耗，疏远了教师的人际联系。

**不公平竞争现象出现**

随着社会的进步和教育体制改革，现在许多学校实行聘任制、末位淘汰制等制度，教师这一职业不再是传说中的"铁饭碗"，这给教师很大的压力，表面上一团和气的校园，渐渐出现了不公平竞争的现象。比如，一些刚入职的年轻教师常常遇到这样的尴尬：为了本着公平的原则，在批改学生的试卷时秉承实事求是，只要学生答出了答案要点就会按照评分规则给分，而不会因为这是其他班级的学生而可以压制分数，也不会因为是自己教的学生而有丝毫含糊。而一些教学经验比较丰富的老师恰恰相反，相应地提高自己学生的分数，压低其他学生的成绩。这样一来，一些教师在学期的教师评比中，往往不会拿到太好的成绩，从而影响了自己在领导眼中的形象，甚至因此丢掉工作。

当然，教师职业人群之间远远不止以上列举的问题。作为传承教育、传递思想、传道授业的光荣职业人群，我们应该乐于、善于发现问题、提高自身，有则改之，无则加勉这句话不光适合于我们的学生，同样也适合于我们的职业生涯。只有努力提高自我素养，才是真正的对教育事业、对教师这个职业、对我们自己负责。

## 教师与教师沟通问题产生的原因

任何事情都不可能空穴来风，同样，教师与教师沟通过程中产生问题，也有其内在和外部的各种原因，一下针对教师沟通问题产生的原因做简单介绍。

首先，教师的观念性差异。由于教师这一群体成员众多、分布面积广，教师个体由于不同的家庭出身、不同的学习生活经历、不同的社会地位等原因，教师与教师形成各异的思考问题与认识问题的方式与能力，时间的积累必然形成个体人生观、价值观上的差异。然而在错综复杂的交往中，由于彼此问价值观和利益不能协调一致，则常会存在着多种形式的分歧或对立，从而会导致冲突的发生；另外，教师的个体目标也存在一定的差异。如，有的教师以教育为目标，认为只要实现了教育教书育人的功效，就可以达到自我实现。而有的教师则侧重于顾全他人利益，认为教书育人只是赚钱的一种手段，是享受生活的保障，成绩的提高也是为了拿到更高的奖金等等，这种目标的差异性，也往往会导致教师间沟通的不畅。

其次，教师间的相互依赖。教师与教师之间的依赖属于间接依赖，是通过第三方的作用才产生的依赖关系，如双方共同依赖于有限的教育资源、某一特定的共同目标等，彼此之间不存在相对的权力关系。学校教育资源的缺乏是现代教育的一大特点，而作为教师，教学、科研或生活等目标的实现必须依赖这些有限的共享资源。而这些资源在每个教师之间并不是进行平均分配的，这就必然引起他们对这些有限资源的竞争与争夺，从而引发不同程度的冲突。

再次，对教师的角色期望不同。教师充当多重角色：对个体而言是职业；对社会而言是教育者；对学校来说是受雇佣者；对校领导来说是下级；对其他老师来说是同事；对学生来说则是知识的权威。当这些期望的教师角色与实然状态下的教师角色不相一致时，各种关系之间就很容易产生冲突、矛盾。所谓教师角色期望是指在学校、学生、教师以及行政管理人员等对一个有指定角色的教师在一个特定条件下的行为方式的定义。在学校里师生之间、教师之间以及教师与行政管理人员之间经常会出现这种因角色期望所导致的矛盾冲突。

最后，学校的管理机制不完善。目前，我国大多数的学校沟通机制还处于原始的自发式、封闭式沟通，学校为教师创造的沟通机会少之又少，教师间的矛盾产生后，往往缺乏行之有效的疏通机制。这些都会产生教师与教师沟通的障碍，教师间缺少共同奋斗的目标，没有团结一致的凝聚力，散漫和各行其是的状态不利于教师之间发展健康、和谐的人际关系，也不利于学校自身的发展。因此建立健全良好有效的沟通机制是学校的一项重要职责。

# / 教师与教师沟通的艺术和技巧 /

## 教师与教师沟通的方式 /

### 面对面谈话式沟通

面对面谈话毫无疑问是最直接、最及时也是最常见的沟通途径。人与人、面对面的沟通，即是将自己的意愿传递给别人，亦或是理解别人传递给自己的意愿的一个过程。简而言之，沟通即"表达""疏通"。

教师与教师之间表达的表现为开会、谈判、谈话、拜访、约见等，侧重于主观能动性的传递出自己所需要表述的一切，例如：各教学组定期的学术交流活动、教师的思想工作汇报、教师间的磨课、领导与教员之间的谈话等；疏通则是对存在或者可能存在的问题所应采取的措施的表述，有一定的被动性，是一个接收、理解对方传递意愿的过程，例如：学校的全员大会、模拟课堂等。

面对面谈话式沟通在教师与教师沟通过程中是非常常见和适用的。如前面提及的一些"主科"教师盲目的以自我为中心，认为自己所教的学科是考试的重点科目，其他都是次要，于是"习惯霸占"其他"小科目"的课堂。此时，被霸占课堂的教师就要勇于"反抗"，直面这种不合理的思想，不要碍于面子忍气吞声，要选择直观而有效的面对面谈话，说明素质教育的全面性以及音体美这些学科开展的必要性等，这样才能有效的遏制"霸课"风气的形成和扩散。

面面相对的沟通，毫无疑问的也是最容易产生沟通障碍的方式，因为面面相对，亦或是众目睽睽的环境，所造成的沟通氛围，一旦遇到沟通障碍，亦或是意见冲突，甚至是理解误差，都会让沟通陷入僵局，甚至站在双方最直接的对立面上。所以，在教师与教师互相沟通时，我们应该注重自己所要表达的意愿以及表达时的态度，在面临一些不确定因素时，可以进行试探性对话，或是委婉表达自己的意愿，同时不管是表述还是聆听，我们尽可能的站在对方的角度，这样有助于保持沟通的顺畅，避免陷入僵局。

当然，对于不善于表述或者聆听的教师来说，要立即进行角色转换，意识到沟通障碍之后要立即解决时有一定的难度，但这不是阻止或者禁止我们互相沟通的理由。有鉴于此的教师，更应该严肃、认真地要求自己，掌握沟通策略和技巧的学问，提高沟通能力(表达、演讲、倾听，反馈)。

### 文字形式的沟通

沟通无处不在，除了最为常见的面对面沟通之外，书信、便签、报告等"文字形式"

的沟通, 也是教师与教师沟通的一个重要手段, 文字是书面语言中的一种, 它能表达当面难于启齿的心里话, 也可以缓解因为面面相对、众目睽睽下的尴尬与紧张气氛, 在清晰明确的表达出自己的意愿、态度的同时, 还留给对方足够的空间和时间梳理、理解。

在教师与教师沟通过程中, 在适当的时机, 使用文字形式的沟通能达到意想不到的效果。矛盾在任何人群中不可避免, 却少有人主动化解, 在教师群体中, 矛盾同样存在。当矛盾激化到一定程度, 或者矛盾某方性格偏内向, 不太善于交流和表达的时候, 文字沟通往往更有效, 用心写的一封信、发自肺腑的email、甚至一个小小的便利贴加一句简单的问候都可以触动心灵的深处, 这是化解矛盾的前提和有力保障。

文字技巧是语言的游戏规则。它来自于实践, 具有深刻和广袤的心理学根源和科学性。而沟通的目的是达成共识, 因此文字表达既要运用技巧, 又要自然, 使之成为可行而且感人、不仅具有科学性也具有艺术性、不仅有真也有美同时还能够为人所能接受认同——所以说: 文字形式的沟通, 可以有效的避免唐突直接。

### 电话及网络沟通

在通讯科技尤为发达的今天, 电话以及网络已经成为我们生活中必不可少的一部分, 当然也是适用于教师这个职业人群的沟通途径。

电话与网络沟通的优势在于, 具备面对面沟通的及时性, 又具备文字形式沟通时不需要直接面对的氛围, 使得双方有充足的空间 (时间) 在出现沟通障碍时得以缓解气氛。这种沟通途径具备随时随地的性质, 但是仍旧要求沟通双方具备良好的沟通能力, 既要有面谈时的清晰明了, 又要兼具文字沟通的技巧。

无论何种方式的沟通, 都是为了达到意识的传递、理解并且认同, 都是为了解决某种存在或者可能存在的问题。而不管是生活中还是课堂上, 沟通都是无所不在并且无时无刻都需要我们认真对待的, 何况我们的教育事业, 本身就是一种传承思想与文化的表达、传递过程, 掌握必要的沟通技能、技巧、策略, 是我们作为教师必不可少的基本能力和素养。

## 重视人际交往中的心理学效应 ／

### 首因效应

首因效应指人们初次交往接触时各自对交往对象的直觉观察和归因判断, 在这种交往情景下, 对他人所形成的印象就称为第一印象或最初印象。首因效应对人的印象的形成起着决定性的作用。初次见面, 人们往往会根据对方的表情、体态、仪表、服

装、谈吐、礼节等等，形成对方给自己的第一印象。

由于首因效应的存在，第一印象在人际交往中的具有重要作用，因此新教师应该重视与人交往时留给他人的第一印象。为了塑造良好的第一印象，首先应该注意仪表，衣服要整洁，服饰搭配要和谐得体；其次应注意自己的言谈举止，锻炼和提高自己交谈技巧，掌握适当的社交礼仪。

### 近因效应

近因效应，是指在多种刺激依次出现的时候，印象的形成主要取决于后来出现的刺激，即交往过程中，我们对他人最近、最新的认识占了主体地位，掩盖了以往形成的对他人的评价，因此，也称为"新颖效应"。

多年不见的朋友，在自己的脑海中的印象最深的，其实就是临别时的情景；一个朋友总是让你生气，可是谈起生气的原因，大概只能说上两三条，这也是一种近因效应的表现。因此，在教师与教师的沟通过程中，要充分利用近因效应，对于那些过去有矛盾或闹过不愉快的同事，要多回想一下曾经的种种，不要只将记忆停留在最后的矛盾中，这样只能使事情越来越糟。相反，用以包容、厚德的态度坦然面对一切，展现自己友善的一面，相信终有冰释前嫌的一刻。

### 刻板效应

商人常被认为奸诈，有"无奸不商"之说；教授常常被认为是白发苍苍、文质彬彬的老人；江南一代的人往往被认为是聪明伶俐、随机应变的；北方人则被认为是性情豪爽、胆大正直的……人们在认识和判断他人时，并不是把个体作孤立的对象来认识，而总是把他看成是某一类人中的一员，使得他既有个性又有共性，很容易认为他具有某一类所有的品质。因而当人们把人笼统地划为固定、概括的类型来加以认识时，刻板印象就形成了。刻板印象的积极作用在于它简化了人们的认识过程。因为当人们知道他人的一些信息时，常根据该人所属的人群特征来推测他所有的其他典型特征。这样虽然不能形成他人的正确印象，但在一定程度上可以帮助人们简化认识过程。但刻板效应更多地带来的是负面效应。如种族偏见、民族偏见、性别偏见等。它常使人以点代面，凝固地看人，容易产生判断上的偏差和认识上的错觉。

教育者是教师所扮演的最基本的角色。人们从小学开始就为老师塑造了"蜡烛"、"人梯"、"蜜蜂"等平凡而伟大的形象，这都集中描述了教师的人格品质，学生以及社会对教师的这种高期望，形成了对教师的刻板印象。但这种道德形象的塑造与教师作为社会人的现实存在很大的距离，它忽视了教师的社会性，教师首先扮演的是一个社会人的角色，其次才是教师角色，他们也有物质生活的需求，更具有维护私利的一面。所以，教师与教师沟通过程中，要尽量避免刻板印象的干扰，从实际情况出发，发现每一位教师独到的特点和可取之处。世界上没有两片完全相同的叶子，同样，也不可能找到两个完全相同的人，所谓某一职业给社会的印象，只是这一类人的共性，而非每个人的特性，只有发现了每个人的个性所在，才能使沟通更加真诚，也更容易达到预期的效果。

### 晕轮效应

美国心理学家戴恩·伯恩斯坦曾经做过一项实验，给参加实验的人一些人物相片，这些相片被分为有魅力、无魅力和一般魅力三种，让实验者评定几项与外表无关的特征，如婚姻、职业状况、社会和职业上的幸福等。结果，几乎在所有特征上，有魅力的人都得到最高的评价，仅仅因为长得漂亮，就被认为具有所有积极肯定的品质。这就是晕轮效应。

教师与教师的沟通，同样应避免晕轮效应作祟，在评价他人时，切忌出现"以偏概全"、"爱屋及乌"的错误，不要从或好或坏的局部印象出发，扩散出全部好或全部坏的整体印象。"旁观者清，当局者迷"，要善于倾听和接受他人的意见，防备晕轮效应的副作用。同时也可以利用晕轮效应的影响增加自身的吸引力。与人沟通时，可以采用先入为主的策略，让对方了解自身的优势，以获得以肯定积极为主的评价。

### 定势效应

有一个农夫丢失了一把斧头，怀疑是邻居的儿子偷盗，于是观察他走路的样子，脸上的表情，感到他的言行举止没有一点不像偷斧头的贼。后来农夫在深山里找到了丢失的斧头，他再看邻居的儿子，竟觉得对方的言行举止中没有一点偷斧头的模样了。这则故事描述了农夫在心理定势作用下的心理活动过程。所谓心理定势是指人们在认知活动中用"老眼光"——已有的知识经验来看待当前的问题的一种心理反应倾向，也叫思维定势或心向。

在教师与教师的交往中，定势效应表现在人们用一种固定化了的人物形象去认知他人。例如：我们会认为诚实的人始终不会说谎；而一旦我们认为某个人老奸巨猾，即使他对你表示好感，你也会认为这是"黄鼠狼给鸡拜年没安好心"。心理定势效应常常会导致偏见和成见，阻碍我们正确地认知他人。所以我们要"士别三日，当刮目相看"他人呀！不要一味地用老眼光来看人处事。

### 投射效应

古代一位喜欢吃芹菜的人，总以为别人也像他一样喜欢吃芹菜。于是一到公众场合就向别人热情地推荐芹菜，成为一个众所周知的笑话。但是生活中每个人都免不了犯类似的错误。"以己度人"，心理学上称之为投射效应，即在人际认知过程中，人们常常假设他人与自己具有相同的属性、爱好或倾向等，常常认为别人理所当然地知道自己心中的想法。"以小人之心度君子之腹"就是一种典型的投射效应。当别人的行为与我们不同时，我们习惯用自己的标准去衡量别人的行为，认为别人的行为违反常规；喜欢嫉妒的人常常将别人行为的动机归纳为嫉妒，如果别人对他稍不恭敬，他便觉得别人在嫉妒自己。

为了克服投射效应的消极作用，教师与教师沟通过程中应该正确地认识自己和他人，做到严于律己，客观待人，尽量避免以自己的标准去判断他人。对方并非如我们所想象，只有尝试了才会知道。

通过上述描述我们可以看出，高效的沟通不光局限于自我要求，还对自我判断、自我心理素质有着严格要求，人云亦云、轻浮武断毫无疑问是造成沟通障碍的要因，而这些因素的产生，很可能就是因为我们自身的某种心理原因。所以说，保持良好的心理素质，同样有助于沟通的顺畅。

## 教师与教师沟通的策略和技巧 /

在人与人的互相沟通中，往往容易因为或这或那的原因导致沟通不畅，比如表达有问题，倾听领会的能力较差，解决的方法不当等等。那么，我们要如何避免出现沟通障碍？什么才是有效有技巧的沟通？教师与教师沟通过程中，我们应该注重一些什么呢？

### 学会倾听

霍布斯曾经说过："倾听对方的任何一种意见或议论就是尊重，因为这说明我们认为对方有卓见、口才和聪明机智，反之，打瞌睡、走开或乱扯就是轻视。"懂得倾听的人才会获得朋友，因为你分担了她的烦恼；懂得倾听的人才能够在听的过程中摸清大意，从他人言语中得到一个人内心的意图，才能想合适的办法应对不同的人，不同的事，无论是善意还是恶意；倾听，也意味着慎言，避免流言，不伤害自己，也不伤害他人；认真倾听他人言语，代表你对他人的尊重，同时你也赢得了别人的尊重；懂得倾听，才能让你更深刻的了解他人，也了解了你自己，客观地辩证地看待自己，你才能取他人之长，去自己之短。

教师与教师高效的沟通是以倾听为前提的，学会了倾听，就给彼此一个深入了解的机会，使得大家更加了解。这样才有可能在工作的协作之余有生活上主动关心的动力和契机，发展进一步的朋友关系，有助于建立和谐的人际交往。

### 注重表达方式

语言是沟通的工具，是重要的交往媒介，但必须通过一定的表达方式才能产生效应。常言说："良言一句三冬暖，恶语伤人六月寒"，一种态度、一个词语都可能造成沟通障碍。相信这样的情况，我们在生活中，或者在职场中都有遇到过，至少也在电视剧、电影中看到过某个夸夸其谈、尖酸刻薄的角色，我们可以尝试回味一下如此状态下的心理反应，就可以很直接的感受到良言与恶语各自的魅力。所以说，沟通之时，态度、方法是首先需要注重的因素。

教师与教师沟通过程中，要注重运用合理的表达方式。教师与教师属同事关系，在工作中相互协助，生活中相互关怀，不存在阶级、等级、贵贱、主次之分。因此，在沟通过程中，要秉承着大家平等、目标一致的原则展开，摆正态度，方能论成败。通过口头语言和肢体语言表达那些礼貌的行为、温和的话语、亲切的称谓，和谐、自然的声调，犹如天上的甘露，滋润着心田，给人以温暖、信心和力量，表达着对人的关怀、尊重和同情，这样就可以缩短人们心理的距离，解除多年的积怨。相反，使亲朋远离，同事别去。说假话、大话、空话会给人增添厌恶之感，更会增大人们的心理距离。

### 学会阐述自己所要表达的意图

沟通如同做事，条理清晰、层次分明毫无疑问会给人非同一般的感受。而事实上，不管是教师这个职业人群，还是其他行业的从业人群，在互相沟通的过程中，当一个人表达不好或不会表达，也就是说把自己的思想、想法不能够清晰地向同事、上司、或下属表达的时候，实际上沟通的障碍已经产生，因为他对于自己所要表述的意图都不能够清晰明确地传递出来，何以让别人能够理解他要表达什么？

在教师与教师的沟通过程中，由于说话意图不明导致的矛盾也不在少数。例如，在一次公开课上，一位听课教师认为讲课教师在某一知识点的讲解方面可以使用更好的技巧。于是在课后评课过程中坦率指出，但由于之前并没有充分的准备，思路也不是很清晰，结果，本应很有价值的评课发言演变为这样的话："你牛吃草这个应用题讲得不好，没有技巧性，像你这样讲学生根本无法理解，你的讲法完全混乱了题目的考察初衷，不给学生讲清楚题目的本质，等题目换个说法，即使同类型的题目学生还

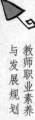

是不会做……"如此云云，台上的教师被批得无地自容，台下的教师面面相觑，他却始终没有指明到底应该如何讲解，不得不让人怀疑他的企图和真正用意，矛盾产生也自然是意料中的事。所以，不管是长篇大论的研讨会议，还是短暂犀利的发言，亦或是互相之间的经验传递、技巧分享，对于他所要表述的一切，善于表达的人总会在考虑周围环境、时间等因素的前提下，在自己脑子里归纳所要表述传递的一切，这样保证在规定时间内表达清楚，他人也能够听得清楚明白。

教师与教师沟通中如何合理表达自己的意图呢？要注意以下几点：

首先，沟通之前注意归纳自己的表达意图。不管是面对面沟通、文字沟通还是电话沟通之前，对于所要沟通的事件要进行合理地归纳，哪些事是主要的，哪些事是必须说明的，哪些事是需要反复强调的等，这些在自己意识中都要有明确的定位；其次，在非正式沟通中应尽量避免使用学科专业术语。由于教师行业的特殊性，各学科教师来自于不同的地域，接受过不同的教育，钻研不同的门类，讲授不同的学科，所以，在教师与教师沟通过程中，除了专业的学术交流活动，要尽量避免使用学科的专业术语，以免给对方造成理解障碍，使自己的阐述不够充分；最后，给别人留有思考、交流的时间。每说完一段话或一件事情后，试着询问一下对方是否明白，或者进行简单的停顿，便于对方思考，也使自己的意愿得以最明确的传递。

### 试探性说法：投石问路

震惊世界的"911"事件后，布什发表了一则声明来试探世界各国的反应和态度。第一个站出来的是俄罗斯，然后是英国、法国、中国等，先后表达了自己的立场。这样美国就全面了解了世界的想法，为下一步的行动打下了基础，这就是投石问路的试探性说法，同样适用于我们在某些不确定环境下，相互沟通所需要的谈话技巧。很多时候，沟通谈话不是要表明什么观点，而是要表明自己的态度，或者试探别人的态度。

在教师与教师沟通过程中，要善于利用投石问路法。说话时需要注重一定的技巧，在不能确定对方的态度之前，在不能确定对方是否能接受自己所要表达的一切之前，应该进行浅尝辄止的试探性说法，这样可以保证有效的传递或者理解某种意图，而不会产生盲目直入主题而造成意想不到的意见冲突，把对方逼到对立层面。最简单的投石问路法即为语言技巧，注意在说话时加一些试探性的问题，如"您觉得这个问题这样处理妥当吗？""假如……""或许应该……"等，这些不确定的词语不仅可以表明自己的态度，还可以试探对方的反应，如果对方表示没有歧义，那么，双方即可达成共识；如果对方心存疑虑，要视情况探听他的想法或者做进一步解释说明，以说服对方。

### 因人而异的沟通方式

有经验的人都知道,针对不同的对象、不同的事情、在不同的时机,说话的方式不一样。首先,要明确对方的兴趣所在,找到合适的话题切入点。比如,你沟通的对象是一个音乐老师,那么在谈话过程中,你可以尝试以音乐话题入手,赢得对方的认同感,为接下来的正式话题铺路搭桥,营造一个良好的沟通氛围。而如果你要对一只猫一只狗说音乐,以谋求它能按照你的意愿做出回应,毫无疑问,这和"对牛弹琴"的结果别无二致。所谓不同的人说不同的话,即见人说人话,见鬼说鬼话,不人不鬼说胡话,就是这个意思。

另外,教师在沟通过程中还要注意个人的性格特点。恩格斯曾说:"人的性格不仅表现在做什么,而且表现在怎么做。做什么说明一个人在追求什么,拒绝什么,反映了人对现实的态度,怎么做说明人是怎么追求的,反映了人对现实的行为方式。"。有学者将性格从心理素质维度进行划分,分为A、B、C性格,特点如下,A型性格的人:争强好胜,说话声音响亮,走路急促,常有时间紧迫感,心胸狭窄,并具有泛化式敌意心理,往往树敌太多,性格急躁动辄发火,没有耐心,求胜心切,追求成就,有很强的事业心,动作敏捷,时间观念强,情绪容易波动,对人有戒心,缺少运动。对于A型性格的人,我们在沟通过程中要小心谨慎,要尽量避免一切有歧义的话语,说明问题时也要婉转,要充分考虑其心理承受能力和接受的限度,切忌用你的脾气来挑战他的忍耐极限;B型性格者相反:心胸开朗,与人为善。性情随和,不喜欢与人争斗,生活方式悠闲自在,不争名利,对成败得失看得较淡,不太在意成就的大小,对工作生活较容易满足,工作生活从容不迫,有条有理,时间观念不强。B型性格的人是比较普遍的,大约占人群的80%,同时,这也是教师应具备的性格品质。与他们的沟通也是比较容易和随意的,为了避免话语的乏味,可以偶尔夹杂一些小幽默,制造一下"题外音"这样不仅可以清楚的交代事情,也使得气氛轻松、融洽;C型性格者主要表现为内向、缄默和抑郁,多愁善感,情绪压抑,性格内向,常常克制自己的情绪。与C型性格的人沟通,需更加严谨甚微,因为你不知道哪个一不留神就会触及他心灵的痛处,而他本身又不善于表达和发泄,这样常常会使谈话陷入沉默和压抑的僵局。所以在与C型性格的人沟通时,要随时注意他的心理变化,三思而后言。

很多沟通技巧都要综合运用,因为每个人的背景不同、经验不同、从业经历不同,对沟通技巧的体会和掌握也不同,这个时候,我们就需要对沟通的对象有一定的了解,从而找到切入点,进行有效的沟通:有人生性幽默,我们不妨跟着轻松诙谐一把,表明自己的意愿就好;有人严肃踏实,我们不妨认真严谨一些,传递自己的意图即

可。沟通技巧是实践经验的总结，需要一辈子去学习、体验、训练。

**技巧性的婉转沟通**

毫无疑问，人与人之间的沟通，不一定会非常顺利，即便是擅长此道者，也不可能万无一失，不会出现任何冷场、尴尬甚至意见相左的时候，这个时候，为使沟通对象避免出现尴尬甚至不愉快的局面，语言表达言词要妥当或出语不要过直，要善于运用婉言。所谓婉言，即从善意出发，对不同观点的人和事物作出平和而不产生刺激效果的评述。沟通中所有非原则性问题，都可以用婉言表达；沟通中若出现意见相左，可以用婉言表达以缓解冲突，避免双方站在最直接的对立层面；沟通中若出现理解误差，可以婉言提醒，以避免"误入歧途"……总之，当互相沟通出现阻碍，亦或是不能明确表达时，我们不妨尝试委婉一点的表达方式，可免除怨怒，促进尊重，能够营造友好气氛和良好环境。

以下为几中常见的婉转沟通技巧在教师与教师沟通中的运用：

**回避焦点法** 当您要回答好与坏时，您可以避开正面回答，而以侧面婉转说出您的意见。例如：当一位教师询问另一位教师的工资报酬时，如果你不愿正面回答，可以借故说明一下教师的平均工资水平，一言而带过，相信任何一个人听了以上回答后都不会再继续追问。这样既避免了不回答的尴尬，又不至于出卖自己的隐私，何乐而不为呢。

**褒贬倒置法** 把批评性的话以表扬长处的形式表达出来。例如：在日常的评课过程中，要多表扬其他教师的长处，对于那些不足之处，给予适当的忽略，不提即代表不完美。

**模糊主见法** 对于非原则性问题，当自己意见与他人不同时，可以含糊其辞一带而过。比如：一些教师习惯性在课下讨论其他教师的私人生活，对于此类问题，没必要明确摆明自己的态度，可尽量避免。

**扬长避短法** 闲谈之中，对周围的人宜褒扬莫贬低。在教师与教师沟通过程中，难免要涉及一些其他同事，此时，一定要多说好话，不要满口他人的缺点，以免让对方怀疑你在其他人面前会不会也同样说自己坏话呢，这会严重影响你的个人形象和沟通的效度。

**求同存异法** 在教师与教师沟通过程中，歧义是难免的，人群中有不同的论调，才有助于整体的提高。而此时多找共同点，以期尽可能多些共鸣才是明智的选择，同时也适当保留自己的不同意见，使人际间关系既亲切又有发展的余地。

**转换生成法** 在明显相悖的观点、意见与气氛中，设身处地理解、谅解对方，由事实负效应转变为婉言正效应。

**自我批评法**　高姿态,由自我批评进而达到相互谅解。例如:在某项集体活动中,你本来表现得很好,但却谦逊的说明自己的不足,而这些不足恰恰是在其他人身上体现的尤为明显,这样,既不有伤和气,又可以达到惊醒他人的目的,未尝不是一个好办法。

**婉言期待法**　对方的现状也许不能令人满意,于是婉言说出你的向往与期待,鼓励对方共同努力,争取达到理想境界。"我认为这样做会更好一些"、"虽然我们取得了很好的成绩,但如果接下来的时间里我们……相信会有更大的进步"等。

沟通无处不在,沟通技巧同样无处不在,同样的沟通技巧并非定性固定模式,因人而异,因事而异,因环境而异,在进行沟通之前,我们需要对沟通的过程、环节、内容以及对象有一定的认知、了解,再采取合适的方式进行,这样才可以避免各种不必要的沟通障碍。

# / 教师与教师沟通的案例及解析 /

[案例1]

### 夏莲婷的改变

夏莲婷,原本是我们三年级一位美丽大方的小美女,她活泼、聪明、爱美、要强。可是在一次偶然的家庭事故中她没有按时完成老师布置的作业。因此老师很生气,也很失望,因为她是一位不该不完成作业的好学生,其中一位老师严厉地批评了她,并且面对全班同学。

就这样,夏莲婷同学就像经受了莫大的屈辱,作业每每拖拉,不是晚交就是不交,有时干脆不带到学校或是干脆不做。无论老师怎么批评、着急、上火,就是不能按时完成作业,刚开始时只是一科,后来就是几科,再后来是什么作业也是只有开头没有结束。针对这种情况,老师的教育丝毫不起作用。理由不是不会就是没时间,科任教师也没辙了。作为班主任的我每次问她,不是忘记写了,就是写完了没带来。一开始我也没怎么奇怪,一个班60多人有一个两个完不成作业的,也不算什么,相信在自己的批评教育下会改正过来的。可事情并没有我想象的那么简单,屈指算来,我接过这个班已有近两个月了,不管怎么批评教育,夏莲婷同学没有认认真真完成过一次作业,偶尔做完一次也是了了草草,应付了事。我意识到事情的严重性,想想就近一段时间,以往的办法都试过了,可对她来说没起任何作用。起初我批评鼓励她、诱导她、感染她,她根本不予理睬,好像根本就不是对她说的,她只不过是一位忠实的听众,是一位毫不相干的旁观者,那真是"刀枪不入"。不管你用什么苦心妙策,我自有一定之规。

145

考虑再三，我便走访了家庭，找到家长细致地了解夏莲婷同学前一阶段放学后在家的表现，以及回家后的语言和行为有怎样的变化等。跟家长的谈话时我顿开茅塞，如拨云见晴日，方明端倪。

最初我没有直接找她谈话，而是采取了最笨的办法。等老师们布置了作业，我就像家长一样陪着她写作业，一天，两天过去了，她就开始想办法逃避，找借口逃避，她认为是老师在监视她，于是干脆不做，跟我熬时间，并且抬起头望着我的脸做起鬼脸来。我停止办公，也对着她做了个很开心的同样的鬼脸，我们互相很开心地笑了。我认为时机已经成熟，于是，我们师徒二人便拉起了家常。

"累了吧！"我讨好似的说。

没有回答，只是几秒钟的沉默。

"你爸妈身体可好吧！"

又是几秒钟的沉默，但他却低下了头。

"他们特关心你吧？因为你太可爱了。老师也特喜欢你，你同意吗？"我几乎一字一顿地用父亲的口吻说。

她还是没有说话，紧低着头，可我看到的是她面前的作业本上迅速增多的泪滴。

"不舒服吗？"我没有直接揭穿其中的谜底，"好！今天就到这儿。"

我接着说："老师相信你是一位自尊自强的好孩子，你有能力做好一切的，你会做给老师和同学们看，证明自己的，爸妈也希望你成为生活的强者。"

她一边哽咽着一边收拾着学习用品，然后深深地鞠了一个躬，并说："老师，谢谢您！我都懂了。"

我们的学生"懂了"道理，这，不能不提醒我们，作为老师，我们在布置作业的时候有没有考虑到学生的承受能力？有没有考虑到学生的休息时间？过多的作业，各顾各的一股脑的强加于学生幼小稚嫩的身上，他们将如何的承受？又如何的应付？他们只有消极怠学，机械重复。毫无疑义，我们实施的是机械制造，绝不是育人之道。学生智力的开发，人才潜能的挖掘将如何实施，为国家培养跨世纪的全能型人才又从何谈起？

于是，我便召集三年级所有任课教师商量，压缩布置作业的数量，增加作业的趣味性和思考难度，从开发智力、引导思考、挖掘潜能，增加趣味性，提高学生兴趣的角度出发。

自此以后，各位任课教师在布置作业的时候总是共同商量，互相沟通，适量定时布置作业。

夏莲婷同学又恢复了以往的活力，上课专心致志听讲，课后还认真辅导帮助学习基础差的同学，所做作业不但认真清晰一丝不苟，而且方式多变，独出心裁，举一反三，解答灵活。经过一个学期的开放型学习，她的各科学习成绩达到了全优，并且是以前没有过的。

案例来源：http://hi.baidu.com/peijiuhua/blog/item/1041ce1ec3c0b0c1a7866940.html

案例分析：

阅读以上案例，我们可以发现，案例中的教师可以说是一位非常成功的教育工作者。他及时的发现学生的问题，对学生进行耐心的疏导、教育，使学生学习中出现的问题得以解决。同时，他又从问题的根源出发，与各学科教师进行沟通，减轻了学生课业负担的，提高了学生的学习兴趣，达到了最佳的育人效果。

且不论这位教师与学生沟通的技巧如何高明，单凭其积极与其他教师沟通的意识就是值得大家学习的。教师与教师沟通在教育工作中是一个不可或缺的重要环节，教师与教师的沟通可以推动教育改革的顺利进行，提高教育的整体水平，避免教师工作冗余，减轻工作负担，同时有助于教师的个人成长。可见，教师与教师的沟通具有不可替代的作用。

现在的学校全部实行分科教学，即不同的学科教学由不同的教师担任，这样使得我们的课堂更加专业化的同时，也带来了相应的弊端：各科教师布置的作业量很少相互沟通，甚至各自为政互不相让，唯恐自己所教学科的作业量少于他人，将会导致学生学不好自己所教的学科。当然，这些教师的出发点是好的，都想让自己的学生多学点知识，把知识学到家，记忆的更牢固。这样一来，自然就超出了学生的承受能力。更有甚者有些教师布置重复性作业，既无趣味性又无思考价值，自然也就加重了学生的课业负担，从而引发了学生讨厌写作业，为了完成作业不惜说谎，让别人替写，甚至干脆不做，等到了学校任凭老师怎么处罚。长此以往，甚至有的学生形成了恶性循环，学习成绩一落千丈。

其实，这个问题并不难解决，只要教师在进行合理的沟通，适量的布置作业量，自然不会出现以上的尴尬问题。事实证明，通过各学科教师的沟通，学生的课业负担得以减轻，这不但没有降低教学质量和教学效果，而且提高了学生的学习兴趣，拓宽了学生的学习面，扩展了学生学习文化知识的视野和掌握知识的灵活性，最大限度的开发了学生的智力挖掘学生的潜能，已达到最佳育人效果。

[案例2]

## 有效沟通，消除误解

快下班了，我还是忙着老师们的工资，隐约听到隔壁办公室传来"杨老师，兴趣班也不征求我们的意见的，其实我真的不想带兴趣班……其实我很听话的，她好像什么活都让我做，有时有一点点问题还很严肃地批评我……再这样下去，我下学期不要干了……"原来是对我有意见呢！

真是冤枉，我哪有对她态度很差呀，我只不过是对她没有按照我的要求去做，给她指出，让她以后做得更好些、更细心些而已嘛！比如有时她资料上交不及时，带班时间到办公室去了……，这些都是作为一个年轻教师容易出现的问题，作为管理层，难道不应该严肃地指出来吗？

回想她平时跟我的交流，我还是认为她是上进的，最起码骨子里有一种不服输的心态，这也说明她还是能引导好的，还是可塑之才。带着这份冲动的心理，我认为我有必要跟她沟通，一来解除她心理的疙瘩，另一方面从意识上，要让她明确，工作中的失误必须引起重视，有问题只要改进，总会做好的。

我拨通电话，电话里的她说话很生硬的，分明对我有很大的成见。我还是开门见山地告诉她，我打电话的来意。她也很直接，跟我摊了一些她的看法：一是她觉得我的态度有些严厉；二是她觉得她很尽力，为什么还要批评她，而别人同样出现类似问题，我又有不一样的态度；三是别的老师说她太好说话，才造成我什么事情都让她干……诸多原因，造成她最近心情也不好，所以觉得没法带兴趣班。

我给她的回复：首先我对她的工作态度是肯定的，但对她同样寄予很高的期望，因为她是园长和我认可的老师。正因为如此，所以对她要求也是不折不扣的。关于兴趣班的安排，之前没有跟我们沟通她的思想，再说一般兴趣班一学年肯定要带完整的。同时，我跟她沟通了我想带兴趣班的想法：我一直认为，带兴趣班可以提高自己，积累经验，这是资本。所以，我希望她继续坚持。

最后，我强调的一点是：我肯定她的工作态度，但对她的工作中的不足，我还是要提出来的。如果她是上进的，她应该能理解我的用心良苦。

近40分钟的沟通之后，她也渐渐消除了对我的埋怨，也认可了我的态度。就这样，电话沟通结束了。

案例来源：http://www.usors.cn/blog/yangry/myessaydetail.asp?id=133476

案例分析：

以上案例为一位管理层教师与普通带班教师的沟通记录，从沟通的过程我们不难发现，这位管理层的教师掌握了有效的管理技能与一定的沟通技巧，这是一次较为成功的沟通。

首先，选择了合理的沟通方式。之前我们介绍了教师与教师沟通的主要方式，即：面对面谈话式沟通、文字形式的交流沟通、电话及网络沟通，三种沟通方式各有其利弊。在本案例中，管理层的教师选择了电话沟通方式，既避免了面对面沟通的尴尬，使沟通双方始终保持平等地位，又避免了文字形式沟通可能带来对事情的曲解，确保的解决问题的及时性、有效性。

其次，解决了目前的主要矛盾。阅读案例我们可以发现，通过40分钟的电话沟通，两位教师的误解得以消除，带班教师从开始的埋怨、不满，到最后的理解、赞同，这一系列态度的转变，得力于管理层教师的适时、适当的沟通，二人将所有的矛盾摊开，开诚布公的说明缘由，有了这样推心置腹的沟通，矛盾终得以解决。

最后，沟通双方都得到了一定程度的提高。在以上案例中，领导层教师在沟通过程中反思了自己工作方式的偏颇,而带班教师也清楚了自己工作中的不足之处,这对以后双方工作的开展都是非常有利的。通过40分钟的电话沟通,不只是目前的主要矛盾得以解决,也是双方对自己乃至对方都有了进一步的了解,在一定程度上得到了提高。

但是,仔细审阅两人的沟通过程,我们也不难发现,不论是负责管理的教师,还是带班的普通教师,在沟通技巧方面都有需要完善之处。

首先,带班教师有问题没有选择直接沟通。案例中的沟通起源于管理层教师的一次无意听到,因为带班教师出现了问题,没有直接找当事人沟通,而是在其他同事面前抱怨,而这样的抱怨显然是无用的,对解决问题没有任何意义。设想,如果不是这样的对话被无意听到,如果不是管理层的教师主动沟通,可能事情不会这么顺利的解决,甚至最坏的结果是带班教师失去工作,幼儿园失去一位好老师……显然,由于一点点的小误会导致这样的后果是得不偿失的。

其次,管理层教师要注意沟通技巧因人而异。仔细阅读案例,我们会发现,两位教师的矛盾根源并非带兴趣班与否,而是之前就有的,其一,带班教师认为管理层教师过于严厉;其二,她认为管理层教师对教师的错误不能一视同仁;其三,她认为管理层教师强加给她过多的工作。由此可见,管理层教师一直以同样的方式对待所有教师,严厉、耿直。但他并没有注意到每位教师的个性不同,对于那些敏感的教师要根据其个性特征改变沟通方式,类似"某某方面还有很大的改进余地"这样的沟通方式会比"这样做是错误的"效果要好得多。

最后,工作需要团结一致,相互理解。

[案例3]

## 两位教师的苦恼

某中学,两位语文老师关系紧张,平时见面连招呼都不打,即使迫于工作的交流,也只是极其表面的机械的沟通。究其原因,只源于新老教师教学风格的迥异,学术观点的不同:甲是老牌的优秀教师,数十年如一日从事教育事业,兢兢业业;乙教师是大学毕业的新老师,带着新潮的思想和理念,有着新一代青年的朝气与不羁。在一次学术交流会上,甲教师认为乙教师的课程设置没有遵照课本思想,讲课风格也过于随意,他的课堂也颠覆了传统教师的形象,于是明确提出批评;而乙教师则认为甲教师的课堂过于沉闷,跟不上时代的潮流,不利于激发学生的学习兴趣……于是,果断反驳。在交流会上,两位教师争得面红耳赤,终了却没有争出个孰是孰非,最后不欢而散。会后,经过领导的点播和其他同事的疏导,虽然他们各自都清楚彼此的观点有些偏颇,但碍于面子却谁都不肯低头认错,于是出现了开头的一幕。

案例来源:某中学教师口述,笔者整理.

案例分析：

本案例描述的是两个教师由于沟通不畅造成的矛盾，甚至影响了整体的工作。仔细想来，这一切都是得不偿失的，简单的沟通技巧，往往是化解矛盾的有效手段。

首先，消除刻板效应影响。由于甲、乙两位教师年龄和生活大背景的差异，甲教师给人的印象是上一代人的沉稳、固执、刻板，而乙教师则具有新一代年轻人的活跃、不羁和前卫，这便是刻板印象。它严重的影响了两位教师的判断和行事能力，教师与教师沟通过程中，要尽量避免刻板印象的干扰，从实际情况出发，发现每一位教师独到的特点和可取之处。只有发现了每个人的个性所在，才能使沟通更加真诚，也更容易达到预期的效果。

其次，明确教学的本质。现代教育本质可以认为是由教师组织学生有目的、有计划、特殊的学习活动，是教师促进和帮助学生实现有效学习的活动（何善亮，2008）。明确了这一教学本质，我们便有了奋斗目标，有了共同努力的方向——使学生实现有效学习。不管是何种教学方法，只要可以实现这一目标，既是可行的、可取的。没有哪一种教学方法和模式可以作为教学的金科玉律，同样，每一位教师的教学观点都有其可取之处，取人之长，补己之短才是进步的有力保障。

最后，选择合适的沟通方式。沟通的方式有很多，比如文字形式的沟通，既可表达当面难于启齿的心里话，也可以缓解因为面面相对、众目睽睽下的尴尬与紧张气氛，在清晰明确的表达出自己的意愿、态度同时，还留给对方足够的空间和时间梳理、理解。对于处理这种教师之间的矛盾，文字形式的沟通最适合不过。

[案例4]

## 怎样对待教职员工发牢骚

一天，当校长路过语文教研组的时候，听见办公室里正在热热闹闹地谈论着什么，校长好奇地凑近一听，李老师正发牢骚说："现在的老师真是当不成了，每天起的比鸡早，吃的比猪差，干的比牛多，精神上还要受到折磨，各种评比考核就没让人消停过，当个班主任更是苦不堪言了，学生的大事小情、吃喝拉撒都得管，一个学期才给400元的班主任补贴，辛辛苦苦地把班级的成绩提高了，全校第一才发600元，学校真是太抠门了，为挣那么一点钱我都得折好几年的寿。"这时候办公室里面更热闹了，老师们七嘴八舌纷纷发表意见，女老师小张也说："就是，你看我今年才28岁刚过，让不认识的人一猜，人家会说话的就说我32、33，碰见冒失的还猜过35、36呢。""痛苦呀，没出路呀"，"学校领导没人性呀"，"房子也没着落"等等，顿时整个办公室好像在开一场忆苦大会，学校领导好像就成了控诉的主要对象。该校长听了顿时火冒三丈，狠狠地推开门说到："吵什么，吵什么，还有没有一点为人师表的样子，你们的声音大得连楼道对面都能听见了，谁不想干了，给我打招呼，我决不挽留，有的是等着分配的大学生抢着当老师呢，给你们的待遇已经不低了，怎么那么不知足。"

案例来源:《教书育人·校长》2008年8期。

案例分析:

本案例虽然只是个案,但作为管理层人员,老师发牢骚这种事并不罕见,而绝大多数人是不懂得如何处理的。就像案例中的这位校长,他的作法显而易见是及其不明智的,缺乏处事的理智和原则,撞门、怒吼过后,留下的可能只是更加愤愤不平的消极情绪,对日后的管理没有任何好处;还有一些管理人员,会选择一次次不厌其烦的找发牢骚的老师谈话,当众或者私下批评他们,告诫他们把心思用在工作上,其实这同样不是一个行之有效的办法。解决教师法牢骚的问题,要从根源做起,进行有效的沟通,注意沟通技巧。

首先,换位思考,体会教师的苦衷。换位思考是人对人的一种心理体验过程。将心比心、设身处地是达成理解不可缺少的心理机制。它客观上要求我们将自己的内心世界,如情感体验、思维方式等与对方联系起来,站在对方的立场上体验和思考问题,从而与对方在情感上得到沟通,为增进理解奠定基础。其实仔细想想,老师们工作压力大,待遇相对不高这是事实,让老师们找个途径发泄也在情理之中。如果案例中的那位校长这样想来,可能就不会有那么大的火气,事情也会得到更好的解决。

其次,注意表达方式,利于他人接受。一种好的表达方式在沟通中时尤为重要的,通过口头语言和肢体语言表达那些礼貌的行为、温和的话语,亲切的称谓,和谐、自然的声调,犹如天上的甘露,滋润着心田,给人以温暖、信心和力量,表达着对人的关怀、尊重和同情,这样就可以缩短人们心理的距离,解除矛盾。

再次,投石问路,了解教师的需求。说话时需要注重一定的技巧,在不能确定对方的态度之前,在不能确定对方是否能接受自己所要表达的一切之前,应该进行浅尝辄止的试探性说法,这样可以保证有效的传递或者理解某种意图,而不会产生盲目直入主题造成意想不到的意见冲突,把对方逼到对立层面。了解教师的真是想法和需求,倾听他们的心声,有助于沟通和日后工作的进一步开展。

最后,婉转沟通,开启理解之门。婉转沟通,这是一个比较讲求技巧性的谈话方式。面对这样的僵持局面,校长可以避开焦点问题,现在老师待遇低,工作压力大是一种社会现象,不是某个校长能够解决的,老师们在内心深处其实也明白这个道理,校长们需要做的就是用真诚的态度对待老师们,主动地对老师们嘘寒问暖,了解老师们真实的想法,倾听他们的心声,然后有针对性地改进,能为老师们解决的就尽量满足,不能解决的也要向老师们说明情况。这样处理,校长不仅不会失去人心,更会得到老师们工作上的支持,长此以往一定会促进学校各方面的发展,更有助于建设和谐校园。

[案例5]

<h2 align="center">怀疑与帮助</h2>

Z老师是Z小学引进的第一批硕士研究生，刚到学校的时候，很受人"关注"。"小Z，你硕士毕业怎么进小学呀，难道连个中学都找不到吗？"当Z老师说她喜欢小孩子时，老师们都露出不相信的目光。看着其他老师的表情，Z老师觉得他们是在怀疑自己。

"小Z，你学历高，懂得肯定比我们这些老教师多，以后还要向你多讨教呀。"当Z老师听到这句话时，赶快说："哎呀，C老师，您怎么能这样说呢？您经验丰富，我是白纸一张，以后还希望您能多多帮我。"

不管学校的老教师是以什么样的心态来对待Z老师，Z老师自进入Z小学之后，还是受到许多老师的帮助。

"小Z，你对学生太松了啦，要严厉一些"，"小Z，学生干部选出来后，你还要培养他们呀"，"小Z，你的语言太成人化了，你这样讲学生听不懂了啦，你应该这样"，"小Z，你讲课的时候激情不够呀"……

在同事的支持和帮助下，Z老师学会了怎样培养负责任的小干部，学会了简化自己的语言，用儿童化的语言和学生交流，学会了怎样和家长交流，更学会了放宽心态，用积极的态度对待每一件事情。

案例来源：《小学新教师职业人际适应的案例研究》李源

案例分析：

本案例说明了教师与教师沟通的重要意义：

### 1.推动教育改革的顺利进行

教育是一个不断更新的动态过程，作为教育的主体——教师，当然也需要不断的注入新的活力。通过教师与教师的沟通，使得新教师更快的适应岗位需求，更加切实的解决工作中的实际问题，这样使得教育改革的理论与实际得以并行，有力地推动了教育改革的顺利进行。

### 2.提高教育的整体水平

在教育这条道路上，永远没有一劳永逸的好事，不管是初登讲堂的职业新秀，还是风雨数十载的老教师，都需要不断的学习、借鉴他人的优秀之处，这样才能取人之长，补己之短。而这个学习和借鉴的过程往往是通过沟通来实现的。不管是学校方面，还是教师自身层面，都需要通过互相的沟通、研讨、互助和合作，通过开放自己，加强教师之间以及课程实施等教学活动上专业切磋、协调和合作,分享经验,互相学习,彼此支持,共同成长,提高自我,从而达到教育水平的整体提高。

### 3.避免教师工作冗余,减轻工作负担

在本案例中,Z老师虽然硕士毕业,有着扎实的理论基础和学术造诣,但对于教学中的细节问题,还是难于把握的。如果没有大家积极的沟通,这些教学的技巧需要大把的时间来参悟、领会,这样无形中增加了教育的负担。相反,通过积极有效的沟通,大家的经验共同分享,可以有效的避免教师工作冗余,减轻工作负担。众所周知,一点经验,一分技巧,一份资料的共享,都可以节省那个"不知者、不会者"很多的精力与时间。

### 4.有助于教师的个人成长

案例中Z老师的成长是显而易见的。无论是个人心理方面,还是教学技巧方面都有了显著提高,而这一切,不得不归功于积极、有效的沟通。沟通可以提供强大的心理支持,我们都知道,在教学过程中会遇到各种各样的问题,而同事的理解,无非是对于教师最大的鼓舞。有了这种支持,才能使得每一位教师在教育这一光荣的道路上越走越远,越走越好。

[测一测]

### 与同事人际关系的测试

根据你的实际工作经历回答下面的问题。如果你的工作经历有限,那么就想象一下如果工作的话会怎么样。其中,0表示从来或几乎没有;1表示偶尔或者有时有;2表示经常有;3表示总是这样。

1.我总是愿意并且准备好与他人分享信息、工作设备或其他工作资源。　　0 1 2 3
2.我在给别人提建议的时候并不会表现出支配或者控制别人。　　0 1 2 3
3.我对于同事的工作以及获得的成就表示赞赏。　　0 1 2 3
4.如果我必须批评某人的话,往往也是私下里进行。　　0 1 2 3
5.即便在我沮丧的时候也不会脾气暴躁。　　0 1 2 3
6.人们信任我。　　0 1 2 3
7.我诚实、公正,而且言行一致。　　0 1 2 3
8.我对事不对人。　　0 1 2 3
9.我总是想办法让办公室的气氛比较融洽。　　0 1 2 3
10.我总是接纳新员工,并让他们觉得和在家里一样温暖。　　0 1 2 3

11. 虽然我总是很忙，但是当别人和我说话的时候我总是先把手中的事情放下。

           0 1 2 3

12. 只要一有机会，我总是会帮助我的同事。        0 1 2 3

13. 我对同事的需要很感兴趣，但是不会干涉他们的私人生活。  0 1 2 3

14. 即便我不喜欢某个人，我也能够对他以礼相待。     0 1 2 3

15. 我愿意帮助同事把工作做得更好，而且不需要他们的回报。  0 1 2 3

16. 当别人帮助我的时候我总会表示感谢。       0 1 2 3

17. 当有人想要表达意见的时候，我是一个很好的倾听者。   0 1 2 3

18. 我很真心地理解并且遵守公司的政策和规定。     0 1 2 3

19. 当我发现同事的工作负担过重时，会主动提出帮助。    0 1 2 3

20. 与我共事的人说我是一个好的团队成员。      0 1 2 3

计分和解释：

    选0计0分，选1计1分，选2计2分，选3计3分。

    50—60分你与同事相处地技巧非常好；

    40—49分你与同事的人际关系一般，你需要学习相关技巧加强与他们的人际关系；

    39分以下你与同事的人际关系比较糟糕，别人不会把你当成友善合作的团队成员。你需要努力学习相关技巧大幅度提高与同事的人际关系水平。

教师个人的范例,对于青年人的心灵,是任何东西都不可能代替的最有用的阳光。

——乌申斯基

一生的生活是否幸福、平安、吉祥,则要看他的处世为人是否道德无亏,是否作社会的表率。因此,修身的教育,也成为他的学校工作的主要部分。

——裴斯泰洛齐

# / 教师与社会沟通的策略和方法

### 叶圣陶——民主的楷模

著名的教育家叶圣陶先生是民主教育的楷模，他的长子叶至善介绍小时候父亲是怎样教授他作文时，用了"不教"这样的字眼。原来，叶老从不给孩子教授作文入门、写作方法之类的东西。他仅要求子女每天要读些书。至于读点什么，悉听尊便。但是读了什么书，读懂点什么，都要告诉他。除此之外，叶老还要求其子女每天要写一点东西。至于写什么也不加任何限制，喜欢什么就写什么：花草虫鱼，路径山峦，放风筝，斗蟋蟀，听人唱戏，看人相骂……均可收于笔下。

不教中有教，集中体现在叶老精心为子女修改文章上。叶至善在兄妹合集《花萼》出版时的《自序》中，记叙了当时的情景："吃罢晚饭，碗筷收拾过，植物油灯移到了桌子的中央，父亲戴起老花眼镜，坐下来改我们的文章。我们各据桌子的一边，眼睛盯住父亲手里的笔尖儿，你一句，我一句，互相指责、争辩。有时候，让父亲指出了可笑的谬误，我们就尽情地笑了起来。每改完一段，父亲朗诵一遍，看语气是否顺适，我们就跟着他默诵。我们的原稿好像从乡间采回来的野花，蓬蓬松松的一大把，经过了父亲的选别跟修剪，插在瓶子里才还像个样儿。"叶至诚也描写过父子们一起改文章的情景："父亲先不说应该怎么改，让我们一起来说。你也想，我也想，父亲也想，一会儿提出了好几种不同的改法。经过掂量比较，选择最好的一种，然后修改定稿……"三个孩子在民主的氛围中学习写作，同时也是在学习做人，这体现了叶老教育孩子成长的过程中，不教中有教，其高明之处在于顺其自然，因势利导，启发培养孩子的兴趣和自觉，让孩子自觉成才，自觉成长，而不是强

制、苛求。

案例来源: http://blog.sina.com.cn/lovehappyyongyuan

叶圣陶先生的言传身教，对其子女产生了持久而深刻的影响。由于当下对青少年教育的重视，家长都希望自己的孩子能成才，许多家长甚至是身为家长的教师却对孩子的教育束手无策。叶圣陶先生的民主教育，体现了不教中有教、更重视身教的作用，能给人颇多教益和启迪。身为教师既有其固定的职业特点，也有其独特的家庭关系，和广泛的社会关系，教师在家庭中为人子女、为人夫妻、为人父母、为人兄弟姐妹，在社会关系中为人朋友、同学、邻居等。这一章中我们会就教师在家庭中和社会关系中的人际沟通进行探讨，以期在教师处理家庭角色和社会角色中的人际沟通提供有益的帮助。

# 教师与社会沟通的问题和现状

教师是专业性比较强的职业，加之具有培养社会所需人才的功能，教师的沟通能力和水平不仅体现在课堂上也体现在课堂外，良好的沟通体现了教师较强的沟通素养，这种能力也会对学生产生影响，所以社会各界更关注教师社会沟通问题的研究，教师的社会沟通能力体现在教师所表现出的社会责任、社会地位和社会角色上，这一节我们需要从教师社会表现和与家人的沟通现状的角度来分析教师的社会沟通状况。

## 教师的社会责任

### 教师的社会责任含义

责任从本质上讲是对义务的认识和对认识到的义务的实践。康德认为责任是对绝对命令的无条件服从，也就是"做应当做的事情"。而社会责任是作为社会的成员对社会应当承担的职责、义务，也可以说是为保证自己能在社会中持续生存和发展而必须对社会的付出。社会责任感就是由此引发的真情实感，是指个人对自己和他人、对家庭和集体、对国家和社会所负责任的认识、情感和信念以及与之相应的遵守规范，承担责任和履行义务的自觉态度而产生的情绪体验。教师责任感是一种完全自愿的行动，是健全人格的重要组成部分，任何社会主体都必须承担其社会责任。

## 教师责任的分类

从社会学的角度上，通常将教师的社会责任分为职业责任、法律责任以及道德责任。首先，教师的职业责任是指除了具备过硬的专业知识和传授文化知识的能力以外，工作上还要不断创新，追求精益求精，并具备一定的学术思想和学术道德，能够推进文化的发展和进步。其次，教师的法律责任是指教师除履行普通公民的责任外，还要根据《中华人民共和国教师法》等教育方面的法规履行规定的责任，例如遵守规章制度，贯彻国家教育方针，完成教育教学工作任务，对学生进行法律所规定的基本原则教育和爱国主义教育、法制教育和民族团结思想，带领学生开展有益的社会活动。最后，教师的道德责任是教师社会责任的主体，是教师职业责任和法律责任的升华，是推动教育事业发展和社会进步的不竭动力，具有导向性和前瞻性作用。在这里教师的沟通素养受教师社会责任的影响，一个具有良好社会责任感的教师其教育沟通的能力也会比较强，更能得到他人的理解和尊重，对于教师师德的养成也有极其重要的作用。反之，可想而知，缺乏责任感的教师是多么的可悲。有这样一件事引起了我们的关注，一个夜晚，一位老太太在空荡无人的大街上行走，却十分认真的遵守红绿灯的交通规则。我们不仅会问：在没有任何安全隐患的情况下，为什么不直接走过去呢？老人的回答让人汗颜：我走过去是安全的，但是万一恰好被一位躲在某个角落里的孩子看到，下一次他就可能会学我，这是多么可怕的事情啊。这位老者对自己的行为如此的负责任，竟想到了对孩子的影响，老人虽然平凡普通却具有强烈的社会责任感，使我们这些新时代教师的"以身作则"的模范。通过这个事情，我们发现教师的道德责任是教师对教育本质和发展趋势的认识，而自觉自愿承担的责任。上面提到的教师的职业责任和法律责任是规定性的责任，而教师的道德责任是约定俗成的，在特定的社会环境下形成的一种信念系统，不具有强制性，但却影响教师的社会形象。[1]

### 对教师社会责任的理解

我们一直强调的素质教育，就是为了提高国民素质。这就需要我们的教师要有强烈的社会责任感，从培养社会所需人才的角度来说，教师的责任是重大的。而且教师的社会责任感影响着学生的社会责任感，教师的责任不只是教授知识，更重要的是培养学生要有积极的生活状态和人生态度，苏霍姆林斯基说过："孩子在离开学校的时候，带走不仅是分数，更重要的是带着他对未来社会的理解的追求。"缺乏社会责任感将是一个国家，一个民族的灾难。我们可以从两个角度来理解教师的社会责任：

首先，教师社会责任可以从客观存在的角度理解，是指伴随着教师正承担着的各种社会功能而产生的职业责任、法律责任和道德责任。这三种社会责任与我们在理论上和社会文化上对教师的界定有关，但是对教师责任的理解也不仅仅限于这种界定，它的存在和发展变化受一系列复杂的现实社会因素的影响，给予现实的变化和发展，教师的社会责任感的外延也在发生着变化。这种角度的理解是客观存在不以人的意志为转移。所以对教师社会责任的理解要放在一定的社会文化和现实的环境中去判断。

其次，教师社会责任也可以从社会分工的角度理解。教师在社会中扮演者培育下一代的角色，美国心理学家林格伦说，角色是建立在我们对自己的期望上面的，而这些期望是来自别人对我们的期待。因此，教师的角色特点体现了社会对教师角色的素质要求和教师对所自己承担任务的自觉意识。早在1968年，两名美国教育学者普里亚斯和杨就曾合写过一本专门探讨教师及其教育活动的书，书名是《教师是许多东西》。书中用"引路人"、"教学者"、"榜样"、"探索者"、"使人现代化的人"等等多达22种主要角色来描述教师的社会责任。可见，教师的社会角色即意味着教师的社会责任，要求教师要对自己的岗位负责，为自己的学生付出，对整个社会来说，教师的责任是重大的。[2]

教师的责任感是教师职业的要求，也是法律或道德层面的要求。而是否具有良好

[1] 试析教师的社会责任.杨阳.江苏师范大学.

[2] 教师社会责任的伦理审思.姚文峰.

的社会责任感是作为教师最基本、最重要的素质，只有具有良好的社会责任感的教师才能培养出富有良好社会责任感的一代，时代呼唤教师必须要成为具有社会责任感的楷模。教师的社会责任感主要表现在师德高尚，勤奋工作，特别要以身作则，热爱学生，转化问题学生，指引学生身心健康发展，使学生成为国家、社会、民族和他人的有用之人。当然良好的社会责任感能使教师获得更多的信赖和尊重，也会是生活和工作中的良师益友。

## 教师的社会地位 /

### 社会地位的含义

《中国大百科全书·社会学卷》中，对社会地位的定义是指人们在社会关系网中所处的位置。这种位置通常是根据财富、声望、教育程度或权力的高低与多寡做出的社会排列，但在不同的社会文化和社会制度下，以上影响社会地位的这些要素的权重不同。社会地位不等于社会分层，不能仅把它看成是对社会资源的拥有规模。社会地位应该是一个独立的概念，主要是指一个人或一个社会群体被他人或被其他社会群体的尊重程度及其拥有生存和发展机会的平等程度。因此教师的社会地位就是教师作为一个个体或社会整体被他人或社会群体所尊重的程度及拥有平等生存和发展机会的程度。由于社会地位受社会因素的影响，所以教师的社会地位与社会对教师的社会期望并不成正比。[1]荀子说："国将兴，必贵师而重傅，贵师而重傅，则法度存。国将衰，必贱师而轻傅，贱师而轻傅，则人有快，人有快则法度坏。"这说明教师社会地位的高低对教师群体来说，是一个事关教师队伍发展、教育事业成败甚至是社会稳定的关键性问题。教师的社会地位可以反映出一个社会对于教育的重视程度，因此研究中小学教师社会地位的发展变化，对于提高中小学教师的社会地位，以及了解教师与社会沟通的现状有重要的意义。

---

[1] 略论教师职业的声望.陈桂生.华东师范大学教育学系教授.

### 教师社会地位的历史和现状

从古至今, 不同的社会对于教师职业的重视程度是不同的, 教师地位随着社会的变迁逐步发展变化。我国古代就有尊师重教的优良传统,"天、地、君、亲、师"的思想给予教师很高的地位, 但在南宋末年教师的社会地位却降到极低的位置,"家有五斗粮, 不当孩子王"同样也反应了教师地位的低下。当今随着教育重要性逐渐显现, 尊师重教的氛围也越来越浓厚, 1966年10月联合国教科文组织发表了《关于教师地位的建设》, 其中明确指出, 鉴于"在教育事业发展中教师这种职务对人类和近代社会发展所做出的重大贡献, 因而必须确保教师的应有地位。"这里教师应有地位是指社会按教师任务的重要性和对教师能力的评价而给予的社会地位或敬意, 以及所给予的工作条件、报酬和其他物质利益。在我国恢复教师的地位是在文化大革命后, 我国在1985年设立教师节, 1993年10月通过了《中华人民共和国教师法》, 是教师的社会地位得到了法律的保障, 第一次全面的对教师的权利和义务、资格和任用、待遇、奖励等方面做出了法律上的规定, 并指出"全社会都应尊重教师"。近年来我国非常重视教师的实际问题, 希望通过这些问题的解决使教师"真正成为社会上最受人尊敬、最值得羡慕的职业之一"。但却隐藏着无法回避的现实问题, 教师地位呈现着理想与现实的冲突, 对教育的重视程度仍需加强, 教师的地位还有待提高。[1]

研究我国教师的社会地位发现, 中小学教师的地位长期处于不稳定状态。虽然改革开放后, 我国经济政治文化的快速发展, 有更多的高端人才投入到教育事业中来, 教师的社会地位、政治地位、职业地位也在逐渐提升, 但社会上还有很多破坏教师形象的事件发生。一方面是由于个别教师师德腐败, 损害了教师的社会形象, 另一方面是由于教师的实际需要如收入问题, 尤其是边远地区的教师收入更是低得可怜, 在一些经济欠发达地区, 农村教师工资依然没有保障。据调查有些省市教师的工资标准还在执行十多年前的标准, 由于工资较低, 又缺乏保障, 不少地方教师流失严重, 农村教师队伍流失严重, 尤其是农村的边远山区和贫困地区难以吸引合格教师, 大批村级小学校只好找代课教师维持运转。

我国中小学教师的社会地位处于低下的状态的原因是多方面的, 主要有一下几个方面:

---

[1] 探讨教师的社会地位.徐静.任顺元.

## 收入情况

教师的工资状况是其社会地位得以保障的必要条件之一，对其社会地位有着极其重要的影响，有些研究仅凭教师的经济收入来评价教师的社会地位，即把教师的经济收入与其他社会阶层相比较而得出关于教师社会地位状况的结论，这显然不是科学的方法。《中华人民共和国教师法》里规定：教师的平均工资水平应当不低于或者高于国家公务员的平均工资水平，并逐步提高。而实际情况是教师的工资待遇与公务员的收入相差很多。教师的津贴和奖金少得可怜，相比各行业日益提高的津贴和奖金，就形成了巨大的反差，而且教师除了工资以外的其他收入渠道较少。教师的工资状况与其专业人员的身份不相称，最近几年教师的社会地位、经济地位、教师待遇发生很大的变化，国家加大了对教育的投入，以改善教师的生活状况，但各地在实行的过程中存在教育资源投入的不平衡性，县镇乡村一级的教师，尤其是边远地区教师待遇还得不到很好的改善，使得教师不能真正成为令人羡慕的职业，还有很大的差距。因此逐步提高教师相对工资，按时发放，对于吸引人才，稳定教师队伍，提高教学热情，提升教师的社会地位都有着至关重要的作用。

## 教师职业特点

教师的职业特点决定了教师的职业地位和职业声望，教师职业声望是社会舆论对某一职业的意义、价值与声誉的综合评价。职业声望反映着一个社会对一定职业评价的高低，进而决定着人们对这一职业的肯定或否定、尊重或鄙视的态度。我国自古就有尊师重教的美德，但随着经济的发展，人际交往显现出了商品化、功利化的特点，使教师职业显得尤其无力。据调查，现在的中小学教师的社会地位与其他职业比较起来还处于比较低的状态，由此看出公众对于教师的评价较低，从而影响着教师社会地位的提高。现在社会对教师的职业特点认识不足，使得学生、家长、管理者和社会都没有把教师当作专业人员来给予必要的尊重。近年来，由于独生子女日益增多，家长对孩子的教育方法偏颇，过度的纵容和溺爱，常有社会媒体报道各种侮辱、谩骂甚至殴打教师的事件，由此也折射出由于对教师职业特点认识不足，加之一些负面的信息对教师行为的误解和否定，使得形成了对教师的错误认知，大家普遍认为教师工作很容易，有带薪的假期，收入也高，社会地位也高，殊不知教师既是教书也是育人的职业，教师需要全身心的付出和奉献才能得到学生、家长、管理者和社会的认可和尊重，这需要付出的代价是没有当过教师的人是无法理解的。

### 教师的专业化水平

教师专业化水平与社会地位存在着十分密切的关系。西方国家把医生、律师和教师统称为三大专门职业，而教师这一专门职业就是指以学生的利益为前提，强调专业的知识技能、社会地位的提高与教学能力的提升"这四个方面的内容。其实教师的专业化水平和社会地位的提高是相互促进、互相影响的，教师没有社会地位就难以吸引优秀人才从教，但没有一定专业水平就体现不了教师的劳动价值，教师社会地位的提高就是空谈。长期以来，我国教师专业化水平不高，师资资源分配不平衡，优秀人才不愿从事教育，农村教师流失严重，这些都严重影响了教师社会地位的提高，虽然对教师专业化的规章制度虽有改善，但还有待进一步的完善和提升。[1]

### 教师的职业道德

除此之外，教师的职业道德也是影响教师社会地位的关键因素，一些教师职业道德水平的下滑对教师的形象也产生一定的影响。职业道德是工作人员从事某一职业时必须遵守的行为规范与准则，它是该职业得以顺利完成社会赋予其任务的保证。教师职业要求教师要为人师表、以身作则，做行为模范，而当下，教师职业道德水平有滑坡的趋势，网络、广播、电视、报纸里常有教师道德败坏的负面消息，一时间教师的崇高形象蒙上了阴影，灵魂的工程师甚至成为杀人恶魔。有关教师打、罚学生的现象接连不断，教师为了增加灰色收入借各种机会公开向学生及家长索要礼品、走后门的现象比比皆是，有些教师本该在课堂上讲的内容却要放到补课班上讲，考试的复习范围只有在补课班才能透露的怪现象，这些现象有损教师的师德，损害教师的形象，同时

---

[1] 探讨教师的社会地位.徐静任.顺元.

也直接影响到教师的社会形象及社会地位。

### 教师的敬业精神

教师的敬业精神的下滑也影响到教师地位的提高。人都说当教师是个良心活,可以兢兢业业的去做,也可以敷衍了事,当职业远远没有成为一种追求实现人生价值目标的事业时,就谈不上真正意义上的敬业。敬业精神,是把职业作为一种实现人生价值追求时才可能产生的一种对职业的态度。把职业仅仅视为一种谋生与养家糊口的生存手段就难以产生对职业的崇敬感,也就没有从业的自豪感。当我们看到许多与教师身份不相称的事情时,不得不对教师队伍中的道德水准下跌,敬业精神差的状况发出一番感慨。[1]

## 教师的社会角色 /

### 社会角色的含义

"角色"一词最先是戏剧中的一个专有名词,指戏剧舞台上所扮演的剧中人物及其行为模式。文艺复兴时英国戏剧家莎士比亚在剧本《皆大欢喜》中写道:"全世界是一个舞台,所有的男人和女人都是演员,他们各有自己的进口与出口,一个人在一生中扮演许多角色。"后来,社会学家们发现,社会舞台与戏剧舞台具有某种相似之处,于是把戏剧中的"角色"概念借用到社会心理学和社会学中,而产生了"社会角色"概念。

社会角色是指与人们的某种社会地位、身份相一致的一整套权利、义务的规范与行为模式,它是人们对具有特定身份的人的行为期望,它构成社会群体或组织的基础。社会角色包括以下四方面含义:角色是社会地位的外在表现;角色是人们的一整套权利、义务的规范和行为模式;角色是人们对于处在特定地位上的人们行为的期

[1] 探析我国中小学教师社会地位的变化.王群松.广西师范大学教育科学学院教育学原理专业.

待；角色是社会群体或社会组织的基础。

由于教师的所承担的社会责任感，在社会生活中都拥有的多种社会身份与地位，作为社会成员的教师，同时扮演着多种社会角色。每种社会角色都有其特定的行为规范和行为模式，当个体产生为自己的社会身份所规定的行为规范和行为模式时，便符合了特定的角色。比如一位女教师，在学校是学生的老师，是教研室的主任，是校长的下属，在家庭中是孩子的母亲，是父母的女儿，是妻子，在社会关系中，是朋友，是同学，是合作者等等。这些社会角色集于一身，所扮演的社会角色尤其不同的角度和方法，所以分析教师职业的社会角色，明确其所应为、所不为以还原教师的真实面目，对于教师教育和教师专业自主发展以及社会对教师的理性定位都具有重要的现实意义。

### 教师社会角色的分类

首先，社会角色从获得角色的方式上区分：先赋角色与自致角色。所谓先赋角色，也称归属角色，指建立在血缘、遗传等先天的或生理的因素基础上的社会角色。所谓自致角色，也叫自获角色或成就角色，指主要通过个人的活动与努力而获得的社会角色。自致角色的取得是个人社会活动的结果。其次，从社会角色规范化的程度上分为规定性角色与开放性角色。所谓规定性角色指有比较严格和明确规定的角色，即对此种角色的权利与义务、应当做什么、不应当做什么都有明确规定。所谓开放性角色，指那些没有严格、明确规定的社会角色，这类角色的承担者可以根据自己对角色的理解和社会对角色的期望而从事活动。最后，从社会角色的追求目标上区分：功利性角色与表现性角色。所谓功利性角色指那些以追求效益和实际利益为目标的社会角色。所谓表现性角色，指不是以获得经济上的效益或报酬为目的，而是以表现社会制度与秩序、表现社会行为规范、价值观念、思想道德等为目的的社会角色。教师的职业特点决定了教师是自致角色、规定性角色和表现性角色。[1]教师的角色又有很多种的表现：

### 文明传播者的角色

教师是既是人类知识和文化的传授者，也是言传身教的教导者，这就要求教师要

---

[1] 戴维·波谱诺. 社会学 (第十版). 李强. 等译. 中国人民大学出版社.

规范自己的言行，做文明的使者。在传统的教学过程中，教师的角色比较单一的，教师处于中心地位，在知识、技能和道德等方面有不可动摇的权威性，教师的基本职责主要是阐明事理，监督学生；而学生的主要职责当然就是接受教师所传授的东西，教师通过言传身教，对学生进行思想品德教育，提高他们的思想觉悟，培养他们良好的道德品质。现代的教师，不知要传承传统教师的角色，还要通过文化的传承来培育人，有计划地使需要社会化人尽快融入特定的社会文化中，当让教师生活在错综复杂的社会关系中，拥有多种社会身份，扮演不同的社会角色，行使着不同的行为，这就要求教师要严格要求自己，成为为人师表的楷模，对学生的成长起到积极的影响，以良好的言行来激励学生健康地成长。教师在人类社会发展的长河中，承担着传递人类文明承上启下的作用，教师的职业特点和社会地位，以及社会的要求和期望，决定了教师在学校教育中充当文明传播者的角色。

## 良好人格的塑造者

现代的教育理念再不是管理学生，模板式的教育方式，而是塑造良好的人格、培养良好心态的时代。在传统教育中，教师往往扮演着教育教学管理者的角色，首先要充当学生集体的领导者，学生在学校里通过相互交往，形成各种正式和非正式的群体，班级集体是学校里主要的正式群体，由于教师的地位、阅历、年龄等原因，学生普遍认为教师就是学生班级集体的领导者。其次是纪律的维持者，教师们有个同感就是教学好坏不完全取决于讲授水平，还受课堂纪律的影响，如果教师对课堂纪律问题处理不当，学生的注意力就难以集中到教学内容上去教学过程就不能顺利的进行，也无法达到教学的效果和目标，所以教师要充当课堂纪律的管理者。现在教师不仅仅要作为管理者和维护者的角色，还有促进学生的身心发展，随着教育情境的改变和新型师生关系的建立，教师的社会角色的内涵也在发生着变化，而最大的变化是教师要充当心理导向的角色，成为学生学习的鼓励者、促进者，还要关注学生人格的培养。由于社会处在转型期，人际关系日益紧张，各种压力不断增加，心理问题的出现率越来越高，也越来越趋向低龄化，传统的教师的角色无法适应现代师生关系，师长关系的沟通，所以就更重视学良好心态和生人格的培养，也有越来越多的家长认识到学历并不代表能力，学历也不是功成名就的前提，因此教师的角色就要随着客观的需求而发生变化，当然，教师不可能也没有必要成为专业的心理咨询师或治疗者，教师的人际关系也不应该变成医患关系。良好人格塑造者的角色要求教师应该具有维护学生心理健康，重视学生的意愿、情感、需要和价值观，形成情感融洽，气氛适宜的学习情境，相信每一个学生都能自己教育自己，发展自己的潜能，最终达到自我实现，对学生进行心理健康教育的意识，并将这种意识融入到自己日常的教育教学活动中去，为教育教学创设良好的心理背景、心理氛围，为学生提供理解和宽容人文环境，维护学生的自尊心和自信，使其人格朝着健康的方向发展。

**人际关系的促进者**

教师的社会责任和社会地位赋予了教师特定的社会角色，而这些角色要求教师不仅成为众多关系的协调者，也要成为良好人际关系的促进者。教师在课堂教学过程中，主要与学生进行交往，在工作中与同事、领导交往，工作之余要与家长交往，生活中要与家人、同学、朋友交往。在处理这些关系时，教师应有意识地调节和控制自身的态度和行为，热爱和尊重学生、信任和关心同事，配合学校领导做好本职工作，与亲朋好友和睦相处。有些教师在与人沟通往往将教学中的角色带入到生活中，好为人师，难免陷入迂腐的泥潭，有些教师在处理问题时往往凭借经验简单粗暴，忽略交往过程，轻视人际关系的重要性，职业倦怠也容易使人失去耐心，只重视可测量的成绩和名利，而忽略了教师的其他职能。也有些教师不理解班级集体的作用，他们认为教学、教育工作只不过是教师与学生个人之间的一种关系，其实集体中的某些因素会激励学生的学习。如果教师能艺术性的处理好人际关系，使学生在勤学振奋、团结一致、人际和谐的环境里学习会更有效。因此，教师需要扮演人际关系协调者的角色，帮助班集体里的学生彼此了解和信任，乐于在一起学习、工作和娱乐，共同分享成功的愉悦和失败的忧虑，进而使学生之间、师生之间、师生与家长之间、教师之间、教师和领导之间能够有效沟通和交往，形成良好的沟通氛围。这样的教师就是善于处理人际关系的艺术家，那么要艺术的处理人际关系就不仅要懂得交往的技巧和方法，也需要了解一些心理学的知识，善于运用社会心理学来协调学校群体内的各种错综复杂的人际关系，这样教师就不仅是这些人际关系的协调者，还应该是人际交往的促进者。

**榜样模范的角色**

教师是"人类灵魂的工程师"，这既是对教师的赞誉，也是对教师的期望。这要求教师要为人师表，成为道德的楷模，也应是某一学科的专家，具有学者的风度和气质。首先，教师不能像其他公民一样，享受生活、思想和行动上的自由，这是因为教师不可避免地扮演榜样模范的角色。教育的原理告诉我们，社会性学习主要通过模仿来进行，对于学生来说，一个成功的教师无疑是他们崇拜与模仿的对象。教师作为社会文明的传播者，其言行会成为他人的模仿和追求的目标，所以教师要按照的职业标准来规范和要求自己，如果教师言行统一并符合社会的规范，那么学生就容易受到积极的影响。因此，教师对学生要求做到的，教师自己必须首先做到，不仅在学校里要做到，在自己的家里，在社会上的公开场合都要严格地做到。其次，作为学者的教师要不断的学习，应该是一个孜孜不倦的学习者。孔子曾要求教师做到："学而不厌"、"诲人不倦"，教师的知识是通过不断的学习获得的，要教好知识，就得不断的学习，只有吸收大量的知识经验，方能诲人不倦。一个合格的教师，首要的就是精通本专业的基础知识，学习教育理论和方法，掌握有关教育学、心理学的规律，这是做好教育工作的关键。其次，还要扩展教育知识网络，使自己的知识面在纵深两个方向都得到增加，这是增强教学效果，适应科学发展的需要。只有不断地学习，像海绵一样，从人民中、生活中、科学中吸收更多的营养，充实自己，才能使自己成为一个名副其实的学者。因此，教师作为榜样和模范，需要从德识才学上成为他人的表率。[1]

### 教师社会角色的冲突

社会心理学中，角色冲突是当一个人扮演一个角色或同时扮演几个不同的角色时，由于不能胜任，造成不合时宜而发生的矛盾和冲突。角色冲突大体可以分为两类：角色内冲突和角色间冲突。教师作为社会个体也存在这两个方面的冲突：

#### 教师角色内冲突

角色内冲突，是指同一个角色，由于社会上人们对于他的期望与要求的不一致，或者角色承担者对这个角色的理解的不一致，而在角色承担者内心产生的一种矛盾与冲突。角色内冲突往往是由角色自身所包含的矛盾造成的，教师的角色内冲突主要表现在：首先，不同角色期望引起的角色冲突。一是来自校外的不同角色期望引起的角色冲突；二是来自校内各方面的不同角色期望引起的角色冲突；三是来自社会角色定势和自身个体表现的角色冲突。教师个人的角色与社会上教师角色定位之间存在差异，而这种差异又往往使不少教师遭到他人非议和社会的指责，从而使教师在心理上

---

[1] 《教育心理学》章永生著. 河北出版社.2004年.

产生矛盾与冲突。其次，角色本身的局限引起的角色冲突。角色本身的局限主要是指教师的认识水平、能力水平与角色需求间存在的差距。一是表现为教师主体对其扮演的角色和必须履行角色义务引起的角色冲突；二是教师自身的价值观念与角色职责要求不相符引起的冲突。三是教师个人的能力与角色需求不符而引起的冲突。

**教师角色间冲突**

角色间冲突是指一个人所担任的不同角色之间发生的冲突。主要表现有两种：其一是空间时间上的冲突。一个教师，他肩负着教学的任务；作为父母的儿子，他承担着孝敬长辈的义务；作为家长是孩子的父亲，承担着抚养下一代的义务；作为哥哥，承担着爱护妹妹或弟弟的任务。在同一时间和空间，要扮演多个角色，那么不可避免地会产生角色冲突。其二是行为模式上的冲突。比如，一个教师改变了教师角色，担任了学校管理者的新角色，而新的角色与旧角色有性质区别时，就产生了新旧角色的冲突。前面谈到教师扮演以下角色：文明传播者的角色、良好人格的塑造者、人际关系的促进者、榜样模范的角色，可同时教师也是普通家庭中的一员，也要承担为人子女、为人父母、为人夫为人妻等角色。正是由于教师在学校和家庭之间肩负着多重角色，身陷"角色丛"中的教师存在职业角色间冲突也无法难免。这种角色间的冲突有时也会转变成角色内的冲突，常使教师的人际关系出现危机。

## 教师与家人沟通现状 /

家庭是由婚姻、血缘或收养关系所组成的社会组织的基本单位。教师作为家庭中的一员，在家庭中有其特定的角色，比如：子女、父母、夫妻、兄弟姐妹、同学朋友等，这就要求教师既要扮演好社会角色，也要兼顾家庭角色。教师的家庭角色更能凸显教师的情感。我们常听到一些优秀教师表达对家人的愧疚，为了学生而忽略了自己的孩子；有火不能对学生发，而把丈夫或妻子当成出气筒；为了完成繁重的教学工作，而把家务都丢给父母，教师为了工作而牺牲家庭或影响家庭的情况还很多，同样身为教师的我们，希望这些情况越少越好。造成教师家庭沟通不畅的原因有一下：

### 价值标准的冲突

教师面临多重的价值标准，常常因角色身份处理不当而顾此失彼，从而产生了多元价值观的冲突。教师承担着多重角色期待，既有职业角色还有家庭角色，想扮演好其中的所有角色就对教师提出了相当高的要求，教师的工作没有明确的时间界限，工作和家庭常发生冲突而无法两全，教师需要准备教案，批改作业，还需要家访，了解学生的思想动态和学习考试情况，所以家庭和工作中常混淆了自己的角色。人的价值和幸福感常体现在工作和家庭中，一个和睦的家庭与事业的顺利发展是分不开的，现代的教师普遍接受的价值观是：和谐家庭和事业发展并重；子女教育和个人事业发展并重；个人发展与环境的关系并重，使教师在积极、宽松、和谐的环境中发展自己。但理想化的价值观与现实总会产生冲突，而教师往往将个人的利害得失抛诸脑后，而忽略了对家人的关心和照顾。

### 家庭角色功能不良

教师的工作和生活往往是密不可分又互相矛盾的，常导致教师无法兼顾工作和家庭，由于从事教育事业对社会的特殊重要性，教师只能舍小家顾大家。教师群体中女性的比例一直超过男性，女教师往往在事业、婚姻和生育等问题上顾此失彼，当上教师就像上了发条的齿轮，什么时候也停不下来，甚至连睡觉的时间都想省下，常有老师发出这样的心声：想做好妈妈，好妻子，好女儿，但常觉得疲惫而无暇顾及身边的亲人、朋友。家庭和社会对中小学教师提出多重要求，而中国的传统式的男主外女主内思想根深蒂固。在工作中职业角色要求女教师好学生进，工作出色；在家里孩子希望妈妈在生活上无微不至的照顾，丈夫需要时生活上的依靠，情感的寄托，父母希望女儿更体贴照顾，女教师们常面对着多重社会角色的挑战而无法释放压力，常由于工作和家庭的冲突，导致家庭角色功能失调而影响家庭关系。

### 职业角色泛化

职业角色泛化是教师常将工作中的状态，和所扮演的角色带入到其他的场合中。

由于教师行业竞争比较激烈，学生的考试成绩直接与教师的职称晋升、优秀教师评定等挂钩，这些都给教师们带来很大的压力。这些压力通过内化加之教师的工作性质，会形成教师一定的人格特质：追求完美、强势、刻板、苛刻、规矩多、缺乏灵活性的倾向等，他们容易将这些在工作中所形成的习惯强加给他人。要求自己的孩子要样样好，学习和活动都要表现的出色；希望爱人能接受自己的强势和絮叨，顺着自己的性子等等。这样既影响亲子关系也影响夫妻关系及其他人的关系，这也是教师与家庭社会沟通不畅的原因之一。

# / 教师与社会沟通的艺术和技巧 /

上一节探讨了教师的社会责任、社会地位和社会角色，使我们全面的了解了教师群体的社会形象、地位和现状，这让我们认识了教师社会沟通的现实环境，从整体上把握了教师沟通中还存在的一些问题，从表层看教师跟家人、朋友和其他社会关系中存在沟通的特点和问题，是由于教师个人沟通能力和素养的局限，但从深层次看这也是教师所承担的社会责任对教师的要求与教师现实的社会社会地位的矛盾，引起了教师的多重社会角色的冲突。如何解决既要从深层次来分析，同时也要提升教师的沟通能力和技巧。

## 教师与社会关系沟通的方法和技巧 /

教师与社会交往是必然的，教师作为社会关系中的一员，不仅要在学校这样的小环境中工作生活，也处于社会这一大环境中，不可避免地要与社会发生交往关系。随着社会的发展，家庭教育、社会教育在培养人的过程中将发挥越来越大的作用，作为教育工作者，不断协调好各种关系，能与他人和谐共处，才能保证更好地完成培养人的任务。而且从教育发展的规律上看，教师与社会交往必然要联系起来，教师的生活和工作客观地要求教师与社会各行各业建立交往关系。各行各业的发展都离不开其他行业的交流和支持,也只有沟通交流的充分才能使本行业不断的发展进步。教师是传播知识、推进文明的人,他们不仅在培养年轻一代上发挥作用,而且在社会生活的其它方面也发挥着重要作用,社会生活中需要教师与社会的这种交往关系。教师的社会交往能力要得到提升,要参照以下几个方面:

**符合教师特定的社会角色**　教师与社会的沟通要符合教师教书育人的社会角色,因为教师职业承载了太多人的期望,教师承担的是文明传播、榜样模范的角色,现代的教育理念还需要教师能塑造学生的人格,还需要做好沟通协调的工作,教师能够扮演好职业所赋予教师的角色,承担应有的社会责任,就会受到社会的尊重,自然与社会各阶层沟通时就会得到重视。从宏观和微观上看,正确的扮演教师的社会角色,对教师群体和个体的顺利与他人沟通都有重要的作用。教师做符合自己角色的事情,就需要"学为人师,行为世范",保持良好的公众形象,不做破坏自己形象的事情,近年来有些对个别教师行为的负面报道,严重的影响了教师的社会形象,大家对于教师道德模范的榜样产生了怀疑,大家越是关注教师,对于教师负面的消息越多,好像一夜之间教师都变成了魔鬼、缺乏责任感、贪图私利的人,这既有个别教师的原因,也有认识的问题,任何群体里都有符合职业规则的人,也有违背规则的人,教师这个群体也不例外,所以更要求教师能严格要求自己,做符合教师角色的事情,与社会建立良好的联系。

**遵守社会公德**　教师处理除学生家长以外的多样化的人际关系,需要教师要自觉遵守社会公德。教师职业本身就有为人师表的要求,社会交往中人们也对教师抱以这样的期望,教师自觉遵纪守法,遵守社会公德,为他人树立良好的道德形象,做出道德表率,可以在全社会树立教师的威信,在全社会形成良好的风气和社会意识。首先,教师在与社会交往过程中要尊重他人,要有为他人服务的主动与热情,不能以所谓知识分子的"清高"来对待别人,应主动热情地为他人服务,这样才能赢得更多人的尊敬,更顺利地进行教育人的工作。其次,要求教师有诚恳虚心地向他人学习的态度。教师为做好本职工作,必须使建立起来的动态的知识结构不断完善,使头脑中的知识体系随时得到补充、更新和调整,因此教师一方面要向书本学习,另一方面也要在广泛的社会交往中虚心诚恳地向社会各界学习。

**保持良好的社会形象**　教师在人们的心目中有其特殊的形象特征,这对教师在社会交往中处理好人际关系也显得尤为重要。首先有利于创造最佳教育环境和生活环境,教师与社会的积极交往,可以动员全社会的力量关心青少年的成长,可以及时协调各种教育因素的关系,使它们之间互相补充、互相配合,促进人才的健康的全面的发展。其次可以更好地满足教师生活和工作的需要,让教师把更多地精力投入到培养的人的工作中去,更好的培养人才。处理好教师与社会交往中的人关系,有利于全社会精神文明水平的提高。教师可以通过自己同社会交往中的人际关系,帮助人们树立更高层次的文明。处理好教师与社会交往中的人际关系,有利于促进社会不良风气的转变,帮助人们树立正确的是非观念,提高识别能力,促进社会风气的好转。

总之,教师的社会关系是复杂的、多层次的,处理好这些关系不仅有教育方面的意义,还有重要的社会现实意义。教师应当通过正确处理这些复杂的人际关系,不断提高交往的能力和水平,这也是当好一各教师必备的条件之一。

### 教师与家人沟通技巧 ／

教师不管在工作中怎么的出色和优秀,也不管在工作中遇到怎样的困惑和障碍,都要处理好家庭关系,首先要重视与子女的关系,其次是夫妻关系,与父母的关系,最后是除了好工作与家庭的关系。

#### 教师与子女沟通的技巧

中国有句俗语叫:"龙生龙凤生凤",表达的是优良基因的遗传作用,教师职业被认为是传道授业解惑的圣人形象,教师的子女就会如其父母一样的杰出吗? 当然这样认为的人忽略了环境对人的巨大影响作用,也忽略了人的主观能动性。家庭氛围通过日常生活影响着孩子的成长,性格的养成和人格的塑造,是潜移默化、润物细无声的教育,教师的子女与父母沟通不畅,常要从家长的角度探究原因,教师如何能成为成功的教师,也成为合格的父母,需要注意以下几点:

**培养良好的家庭氛围** 性格既有先天的遗传也有后天的养成,身为教师的父母应清楚地认识到自身性格上的不足,并在教育孩子的过程中努力矫正,不能让自己的不良性格影响到孩子的未来。有一定教学经验的老师都有这样的体会,对别人的孩子有耐心对自己的孩子却比较直接，不会运用方法去引导和教育，教师往往把耐心用在学生身上而忽略了身边最需要关爱的子女。教师需要营造一种良好的家庭氛围——温馨、和睦、充满爱心和耐心，不要把在学校的情绪带到家里来，对子女要奖惩分明。沟通要在尊重、平等的前提下开展，说话要讲究方法和技巧，恩威并重，有些教师学过相关的心理学知识认为孩子不能打不能骂，一味的骄纵使得教师的子女常称为学校的"小霸王"，这样的孩子不能谦虚、礼貌、对人尊敬，缺少羞耻心，不懂得体会他人的感受，会在以后的人际交往遇到障碍。

**及时转换角色**　教师在家庭中要扮演家长的角色，教师亲子沟通的问题最重要的是及时的转换教师和家长角色。教师回归到生活中，应该根据自己的实际角色与子女沟通，随着时间和环境的变化要做好相应的调整，以便能恰当地扮演好不同的社会角色。在家里，教师不要把孩子当成学生来教育，这样孩子也不会把家长当成老师来看待，有时教师会习惯性的拿自己的孩子跟班上的孩子比较，总觉得孩子还不够优秀，望子成龙望女成凤的想法非常严重，这既增加了孩子的压力也破坏了亲子沟通的效果，经常性的说教会让孩子反感，产生逆反心理，会越来越疏远教师妈妈或教师爸爸，所以教师要避免总以教育的眼光看孩子，要以家长的身份来培养和关爱孩子。

**善于掌控情绪**　教师工作的性质决定了教师没有充分的休息时间，工作的强度大，常会表现得急躁，控制不好情绪，进而影响亲子间的沟通的效果。中小学教师的工作压力大，常会因为劳累、不顺心而忽视许多教育子女方面应采用的好方法，所以家长需要积极的调节情绪，不把工作中积攒的不良情绪和态度带给孩子。可以将坏情绪"倒进垃圾箱"，释放压力；还可以调节对引起坏情绪的不良认知，换个角度思考问题，可以达到"柳暗花明又一村"的境界。当然家长的自我调适与学习反思是必不可少的，心态的调节、行为习惯的改善不但对家长的成长有益，同时也会影响孩子的发展和完善。

### 教师与爱人的沟通技巧

家庭生活是否幸福，除了要有一定的物质基础以外，最关键的是建立和谐的家庭人际关系。婚姻是人生的一门重要课程，教师的家庭关系主要表现为夫妻关系和亲子关系，夫妻间人际关系的合作水平在很大程度上就确定了家庭的基调。在家庭生活中，怎样处理夫妻关系就显得尤其重要。要掌握以下原则：

**合理的家庭角色定位**　在婚姻初期，也许教师细心体贴的特质吸引他人，但婚后发现过度的细心也破坏夫妻关系。夫妻双方都想通过自己的努力改变对方的缺点，塑造自己心目中的理想化的形象，这是夫妻关系错位的根源，缺乏对对方需要和想法的关注，只在乎自己的需要，往往伤害了原本相爱的两个人。所以作为教师的夫妻首先要确定自己的家庭角色，正视自己在工作中的角色，也不要忽略自己的家庭角色，不要把自己当老师，也不要把爱人当学生，注意讲话的方式和方法，哪怕习惯性的语言和行为，也需要及时喊停，冷静的处理问题，不要总是找工作的理由和借口来掩饰自己沟通中的问题。

**换位思考经常交流沟通**　教师要端正自己的态度，在家庭里不要充当真理的代言者，处处都要按照自己的要求行事，家庭是个只可以讲情，而不需要讲理的地方。夫妻交流的障碍常是双方共同造成的，如果一味的强调对方的原因，就容易加深矛盾，尤其男女在处理感情问题时常有不同的思考方式，女性更容易感性的处理，不讲究逻辑性，只是罗列事实，男性更倾向用理性的方式，找出问题到处理问题最后解决问题的程序，这里女老师往往讲了好多自己的委屈和痛苦，可丈夫却没有听明白具体的问题在哪，所以当出现问题时，双方应换位思考，审视自己的问题，不要用放大镜将对方的缺点扩大化，多检讨自己。即使一时控制不好情绪，也要自己先冷静完了再说事情，而不要将矛盾激化，这才是化解矛盾增进沟通的有效途径。

**学会经营婚姻**　教师由于工作紧张，个人空间少，所以忽略了家庭氛围的营造，教师除了工作和业务学习，需要在生活中合理安排时间，与家人有更多的沟通和交流。这也可以运用时间管理的理念，将需要做的事情按照重要性和紧急程度排列分类，把每天工作的时间合理安排，回到家中就应该扮演家庭成员的角色，散步、阅读、家务、运动都可以营造出温馨和谐的家庭氛围，增进夫妻间的感情。

### 教师和父母沟通的技巧

教师与父母的关系既体现了传统的特点，有表现出了现代社会的时代特性。教师与父母的关系有冲突也有和睦，这种矛盾体现在教师缺乏与父母的沟通上。

年轻教师进入教师行业时父母还比较年轻健康，和普天下的父母一样多是为儿女的生活细节操心，但作为成人的年轻教师由于工作特点，会将与学生交往中的方式

**带到家庭中来，不能很好的听取父母的意见和建议**　由于独立意识较强，与父母在沟通时难免急躁而不注意态度和方法，这就需要年轻教师能调整好初涉讲台后，工作与生活的关系，先跟父母做好沟通，解释情绪的烦躁、焦虑或抑郁只是由于工作刚刚开展需要一个适应的过程；或者在出现沟通问题时，先冷静对待，待到心情平静时再与父母沟通交流。年轻教师大多数还没有成家，对父母的看法和意见不能完全接受，会产生排斥和反感的态度，这是由于社会发展进程快，使得两代人之间产生意识观念上的差异所致，年轻的教师需要站在父母的立场和角度多理解、包容，将思想和观点与父母交流，才能在教学初期形成良好的家庭氛围。

　　**教师成家后能够体会到父母对自己的关怀，并能亲身理解父母，会采用合适的方法与父母交流**　虽然与父母在观念上有很大的差异，但是能接受这种差异的存在，并能体会、理解父母的感受。成家后教师是家庭中主要的经济和精神支柱，回到家中不应该把工作中的烦恼带给家人，应该合理的安排长辈们的休闲生活，当父母抱怨时，要花时间认真聆听。如果与老人一起生活，要避免正面的冲突、和睦相处，确有需要解决的问题，或者夫妻一方与父母有矛盾，应该夫妻协商，采用父母能接受的方式沟通。当然矛盾的产生也是日积月累的，平时有节日要记得给父母送些礼物表示心意，让父母感受儿女的关心和尊重，这样日渐衰老的父母才能感受到家庭的需要和温暖，体现自我价值感和存在感，这样能拉近父母和子女的距离。教师与父母的分歧有时体现在教育下一代上，教师由于接触先进的教育理念和方法，而教师父母如果不能与时俱进的紧跟时代的发展，恐怕在教育理念上会产生分歧而矛盾不断，那么教师需要耐心的讲解教育的正确方法，与父母统一认识，在奖惩分明、坚持原则的教育方针下引导孩子健康成长。

　　**教师正处在年富力强时，父母已经逐渐衰老，如何陪伴父母的晚年生活也是教师家庭中的重要课题**　教师处在事业的黄金阶段，职业角色泛化使得教师与父母的角色互换，儿女变成爸妈的监护人，对父母的生活事无巨细地安排照顾。教师自身觉得心力交瘁，同时对自己无法兼顾事业与父母感到内疚羞愧。在工作与生活的双重压力下，教师也需要改变自己的角色期待，对父母要尽心尽力但要量力而行，在精神上和物质上的照顾要兼顾，如果时间上有冲突可以采取其他的方式来进行，现阶段独生子女居多，老人的赡养问题亟待解决，家庭养老或养老机构可以缓解这一问题，这样就能缓解工作-家庭矛盾给教师带来的困扰和压力，有助于家庭的和谐发展。

# / 教师与社会沟通的案例及解析 /

[案例一]

## 学生患上精神病

马国君曾是河北省井陉矿务局第一小学学生,尽管学习起来有点吃力,但一至三年级,他一直快乐活泼。从四年级开始,马国君变了,他的父母发现,他回家后常躲在屋里哭泣,问他为什么,他却始终不肯说出原因。

1998年3月23日下午的第三节班会课上,因为没有按要求带校服,班主任焦燕君让马国君站到讲台前,摘掉眼镜,当着全班同学的面,马国君被连打几个耳光,打完后,马国君流着泪一直站到放学。

马国君的父母得知此事后十分震惊,要求学校调查处理。学校就此事开展了调查,当着家长的面,询问马国君被打的经过。"四五年级被打过四十次,六年级上学期被打过十七八次",焦老师"打脸、打背、打手、踢腿",上四年级时,焦老师把马国君叫到办公室,打他的脸,把眼镜打掉,镜框裂了。"还有一次,我没有完成作业,老师打完我后,让我回家补作业,我跑到焦化厂地下室补完作业。"

1998年6月26日,校方对焦燕君的行为作出处理,让其退出教师岗位,向学生家长赔礼道歉,并赔偿四年级时打坏的学生眼镜,取消评先进资格,扣发相应奖金,通报全校教职工引以为戒。马国君并没有因此走出被焦老师体罚的阴影,班上同学开始疏远他,精神处于恐慌之中,常常独自发呆,害怕见人,夜间睡眠差,经常做噩梦,幻觉性地把"老师"看成"怪兽",形成恐惧、自卑、厌学等异常心理。

小学毕业会考后不久,马国君被父母带到医院检查,石家庄白求恩国际和平医院诊断为反应性精神病,河北省精神病院会诊是延迟性心因反应,属精神病。这一年,马国君被井陉矿中学录取,据马国君的父母说,因为病情一直没有上学,他们曾经多次劝说孩子环境变了,老师变了,但他认为所有的老师都打人。1999年10月13日,河北医科大学第五医院精神病司法鉴定委员会受井陉矿区法院委托,对马国君病情做出司法鉴定,鉴定为延迟性心因反应,与被打体罚有关。

案例来源: http://china.findlaw.cn/

案例解析：

这是一个较早的关于教师体罚学生的案例，体罚学生这一老生常谈的话题又一次引起社会的普遍关注，各界人士众说纷纭。对于这样的事件，不一样的角度有不一样的看法，校方认为通过这种方式，主要是想让学生明白勤奋能够改变人生、努力才能有成果的道理。心理学专家则认为，孩子的心理是不定性的，学校应该培养学生努力向上的精神，而不是看最终结果。学校的出发点也许很好，但这种方式可能会影响孩子的心理发育和性格塑造。学生认为，当着全班同学的面被教师体罚，伤害了学生的自尊心，给学生的心灵留下了创伤，小学生也许会因为教师的体罚而产生厌学和恐惧的心理，学生希望教师发现错误时，先说服教育，如果实在很生气，打我两下我也不在意，但尽量不要当着同学的面，这样会损伤学生的自尊心。教师认为体罚学生是恨铁不成钢，并不是出自本意，是为了学生能知错就改，成长进步。教师体罚学生这个问题时常见诸报端，而且体罚的手段越来越翻新，打耳光、使用利器，侮辱人格等，真让人胆寒。

责任感是教师职业的要求，也是法律或道德层面的要求，是否具有良好的社会责任感是作为教师最基本、最重要的素质，只有具有良好的社会责任感的教师才能培养出富有良好社会责任感的一代，案例中教师的体罚行为严重影响了学生的身心发展，在法律层面或者道德层面都是违背教师责任感的行为，这类的行为应该受到谴责，教师也应避免类似事件的发生，教书育人要讲究方式和方法，过激的方法不但达不到应有的效果，还有产生很多负面的影响。

[案例二]

## 一位老师的自述

一位老师曾经这样看待自己的职业：我是教师，不是蜡烛。我固然燃烧自己，但没有毁灭自己；我固然照亮别人，可我也照亮了自己；在提高学生的同时我也提高着自己。我从没有因"传道、授业、解惑"而失去什么，却因"传道、授业、解惑"得到了许多。教学相长，我和学生一起成长，何来只照亮了别人，更何来毁灭自己？

我是教师，不是园丁。我的工作对象是有个性有主见活生生的人，不是任人修剪的花草。我的对象是主动学习的儿童、青少年，而不是在等待肥料、水分恩赐的树木。学生岂能和花草、树木并论，而教师又何必把园丁的虚名肩起？

我是老师，不是人类灵魂的工程师，我是人类中的一分子。教育的作用很大，但难以塑造改变人类的灵魂。相反，是生生不息的人类社会，统治阶级的意志和时代的价值取向，在时刻塑造和改变着教师的灵魂，乃至决定教师的价值。

我从事着被人们称作太阳底下最光辉的职业——但我在想：总统、总理、部长是什么职业，工人、农民、战士又是什么职业？三百六十行，行行出状元。我以自己诚实的劳动，换取报酬，以此谋生以此发展以此赢得社会的尊重。是的，我需要理解和尊重，但不必给我炫目灼人的光环和廉价的赞美。清贫不是我的代名词。如果精神富有，为什么不去追求物质丰美？安贫难以思进取，安贫不能奔小康，安贫怎能会乐业？牺牲健康牺牲家庭，不是教师的专利。我恪守职业道德，为人师表，认真工作；如果只赞美教师安贫乐教累倒在讲台，顾不上父母和孩子，那不是教师的追求。

任何比喻都是蹩脚的，任何言不由衷的赞美都是同情。我是教师，我只是教师，既不伟大也不渺小，既不崇高也不卑微，既不悲壮也不苟且。今天坚冰已经打破，曙光洒满征途，我满怀信心，满怀憧憬，不断学习，不断创新，以教书育人为己任，和我亲爱的同胞一起为我们伟大的祖国，我们伟大民族的复兴，贡献才华和力气。是的，岁月同样会染白我的双鬓，但薪火相继，我的生命会在学生身上得到延续，不自卑，不自负，却因此自豪，因此欢喜。

案例来源：http://zhidao.baidu.com/question/362729360.html

案例解析：

这是一个教师对自己社会地位的认识和反思。教师承担着教育培养的作用，教师的社会地位受多种因素的影响，首先是收入情况，教师的收入比较低，正如案例中的教师所讲：我以自己诚实的劳动，换取报酬，以此谋生以此发展以此赢得社会的尊重。这本是符合社会要求和规定的，可偏偏给教师戴上了众多的光环——蜡烛、园丁、灵魂的工程师，这些光环让教师承担了更多的社会期望和责任，也增加了职业压力，所以教师常利用休息的时间批改作业、辅导学生、备课、学习，教师常处于疲劳状态，职业倦怠发生的几率也比较高。其次是职业特点，教育对培养人才方面的特殊作用以及专业化的程度，让教师获得社会尊重的同时，也多了为祖国和民族振兴的重任，那么在评价教师工作优劣时，不只有现实的标准，比如讲授的内容、方法、效果，还有指向未来的标准，如所培养的学生能否适应未来的工作和生活，是否有良好的人格品质, 能否与他人良好的交往, 因此应该给予符合教师身份的社会地位, 教师也应该正确认识自己的职业, 即使岁月染白了双鬓依然薪火相继, 使教师的生命在学生身上得到延续, 不自卑, 不自负, 却因此自豪, 因此欢喜。

[案例三]

### 不愿意做教师子女

江南某小学四班王云豪给记者的QQ上发来自己的看法: 阿姨, 其实教师子女很苦很累的, 经常会被同学误解, 而且成绩要名列前茅, 否则就完蛋了。由于妈妈是本校的老师, 王云豪成了一名教师子女。对此, 她说, 同学们都非常羡慕她, 有的甚至有些嫉妒, 可她却不喜欢当教师子女。

前几天, 王云豪的一篇习作在校报上发表了, 她很开心。可一天中午, 在她去教室的路上, 身旁一名隔壁班的同学不以为然地说: "你的文章肯定是你妈妈帮你登的吧?" 王云豪听了很气愤。这也是她不愿意成为教师子女的原因之一: 在同学们看来, 她的成绩仿佛都是教师妈妈赠予的, 与她自己的努力无关。

五年级的小林, 妈妈也是一名教师, 不过不是在他所就读的学校, 因此他并没有享受到"妈妈是教师"给他带来的特殊待遇。虽然如此, 小林依然表示"我不想做教师子女"。

小林在自己的文章里提到了"成长的三大烦恼", 其中一个烦恼就是"做教师的子女要求高"。他写道: 同学经常羡慕我, 是因为我是老师的孩子。可是如果可以换的话, 我宁愿不是教师子女。在学校里, 只要我犯错了, 老师就会跟我说: "你要为妈妈争气, 你是老师的儿子。" 每回考试考得差一点, 妈妈就说: "你跟别人不一样, 你妈妈是老师。一个老师, 如果连自己的儿子都教育不好, 怎么教育别人啊?" 我真想告诉大家, 千万不要做教师子女。

"和别的学生相比, 我自小就承受着双重压力, 因为我的父母都是教师。他们工作勤奋, 早出晚归, 没有多少时间教育我; 他们严于律己, 也以同样的标准来要求我。" 网友"贝贝"说, 她也是教师子女, 从上小学开始, 一直生活在父亲的监控下。各科考试之后, 同学们还不知道分数, 她的父亲已经开始对她进行教育了。贝贝说, 她填报志愿时, 没有一个是师范类的。父母的教师身份, 让她对这个职业产生了一种复杂的情绪。

案例来源: http://www.jhnews.com.cn/jhwb/2009-06/10/content_580831.htm

案例解析:

教师子女,这一校园的特殊群体,究竟该让人羡慕,还是让人同情?教师有比其他家长更多的了解子女学习的情况的机会,总觉得能把别人的孩子教好,就能把自己的孩子培养好,所以不自觉地提高了对孩子的要求,往往对自己孩子关注更多,发现的问题也更多,往往用完美的标准要求孩子。教师子女教育面临三大误区:父母教师化、子女学生化、家庭学校化。这些导致教师的子女会有"不愿做教师子女"的苦恼。教师父母很容易发现孩子的问题,这样无形中加重了孩子们的心理负担,也使其容易失去独立解决问题的机会。问题主要源自教师自身,首先教师的角色混乱,常把家庭当学校;其次是教师的职业惯性,对子女再教育意识薄弱;最后是教师社会交往面狭窄,人脉资源贫乏,中小学教师的生活圈相对狭窄,对社会的接触面也相对少。身为教师,面对繁重的教学工作之外,必须把对自己的子女教育问题当作重大的人生课题来对待。要调整好自己的角色,以平等的心态对待自己的子女,教师应学会调整自我角色,不要让孩子承担太大的心理压力。要客观对待自身的工作环境,变劣势为优势,为教育子女多出一份心力。

[案例四]

## 与父母有效交流

李老师,28岁,是城镇一所高中里的老师,属于青年骨干教师,平时工作非常忙碌,其父母一直担心李老师的终身大事,于是只要李老师回到家里,尽量的安排各种相亲。李老师十分无奈,在再三推脱后,决定与父母进行一次深入的交流。她首先感谢父母为自己的安排,随着年龄的增加,的确是需要考虑恋爱和结婚的事情了,由于工作的缘故,无暇顾及,让父母担心了。然后她告诉父母她的未来计划,打算再做出一点工作成绩来,最多两年是一定会谈恋爱的。同时,告诉父母,自己心目中的男友标准,请父母有以自己的标准帮忙寻找。最后表达关于恋爱这件事情,自己以后会经常和父母交流的,这次还想听听父母有什么建议。李老师的父母很满意这番话对话,内心的焦虑也得到了缓解,最后李老师和父母商量,今年的生活重心仍然是工作,然后在空闲之余,适当接触一下条件相当的异性。谈话在轻松愉快的环境中完满的解决了,李老师和家人的关系也得到了改善。

案例解析：

这是一篇关于教师与父母成功沟通的案例。李老师能体会到父母的心情，也表达了对父母的感谢，让父母感受到他们的所作所为是被女儿所认可的，最后李老师跟父母说出了自己的想法，想把工作的重心放到工作上，空闲时可以接触条件适当的异性，这些让父母收到关于李老师现状的全面信息，当父母体会到李老师也在意这件事并且有自己的打算的时候，他们的担忧就大大减轻了。李老师的沟通又充分的体现了他对父母意见的尊重，她能认真的与父母讨论，让父母参与到自己的事情中来，这样父母会很放心地让李老师做主了，这样的沟通才是有效的沟通。现在有些时候儿女先把父母排除在自己的世界之外，父母不知道儿女到底发生了什么，于是胡乱的猜疑，产生了很多的误解和差错。如果我们在于父母沟通时能够借鉴李老师的交流方式，能够常常告知父母我们的信息，他们也能够更信任我们，更安心。

中国有句老话：不听老人言吃亏在眼前，意思是老人的话有着深刻的人生道理，有些认识是年轻人所不能及的。那么就需要多与父母沟通，与父母沟通时要注意以下几点：1.要倾听父母的讲话。年龄长些，知识和经验就多些，阅历就广些，所以应该多听听父母的意见。2.多陪伴父母，常回家看看。常与父母交流，可以减少父母的孤独感，沟通的方法很多，可以打电话，写书信，网络沟通，最好是陪伴在身边，谈谈工作和生活。3.从小事做起，帮父母做些力所能及的事情。多一些关心和爱护，利用节假日帮父母做些家务，多关心父母的生活和健康，让父母感受到家庭的温馨。

[案例五]

## 一种习惯打散了一个家庭

小学教师红云已经把向学生反复强调学习重点作为一种习惯，并且把这种习惯带进了她和丈夫大勇的夫妻生活中。在生活中，她会反复絮叨、不断重复一些琐碎的事情，并希望大勇在心里不断强化对这些问题的认识。然而红云并没有意识到她的这种行为，让大勇在夫妻生活中感到约束和反感。于是，大勇开始逃避家庭生活，时常找借口逗留在外面，并通过结交异性朋友、与对方互发些暧昧短信来寻求一种解脱和心理的放松。后来大勇才发现自己"玩过了"，尽管无法接受红云的一些做法，但他并没有离婚的打算。于是他向红云坦白了自己的过错，希望求得红云的原谅。经过一段时间的争吵，大勇和红云协商签了协议书，表示以后不会再去做对不起红云的事情。但在此后，红云不断地要求丈夫重复协议的内容,并通过种种办法去检查丈夫是否做到。最终,大勇因为无法忍受红云的行为给自己带来的束缚和压力,向红云提出离婚。

案例来源:教师人际关系和谐

案例解析:

这是一个由于教师职业习惯导致婚姻破裂的案例。红云和大勇的矛盾,根源是红云将工作中的态度和做法带到家庭生活中,家庭角色功能不良,影响了夫妻的感情。红云把大勇当成了班级里的学生,反复强调琐事,并希望大勇能深刻的理解问题,把要求变成习惯性的思维和行动,就成年人来说一切试图通过简单粗暴的方式解决问题的方法都是行不通的,成年人有自己的一套评价体系,形成了完备的人生观、价值观、世界观,人格已经发展成熟,用一种新的价值观来要求其改变既需要时间、精力,还需要耐心和方法,红云如果能及早认识自己的问题,试图改变自己,我想这样的事情是不会再发生的。

首先,夫妻之间的沟通要找好家庭的定位,扮演合理的家庭角色。不要像对待学生一样去对待对方,也不要凡事都事无巨细地询问,可以给对方一个相对自由的空间。其次,要经常性的沟通,不要有事才说,端正态度,讲究说话的方法和技巧,不要觉得既然是夫妻说话就不需要"拐弯抹角",拐弯抹角有时不是一种敷衍或不真诚,而是一种态度和技巧。夫妻沟通的重点是换位思考,只有真切的了解对方的感受才能调整自己的沟通方式,改善夫妻关系。最后,关系需要经营。夫妻关系是否和谐还取决于你能在处理夫妻关系时花费多少的时间和精力,教师除了工作和业务学习,要寻找夫妻共同娱乐的空间,比如:下棋、散步、阅读,或者只是做简单的家务,也能营造出温馨和谐的家庭氛围。

[测一测]

## 中小学教师工作—家庭冲突问卷

本问卷包括22个项目,是为了了解教师家庭和工作之间关系的现状。请仔细阅读每句,然后决定您在多大程度上符合句中的描述,并在句子后的( )里填写相应的数字。您的看法无对错之分,所以不要顾忌。凭直觉选答,不必费时思考,也不要参考他人答案。

注意:1="极少发生",2="偶尔发生",3="有时发生",4="经常发生",5="总是这样"

1. 家里的烦心事使我工作时心情不好。(　　　　)

2. 我对待家人 (子女、父母或爱人) 的方式, 会不知不觉用来对待学生, 结果却不好。

(　　　　)

3. 工作上的事使我情绪不佳, 容易把不良情绪带到家里去。(　　)

4. 工作时间长, 减少了我与家人 (孩子、父母或爱人) 团聚、共处的时间。(　　　　)

5. 我会无意间用对待学生的方式用来对待家人, 家人却不接受。(　　　　)

6. 学校里遇到烦心事, 回到家里情绪不佳, 容易对家人发脾气, 使得家人也不开心。

(　　　　)

7. 学校或学生的事情多, 使我没时间尽家庭义务、分担家庭责任。(　　　　)

8. 那些在工作中有效和必需的行为方式, 用在家庭中达不到预期效果。(　　　　)

9. 用来协调家庭关系的行为方式, 我不自觉地用来处理工作关系, 却达不到预期效

果。(　　　　)

10. 家里的事使我烦躁, 这影响了教学效果。(　)

11. 下班回家后, 我感到身心疲惫, 无力再为家庭付出了。(　　　　)

12. 工作中的事情使我心情不好, 影响了家庭气氛。(　　　　)

13. 对家人的关心照顾不够, 感到歉疚, 这影响了我的工作情绪。(　　　　)

14. 我会无意间将教学中行之有效的行为方式用在家庭生活中, 结果却适得其反。

(　　　　)

15. 开展家庭活动所用的行为方式, 我会不自觉地用于教学中, 效果却不佳。

(　　　　)

16. 工作一天下来, 我已筋疲力尽, 尽家庭义务、分担家庭责任对我来说是有心无力。

(　　　　)

17. 与家人闹矛盾, 使我工作时情绪不好。(　　　　)

18. 家里的事情需要花时间做, 使我没时间参加有助于事业发展的活动。(　　　　)

19. 家庭事务繁多, 使我工作状态不佳。(　　　　)

20. 我为家里的事费神, 难以集中精力、专注于工作。(　)

21. 我对待学生的某些习惯方式, 无意中用来对待家人, 却不利于我成为好家长、好

伴侣。(　　　　)

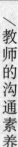

22. 家庭事务繁杂，使我没有足够的时间来考虑教学上的事。（　　）

评分指南：

（1）工作干扰家庭项目，反映被测者工作影响家庭的状况，其中3、6、12为情绪情感冲突；4、7、11、16为心理资源冲突；5、8、14、21为行为方式冲突。

（2）家庭干扰工作项目，反映被测者家庭影响工作的状况，其中1、10、13、17为情绪情感冲突；2、9、15为行为方式冲突；10、18、19、22为心理资源冲突。

（3）22个条目得分之和为该量表的总分，得分高者说明工作、家庭冲突较大。

教育必须是科学的。这种教育是没有地方能抄袭得来的。我们必须运用科学的方法，根据客观情形继续不断的把它研究出来。而且，这种教育的内容也必须包含并着重自然科学与社会科学，否则不得前进。

——陶行知

　　将自己的热忱与经验融入谈话中，是打动人的速简方法，也是必然要件。如果你对自己的话不感兴趣，怎能期望他人感动。

——戴尔·卡内基

# / 教师职业沟通素养的建构

## 一位好听众

一次一个三年级的学生忘记带上课的东西了,快上课的时候学生去找老师,下面是学生和老师的一段对话:

学生:我把数学课用的东西全都忘记在家里了。

教师:哦,你遇到问题了。

学生:是的,我忘记带数学书、题目纸和练习本了。

教师:想想看我们有什么办法可以解决。

学生:我赶快回家拿……不行,这样接着的英语课我就耽误了。

教师:嗯。

学生:或者打电话给妈妈,叫她帮我送来……可是她有时不听电话……也可能正好没空。

教师:那么这个办法有可能行不通。

学生:是啊!对了,我可以先向隔壁班的同学借一本数学书用一用,然后拿张白纸重新抄题目来做练习。

教师:看样子你把问题解决了。

学生(很高兴地):是的,谢谢老师!以后我得记着点,睡觉前检查一下书包。

案例来源:《倾听是一种艺术》

案例中,教师从一开始就做了一个好的听众。当教师听到学生将数学课上要用的东西全忘在家中时, 教师没有厉言批评, 而是指出学生现在面临的现状——遇到问题了。学生一下就感受到了教师对他处境的理解, 于是把话说详细了。教师接着没有停留在对学生处境的描述中, 而是话锋一转, 引导学生如何来摆脱这困境。说是引导, 其实从案例中不难发现都是学生在教师听的过程中自己一步一步去解决的。而且学生最后一句话还让我们感受到学生已经从这次事件中吸取了教训。这里, 师生间是真实、诚恳地袒露胸怀, 彼此真诚相对。这一切都源于该教师会听, 让学生体会到老师的期望与呵护, 领悟到自己的失误。这样的交流, 虽然教师寥寥数语, 但效果是明显而有效的。

# 建构良好的人际关系

## 师生之间如何建立良好的人际关系

教师要真正走进学生的心灵世界, 实现真正意义上的沟通, 决不能机械刻板, 徒有形式, 而要针对施教对象——学生群体与个体实际, 讲求沟通的艺术与方法, 只有这样, 才能收到沟通的预期效果, 建立良好的人际关系。

### 与学生交朋友

教师只有尊重、热爱学生, 视学生为朋友, 以平等、民主、真诚的态度对待学生, 才能在师生之间架起沟通的桥梁, 才能与学生建立良好的人际关系。

"沟通"源于平等。毫无疑问, 沟通作为一种时代精神的体现, 平等是其先决条件。平等是指沟通的主体都有同等的表达自己的机会, 同时去聆听别人的表达。保罗·弗莱雷指出: "没有平等, 就成了教训与被教训、灌输与被灌输, 就好像水遇到了油, 谈不到对话和交流, 也撞不出美丽的火花"。[1]平等, 是人与人之间建立情感的基础, 要建立和保持良好的人际关系, 平等待人是达到最佳效果的诀窍之一。

而尊重不仅是一种态度, 也是一种价值。相信人的尊严, 重视每个人的人格, 在行为上主要体现在对所有学生一视同仁, 能宽容和悦纳学生。尊重学生, 是获得学生信任的重要因素。

190

---

[1] 保罗·弗莱曼.被压迫者教育学[M].上海: 华东师范大学出版社, 2001, 23—26.

热爱学生,在教师的言行上,主要体现在关心学生的成长,了解学生的感受,设身处地为学生着想,给学生以温暖,使学生产生好感。热爱需要教师有一颗爱心,要细心的观察了解学生的真正需要,欣赏学生的每一次进步。

真诚是建立良好师生关系的一种基本的态度。真诚表现在教师真心实意地帮助学生,能坦率的向学生说明问题、表明态度,能用适当的方式表达自己的真实感受。真诚的态度往往能获得学生的理解,加强学生对教师的信任。[1]

【案例】

### 真诚的沟通,互惠你我

为了管理好班级和提高教师的教学质量,刘老师尝试在班级中设置"师误"公开簿,公开教师在教学和管理中的错误,接受学生、家长、学校领导和任课教师的共同监督。"师误"公开簿的内容主要有:

**教师的书写错误** 比如:教师在板书中的错写、漏写,课题和标题的错写、漏写等。在作业批改中,教师有时也会出现错写或漏写的问题。

**教师的教学语言失误** 即使是最优秀的教师,在课堂教学中也难免会出现一些语言失误。因为语言是非常复杂的,涉及许多方面,如语音、语调、节奏、词汇、意义等,每个方面都有可能是教师产生失误的地方。

**教师的备课失误** 很多教师在备课时,考虑最多的是教学内容和教学设计,往往对学生考虑不周。在课堂中,常常会出现这样的情况:学生没有完全理解教学内容而回答不出问题,或学生提出教师始料不及的、无法回答的一些问题。这些情况的出现主要是因为教师在备课时,没有充分考虑每个学生的认知情况、知识结构等,有时过高地估计学生的能力,而有时又低估了学生的水平。

**教师的教学操作失误** 教学操作失误是指教师在课堂教学中除教学语言(包括板书)以外的所有行为活动的失误,如实验演示失误、教具使用失误、多媒体操作失误等。而教学活动的演示或操作的正确与否将直接影响到教学信息的表达和学生对教学信息的掌握。

**教师的管理失误** 教师在管理学生时也容易出现失误,如误解学生、对学生不能一视同仁等。

2005年,刘老师刚担任一个班级的班主任,那时对学生还不太了解。一天,一个学生在上课时趴在课桌上睡觉。刘老师当即就训斥了他,并让他写检查。事后,才了解到该学生的母亲早已去世,父亲脚有残疾,靠开一部残疾三轮车谋生,该学生承担了几乎所有的家务活。特别是在那天,他父亲病了,他除了做平时的家务活外,还要照料父亲,非常疲惫。了解情况后,刘老师非常自责。这不是管理上的一大失误吗?随后,刘老师把这件事写到了

---

[1] 鲁玲,王重力.教师应注意训练与人沟通的技巧[J].云南师范大学学报,2001(3),80-81.

"师误"公开簿上。在班会课上，向这位同学公开道歉，还当场拿出50元钱给他，全班同学也都纷纷献出爱心。这个同学感动得热泪盈眶。从那以后，这个同学变了，上课不再睡觉，学习成绩也突飞猛进，期末还被评为"三好学生"。设立"师误"公开簿后，教师的威信越来越高，班级管理成效也更加显著。[1]

从案例中不难看出，有了"师误簿"，老师在教学教育每一方面的表现都在全班学生的监督之下，确实会产生无形的压力。但从学生的角度来看，"师误簿"的设置让学生们拥有了监督班主任的权利、参与班级管理的权利与知晓班情的权利，让学生深深感到自己与老师是真正平等的、老师与学生都是群体的一份子、大家都是为了该群体的更好的发展而不断努力与进步。所以，老师需要放下身份，重视感情投资，增进师生和谐，这样才利于双方的沟通交流。

### 善于倾听，理解学生

没有理解便无法沟通，不认真倾听也便无法理解。同时，教师认真倾听学生的心声，会使学生感到教师可亲可敬，并愿意向教师袒露自己的心声，从而为相互沟通打下良好的基础。

学生说话时，教师要积极地听，注意对方说话的内在含义，注意对方的感情，并做出积极的反馈。一般来说，积极地听学生说话，增加师生双方的信心和理解，减少误会和冲突，也会增加实现愿望的机会，及时得到反馈，并增进师生感情。具体说来，听的艺术表现有以下主方面：

**专注行为**　专注行为的目的是表达教师愿意聆听及接纳对方，专心地与对方同在，促使对方与自己建立信任感。它包括一些语言和非语言技巧：维持良好的视线接触，但不宜瞪眼直视，令对方感到有些敌意或受到惊吓；轻松自然的身体姿势，表示愿意聆听并鼓励对方谈话；双方保持适当的距离，太接近可能令人产生压迫感，太远令人感到不被接纳或不愿交谈；上身稍微前倾，以表示对对方的专注和有兴趣继续聆听的关系而定；用非语言信息，传达接纳的态度，如一个友善、微笑而放松的表情，通常表示接纳和对对方有兴趣聆听的意思。

**简述语意**　用简洁及扼要的语言，把对方的主要观点和对它们的理解，简要、概括地复述出来。主要要求有以下几个方面：留心细听对方说话的意思；以简洁而同意的言词回应；注意自己与对方的非语言信息；反应感觉时，不打断学生的话柄；在回应时要掌握精髓，对学生讲话中的内容不加多也不减少；措辞多元化，不一成不变。

[1]　陆艳明. 设立"师误"公开簿，搞好班级管理事[J].中小学管理，2006，(7)：37.

**善于提问**　提问的目的是为了帮助教师更全面地去了解学生，给学生一个自我了解和内省的启发。[1]

## 以情动人，报以同感

师生交往中教师对学生和蔼的态度、深切的关心能使学生与教师产生情感上的共鸣，从而更加热爱教师，相信教师，愿意接受教师的帮助和教育，实现沟通的愿望。

在师生交流过程中，报以同感是建立师生良好关系的重要手段。同感是指在交往过程中，教师自始至终表现出对学生的关注、同情和理解，总是站在学生的角度看问题，设身处地为学生着想。教师在精神和感情上与学生更加贴近，也为学生提供必需的帮助。对学生成功之时的兴奋，教师应给予祝贺；对学生的痛苦回忆，教师应表示同情；学生的困难，教师应帮助出主意、想办法，总之，教师应时时处处心系学生冷暖，关心学生甘苦。

教师对学生充满爱意和深情的称呼，常常会成为一股拨动学生心弦的暖流，这也促进师生之间的相互沟通和师生关系的和谐融洽，从而增强教育的效果。因此在教育学生的过程中，教师一定要注重与学生情感传导，这不失为一种行之有效的沟通艺术。

【案例】

### "称呼"的力量

一位特级教师来蓉作示范教学，当提出一个问题后请一位学生作答，这位学生由于平日不善表达，加之心情紧张，对教师提出的问题无法回答，只好面带愧色，低头不语。面对此种情况，这位特级教师不是对这位学生当面指责，而是轻步走到这位学生面前，一边亲切拍拍这位学生的肩膀一边给以热情鼓励，老师相信这位同学经过思考，定能回答这个问题，这位同学抬头，看见老师真诚期待的目光，受到极大的鼓励，经过短暂思考，终于圆满回答了老师提出的问题，这位特级教师当即加以赞赏："果然你是一位会动脑筋的聪明的孩子！"当剖析到教材的重点段落时，再次提问后说："我还是请这位聪明的孩子来回答。"这位同学听到老师对自己赏识性的称呼后，情绪十分激动，积极动脑，极具创见地回答了老师提出的问题。

由此可见，对学生充满深情的称呼，进行洋溢厚意的情感传导，十分有助于开启学生的心灵之窗，收到良好的教育效果。[2]

[1]　方临忠.爱是沟通的前提—谈教师沟通技能[J].传播与沟通.46—47.

[2]　阳建敏.走进学生的心灵—试谈教师的沟通艺术[J].四川教育学院学报.2006(10)34—34.

### 注重语言、体态等的表达方式

注重说话的艺术，也是实现与学生沟通的基本条件。说话是沟通的主要方式之一，教师在与学生说话时，首先要尊重学生，此时应有一定的亲切感。一般应先以问候口吻接近学生，等待学生有准备听取意见后，再把话题转入正题。当说到正题时，可用"请听"等建议的方式，提醒学生注意，然后清晰从容地说下去，说完后可用征询的口气问"你的意见呢？'如若学生不明白，可适当补充说明。

教师与学生谈话时，还要善于捕捉学生的语言和肢体的反馈信息，以检验谈话的效果。比如，学生的头朝着教师，表明学生在认认真真地听；如果学生眼睛朝着别的地方看，可能是表示厌烦，这时教师应及时调整自己的说话内容或方式，以适应学生的需要。教师的语言要尽可能诙谐幽默，让学生在会心的笑声中放松神经，产生愉悦之感，这时更易于接受教师的建议。教师在与学生的交谈中，诙谐是增进友谊的润滑剂。但是，一切都应自然得体，不能故弄玄虚，庸俗卖弄。

### 善于把握沟通时机

所为"时机"就是指要适时，适时抓住最佳沟通时机是非常重要的。人的行为要受情绪的影响，一般来说，学生所处的积极的情绪状态，就是建立沟通的最佳时期。因此要充分利用学生所处的积极的情绪状态，或运用恰当的方式和手段，诱导学生变内心的消极情绪为积极情绪，适时进行沟通。

### 注意把握学生的个性差异

由于学生所处的成长环境、生活经历、年龄差异等方面的不同，他们的心理与思想水平有很大差异，这种个体心理、思想差异，在沟通中必须引起足够的重视。这就需要教师运用灵活的头脑，对学生的内心活动有敏锐的觉察力，结合学生的特点进行沟通。

### 教师与家长应如何建立一种和谐关系 ╱

绝大多数老师和父母都是爱孩子的，共同的目标就是培养孩子成人。有了这个共同的目标，父母和老师的合作就有了重要基础和建立良好人际关系的基石。教师与家长要建立真正意义上的和谐关系，不仅需要平等合作的原则，更需要方法和艺术，这是科学的选择。因此，作为教师，要与家长建立起和谐的关系，必须做好以下几点：

### 在与家长沟通前，要做好调研工作

教师的工作对象——学生都是有着自身的个性差异的，而他们又来自千差万别不同的家庭，因此了解各个家庭的自然状况是沟通工作的第一步。没有做好调研工作，就无法有效的沟通。

### 在与家长沟通时，要学会倾听

学生发展的快慢，他们是否能尽情地发展，他们发展得是否全面与和谐，较大程度上取决于教师对他们发展潜力的开发与促进。而对学生潜力的挖掘光注意学校是不够的，另一方面是家庭。因此，教师在与家长和谐沟通中的最有效的方法是倾听。

倾听是注意地听，通过意志的努力在听，也就是用心在听、用心去听，积极地听出显性和隐性的内容，实际上是：听+观察+思考。[1]

【案例】

王浩上小学六年级了，成绩一直名列前茅，但在最近一段时间成绩有所下降，张老师经了解发现他经常出入网吧，和一些不三不四的人有交往。张老师决定找家长来沟通一下。通过倾听王浩母亲的讲述，张老师梳理并得出以下几点：A.王浩非常崇拜从事电脑工程师的爸爸，但是几周前，他与一个漂亮的女人离开了家去南方发展去了。B.王浩母亲勇敢地承担养家育子的义务，但孩子的情绪一直很难稳定，成绩下降，不听劝说。C.王浩从出生到现在，头脑非常聪明，兴趣十分广泛，对一切新的东西都很好奇。于是张老师与家长一起从心理的角度制定了帮教方案，通过双方共同努力，王浩终于克服了心理上的困难期，向以前一样努力学习了。

通过这个简单的案例，我们可以看到通过倾听，我们获得这样一些信息：学生身体上的发展、心理上的发展、生活经历上的发展、思想认识上的发展、道德水平上的发展。教师只有用发展的眼光来看待学生，才能从真正意义上追求共性和个性的统一。

在倾听过程中教师应注意：①不随便插问，打断思路。②不过早表态，避免主观臆断。总之，倾听是对人的尊重和欣赏，也是教师、家长心理和谐的标志。

[1] 司华台.教师与家长沟通的技巧[J].剑南文学.下半月.2011 (9) : 242-243.

**真正做到换位思考,是教师与家长建立和谐人际关系的重要基石**

【案例】

张明是个聪明、可爱的孩子,但遗憾的是上学前班时在马路上被汽车轧断了一条腿,更加不幸的是他父亲、哥哥是癫痫病人,母亲靠打零工养活全家。上学后,学校免去了他学习的所有费用。开始明明由母亲背着上学,后来,由哥哥背着上学,看到这一切,班主任找来他母亲,认为让一个病人背一个残疾孩子时刻都会出危险。母亲又忙于生计,不如把接送明明的任务交给班级同学,明明妈妈同意了,这样全班同学一直照顾他六年,明明也以优异成绩考入了省实验中学。

通过上述案例,我们看到老师与家长换位思维,老师看到学生家庭的难处,并想到切实可行的方法来帮助解决问题,这不仅对学生的成长起到至关重要的作用,同时更能激发老师与家长各自对双方工作的理解与支持。

**达成共识,拥有一致的教育理念是教师与家长建立和谐人际关系的关键条件**

学校也好,家庭也好,不管是出自哪个方面的利益,总有一个共同的目的,就是培养孩子成人成才。沟通中微笑也好,听也好,换位思维也罢,最终的目的是达到对孩子协调一致,学校办学理念和家庭教育和谐,一起形成共识。特别在进行课程改革的今天,让家长了解新课程标准十分重要。

【案例】

徐洋洋的父母都是大学毕业生,他们都通过自己的辛勤努力而考取大学的,但是,在今天,他们发现孩子的作业量少了,不再像他们之前那样的题海战术了,大为不解,认为这是学校、教师对学生不负责任,对老师的教学也十分不满。于是,"学校不愿多给孩子留作业,我们自己来布置。"弄得徐洋洋不仅是课堂上学的知识掌握不好,而且对家长产生抵抗情绪。最后,他们在学校、老师的帮助下,弄清课改的意义,和学校老师达成共识,徐洋洋不但成绩上去了,还在学校里参加两项课外兴趣小组,绘画和作文在省市获奖。

学校担负着对青少年健康成长与学业成才的重任,要很好地完成这一任务,仅仅依靠学校教育,依靠教师的力量是远远不够的。充分发挥家庭教育的作用,调动家长的积极力量,则是十分重要的。而加强教师与家长的沟通,提高沟通的策略则是发挥家长作用的基础。

仅仅是教师单方面的努力是不够的,作为家长,要与老师建立良好的人际关系,需要做好以下几点：

### 了解学校、关心学校的情况与发展

家长主动了解、关心学校有两个方面的意义：一方面可以帮助孩子正确认识学校这个客观环境，适应这个环境，尽快进入各个阶段的学习角色；另一方面还可以提高孩子克服困难的能力。因为学校的校容、校风、教师的素质、精神面貌、学校领导者的管理水平，都对孩子有很大的影响。这就需要家长首先正确面对客观环境，再和学校老师一同去正面引导、教育孩子热爱学校，关心学校。切忌在孩子面前指责学校、说长道短，这将对孩子产生非常不利的影响。

### 要积极参加学校组织的各项家庭教育活动

学校组织的家庭教育活动主要有：家访(包括电话联系)、家长座谈会和家长学校等。家访，是教师主动与家长加强联系，实现共同教育孩子的一种较好的沟通方式，作为家长尤其要重视。一方面，对教师的家访要热情接待，积极配合，认真交换意见；另一方面，又要正确对待孩子的缺点，不要使孩子对教师的家访产生恐惧感，认为教师家访都是来告状的。这样，就失去了相互配合、共同教育的意义了。

家长座谈会，是学校与家长相互沟通的另一种方式，既可使家长了解学校教育教学的内容、要求、方法等情况，又可使家长了解孩子的学习、表现以及在班级中的情况，使家长对孩子施以教育影响能够做到有的放矢。

家长学校的学习，既是实现家庭教育与学校教育和社会教育三方面统一的好方法，又是使家长掌握科学的教育方法、提高对孩子教育有效性的重要途径。通过家长学校的学习，能使家长掌握有关心理学、教育学等方面的知识以及教育、教学的一般规律性，学会用科学的眼光认识孩子，从而提高家庭教育的质量和有效性。

### 家长与教师要相互树立威信

家长与教师的威信是来自多方面的。如：自身的知识、品德、性格、情趣以及言谈举止等，除此之外还有一点不可忽视的，那就是家长与教师应该互相树立威信。在实际生活中常常有家长在孩子面前埋怨老师，教师在学生面前埋怨家长。但家长和教师可曾意识到，这种埋怨往往是在互相削弱威信，实际上这些埋怨是家长在指责教师，教师在贬低家长。这等于是在给孩子消极的暗示;老师的做法是不正确的,家长的做法是错误的。于是,很容易使孩子失去对教师与家长的尊重和信任。

这种互相削弱威信的做法,首先使个别孩子可以利用家长与老师教育上的不一致钻空子,甚至造成孩子说谎或双重人格。其次,使孩子难以明辨是非,对父母和教师的教育产生怀疑,认为既可听从亦可不理不睬,极不利于对孩子的教育。因此,为了取得教育上的一致性,家长和教师对彼此的工作应互相支持,互相弥补,如果双方的意见不一致时,可以当学生不在时交换意见,提出建议,决不能当着孩子的面互相指责和贬低,这样才能树立彼此的良好形象,更有利于对孩子的教育。

### 家长要主动拜访老师

学校和家庭是教育孩子的两个主要环节,只有加强联系,互相配合,才能收到最佳的教育效果。因此,家长要经常与学校联系,交流看法,共同探讨教育方法,形成一个教育整体,以促进自己的孩子全面发展、健康成长。家长主动关心学校工作,真诚地帮助学校,热忱地支持教师的工作,那么孩子对于学校和自己的老师也必然采取尊重的态度。[1]

去学校拜访老师,一学期可以有三次,开学、期中、期末阶段。开学初的拜访主要是向老师反映孩子在假期中的情况及家庭在新学期对孩子的要求打算;期中和期末的拜访主要是了解孩子一个阶段以来在德、智、体、美等各方面的表现和发展情况,并商讨下一阶段的教育措施。但如果发现孩子情绪低沉、无精打采、心神不定、对学习不感兴趣、结交朋友增多、不按时回家等反常现象,应及时向老师反映,一起分析,找出原因,以便对症下药,进行有效的教育和疏导。当孩子有明显进步时应及时与老师联系,以激励孩子不断进步,这种拜访对后进孩子尤其有效。另外,家庭内部的矛盾或纠纷不要转移到孩子身上,使孩子受影响。

家长到学校与老师沟通,要坦诚的同教师交换意见,不必过多的拘泥于形式。另外,老师也并不是灵丹妙药,学校教育不可能代替家庭教育,家长也不能希望教师解决所有的教育问题,只有一方面加强教育,另一方面积极主动地与学校携手合作,才是正确的教子之道。

[1] 吴敏.家长要学会与学校和教师沟通[J].四川教育学报.2003(6).

学校管理者，尤其是校长与教师的关系是领导与被领导的关系，是直接的上级与下属的关系，这种关系表面上看是一对矛盾，但从根本目的上，他们却是一致的，那就是都是为了更好的教育学生，所以，校长与教师之间实质上应该是一种团结协作的关系，这种关系决定了校长与教师之间必须进行沟通和交流，建立一种和谐的人际关系。

**对于教师自身来说，需做到以下几点，来促进与学校管理者之间的和谐关系的建立**

### 应尊重领导，准确领会意图

为了正常地做好教师的教学工作，学校领导的权威需要积极维护。领导能成为领导，一定有他的过人之处。作为教师应在各方面维护领导的权威，支持领导的工作。不可意气用事，更不能放任自己的情绪，非议领导的行为，甚至蔑视领导。如果受了领导的批评，教师要明确领导在提出批评时一般是比较谨慎的，而一旦批评了别人，就有一个权威问题和尊严问题。如果把批评当耳旁风，我行我素，其效果也许比当面顶撞更糟。领导如果批评错了，只要处理得当，有时会变成有利因素。但是，如果不服气，发牢骚，说怪话，那么，这种做法产生的负面效果会使教师与领导关系出现僵化甚至恶化。

如果领导做出的某项决策确实与教师的工作思路大相径庭，那也不妨首先执行这个决策，然后在私下里找领导交流一下，提出自己的看法，通过交流弄清领导做出此决策的真实意图。这样，教师就能知道在实际工作中，通过何种途径更好地完成任务。对领导的决策应在实行的过程中思考其目的，把握好加入个人意见的分寸，进而达到预期的工作效果。

### 要注意时机，恰当运用体态语

领导者的心情如何，在很大程度上影响到教师沟通的成败。当领导者的工作比较顺利、心情比较轻松的时候，这是与领导进行沟通的好时机。教师可以向领导表达祝贺的同时，提出自己对学校某些问题的看法。领导一天到晚要考虑的事情很多，假若仅仅为了一些琐事，就不要在领导埋头处理工作事务时去打扰他。领导心情不好，或者处于苦恼时，任何人的意见他很难听进去，不便于沟通。在学生面前或校外人员面前，包括在教师面前，一定要维护领导的权威。在必要的场合，教师从工作出发，摆事实、讲道理，也不必害怕表达出自己的不同观点，相信学校领导一定能正确对待。

还有，刚上班时，领导会因事情多而繁忙，到快下班时，领导又会疲倦心烦，显然，这都不是与领导沟通的好时机。一般在上午10点左右，此时领导可能刚刚处理完早晨的业务，有一种如释重负的感觉，同时正在进行本日的工作安排，教师适时以委婉方式提出合理化的意见或建议，往往会比较容易引起领导的思考和重视。还有一个较好的时间段是在午休结束后的半个小时里，此时领导经过短暂的休息，会有更好的体力和精力，比较容易听取别人的建议。总之，要选择领导时间充分、心情舒畅的时候提出意见、改进工作的思路与方案。

与领导沟通，一定要把握尺度，不能无原则地扯关系、套近乎。对领导提出的问题发表评论时，应当掌握恰当的分寸，有时候点个头、摇个头，都会被人看作是对领导意图的态度，轻易地表态或过于绝对地评价都容易导致工作的片面或失误。同时，教师可以通过自己的体态语言来为自己的沟通加分。在面对领导时，教师应面带微笑，充满自信。在与领导交谈时，应有一个积极乐观的心态，向领导叙述重要事宜，或回答领导提问时，可以做到目不斜视地盯着对方的眼睛，这不但会增强语言的说服力，还会给领导留下精力充沛、光明磊落的印象。听取领导讲话，高兴时不妨扬起眉，严肃时瞪大眼，困惑时大胆问，听完后简要复述，这样做会给领导留下头脑敏锐、率直认真的印象。反之，如果唯唯诺诺，无动于衷，就会给领导留下反应迟钝、消极应付的感觉。

### 要加强学习，提高沟通效果

教师与领导沟通效果如何，很大程度上取决于教师自身的实力、活力与魅力。所以，教师应加强学习，提升自身素质与能力。同时，还应学习沟通方面的技巧，增强与领导沟通的本领。由于个人的素质和经历不同，不同的领导就会有不同的领导风格。教师应加强沟通方面的学习，在与他们交往的过程中区别对待，运用不同的沟通技巧，获得更好的沟通效果。

对控制型的领导，与他们相处，重在简明扼要，干脆利索，不拖泥带水，不拐弯抹角。面对这类领导，无关紧要的话少说，直截了当，开门见山地谈即可。此外，他们很重视自己的权威性，不喜欢部下简单地否定自己的决策。所以，应该更尊重他们的权威，认真对待他们的指令。即使在称赞他们时，也应该称赞他们的成就，而不是他们的个性或人品。

对互动型的领导，要公开赞美，而且赞美的话语一定要出自真心诚意，言之有物，否则虚情假意的赞美会被他们认为是阿谀奉承，从而影响领导对你个人能力的整体看法。亲近这类领导，应该和蔼友善，不要忘记留意自己的肢体语言，因为他们对一举一动都会十分敏感。另外，他们还喜欢与部下当面沟通，喜欢部下能与自己开诚布公地谈问题，即使对他的决策有意见，也希望能够摆在桌面上坦诚布公地交谈，而厌恶在私下里发泄不满情绪的部下。

对实事求是型的领导，可以省掉话家常、套近乎的时间，直接谈他们感兴趣而且实质性的东西。他们同样喜欢以直截了当的方式，对他们提出的问题给予明确而具体的解答。同时，在进行工作汇报时，多就一些关键性的细节加以说明，不需要远兜远转绕圈子。

另外，教师在汇报工作或探讨问题时，应设想领导的某种质疑，事先准备答案。在与领导交谈时，一定要简单明了。对于领导最关心的问题，回答要重点突出，言简意赅。因此，在说服领导时，要重点突出，简明扼要地回答领导最关心的问题，而不要东拉西扯，分散领导的注意力。领导统管全局，他需要考虑和协调的许多事情，教师并不完全清楚，应该在阐述完自己的意见之后，有礼貌地告辞，给领导一段思考和决策的时间。即使领导不愿采纳，也应该感谢领导已经认真倾听你的意见和建议，同时让领导感觉到你对工作有积极性、主动性，对你的班级工作就会给予更多的关心与支持。[1]

### 对于学校管理者，尤其是校长来说，应做好以下几点：

#### 认真倾听教师的倾诉

心理学研究表明，人在内心深处都有一种渴望得到别人尊重的愿望。倾听是一项技艺，是一种修养，甚至是一门艺术。学会倾听，应该成为每一位校长的一种责任、一种追求、一种职业自觉，倾听也是校长必不可缺的素质之一。懂得倾听，不仅是关爱、理解、尊重，更是调节校长的教师关系的润滑剂。

倾听，不同于简单地聆听。"聆听"只是做出听的样子，而"倾听"却是包括理解与反馈在内的所有听的过程。倾听，是需要注意力、理解力和记忆力的。校长不要急于在倾听中做出判断，而是感觉对方的情感，分析和总结教师倾诉的信息，有意识地注意非语言线索，倾听过程中注重体态语，并不时地进行简短地询问，以增强倾听的效果。教育家卡耐基说："做个听众往往比做一个演讲者重要。专心听他人讲话，是我们给予他的最大尊重、呵护和赞美。"如果校长能够成为教师的听者，不仅能赢得每一位教师的尊重和支持，形成良好的人际关系，而且能提高教师的满意度，使其能继续坚持不懈地为实现学校的目标而努力。

[1] 李春晖.论中小学班主任工作的有效沟通[D].苏州大学.2010.25—27.

**交谈要讲究语言艺术**

交谈是有效沟通的主要形式。在学校管理中，交谈是改善校长和教师之间关系的有效形式。但在现实中因为校长地位的权威性，交谈往往是不对等的，如果校长在交谈中不讲究点说话的语言艺术，往往不能取得预期的效果。交谈要把握好四要素：

(1) 尊重教师，以真诚的欣赏与赞美为前提

校长在和教师交谈要文雅、谦逊，不能拿架子、耍官腔，不强词夺理、恶语伤人，要有真实的情感和诚恳的态度，心平气和以理服人。这样才能使人相信，只有使人相信，才能达到预期效果。

(2) 交谈要顾及教师的面子

当着学生的面，不是责备教师，并把"小张"和称呼改成"张教师"；当着其他老师的面不要批评得过重，要给教师留足面子；要把正直的"批评"留到没有第三者的"面对面"。

(3) 嘉勉要诚恳、赞美要大方

"不惜肯定和赞美之词"是沟通艺术的关键所在，每个人都是想被人所认可的，而东方人含蓄、隐讳、词汇的多义往往意思不外露，喜欢用"蛮好""不错""还可以"等词，而西方人则直言不讳，用"好极了""棒极了"等词。相比之下，东方人的赞扬词的效果与其本意的效果就大打折扣了。

(4) 善于察言观色，解教师之难

作为校长，要读懂教师，洞悉他们的心灵世界，要像孔子说的那样，"视其所以，观其所由"。要有细心和善于发现问题的慧眼，并能准确地找出症结所在。然后用呵护备至的爱心、金石为开的诚心、不厌其烦耐心地去化解教师的心理症结，让作为特殊知识分子阶层的教师的心田永远是春天。[1]

## 教师之间如何建立一种和谐关系

教师与教师之间的有效沟通、建立良好的人际关系也是非常重要的，尤其是班主任这一群体与科任老师这一群体之间的关系是否处理得当，尤为重要。在学生成长的过程中，每一位与学生直接接触的老师，他们的品行、价值观等或多或少地影响着学生。

[1] 李炳忠.浅谈校长与教师的沟通艺术[J].新课程学习.2009.5-6.

所以任何学生的成长，是与学生直接接触的教师集体努力的共同结果。这份集体力量发挥的大小主要就取决于班主任老师平时与任课教师之间的协调沟通关系。因此，班主任老师与科任老师之间建立一种和谐的人际关系，对于教学的效果起到促进作用。

**循循善诱，激发情感**

班主任应将任课教师的人品修养、教学成果等向学生详细介绍，使学生对其产生敬仰、敬佩之情。班主任还应在班级中加强尊师教育，让学生尊敬每一位教师，理解教师的一番苦心，珍惜教师的劳动成果。同时，班主任在任课教师面前也可将学生对该教师的良好评价给予及时反映，多介绍班级学生各方面的发展情况和现实表现，让任课教师感受到受尊重与对学生的好感。

【案例】

某班在教师节召开庆祝活动，别出心裁地给每位任课教师颁发了奖项。活动前，学生搜集了任课教师的照片、取得的荣誉、以前或现在学生的评价，制作了精美的PPT课件。活动中，随着优美的音乐，播放着老师的照片，显示着学生评价的字句，同时简短地介绍该教师取得的荣誉，而后念颁奖词，请老师上台来接受贺卡与鲜花（贺卡上就有颁奖词）。有的老师是"最具思辨奖"、有的老师是"最具阳光奖"、有的老师是"最具个性奖"，等等。老师们拿到奖项，相互间交流着，非常激动。有的老师说，工作二十几年，第一次从学生手中接到奖项，真是终身难忘。

**适时创造机会，促进融洽关系的形成**

任课教师接触学生仅局限于45分钟的课堂，面对面谈心、交流的机会很少，班主任应努力创造机会，在学生与任课教师之间架起友谊的桥梁，密切师生感情。如安排值日生做好清理讲台、擦净黑板及帮助老师准备教学用具等工作，每次班会或大型活动，可安排学生邀请任课老师一起参加，加深彼此的了解；每逢有纪念性的节日，如教师节、圣诞节等，班主任可点拨学生，送去一份小小的自制的祝福；当任课老师个人或家庭有困难时，可引导学生给予力所能及的帮助等。另一方面，班主任应及时主动征求任课教师对班级工作的意见和建议，对任课教师的意见尽可能采纳并施行，使任课教师不仅感到他们的意见能受到尊重，而且是教师的人格得到尊重。

【案例】

下课后，英语老师刘老师对班主任王老师说："刚才一节课，沈同学与同桌玩了一节课，一点学习的积极性也没有，这样的学生真是没救了。"王老师很着急，马上找到沈同学并批评他："英语老师说你上课时老是与同桌闲聊，违犯纪律，不认真学习，既影响自己的学习，也影响他人的学习。我看你在这个位置上是坐够了，那么调位吧，调到教室最后一排，自己一个人坐一桌。"任课教师向班主任反映学生的"坏话"，目的无非是想让班主任掌握更多的班级情况，以便能更有效地抓好班级管理。班主任听到后，应该先将这些"坏话"藏到心里，然后根据"坏话"表现出来的管理方向，有目的地开展班级管理工作。

像上述案例中，座位调了，沈同学气了，他生英语老师的气——英语老师你够"狠"，竟然向班主任告我的"黑状"，让我受训挨整。看到沈同学被调了位，英语老师心里也不舒服。从此英语老师与沈同学之间就有了"情绪间隙"，师生关系就不和谐了。而且，从全班学生角度考虑，估计全班学生会认定英语老师是个喜欢告状的老师，这不利于英语老师在学生心中的形象树立。反之，如果英语老师是表扬学生的，班主任老师去这么大张旗鼓地传达表扬一番，则既会激发学生向上的心理，同时对英语老师会有种亲近感。所以，班主任应及时传达"好话"，将"坏话"藏一藏，这样才有利于班级整体与任课教师的良好沟通。

### 班主任与科任老师沟通时应运用说话的艺术

#### 向科任老师征求和交换意见时要郑重

即使班主任对科任老师心很诚，但在说话时口气让人觉得有点不在乎，也同样得不到科任老师的支持和配合。平时关系再好，在听取对方意见时也一定要认真。这样，别人才觉得自己说的话有意义，才诚心地和你说。

#### 考试后向科任老师了解情况时，说话要慎重

谈论班级情况，忌说"我班如何"，应说"咱班如何"。考试后说话更要慎重，以免伤害科任老师。考好了，科任老师高兴，班主任也高兴。但不要高兴得忘乎所以，把成绩揽到自己身上，比如，说"我觉得这次就该考好了，我平时费了这么大劲……"；要多感谢对方，"你没白费劲……"。考不好，科任老师本身就不高兴，班主任就不要雪上加霜了，不要说"怎么会考这么差呢?这段时间我抓得够紧了……"，"其他科都考得不错，唯独××考得不好"等等。也有的班主任平时很少与科任老师沟通，但考得不好时，却在科任老师面前大谈如何管理学生. 如何抓学习等。虽然没有直接责怪科任老师，但科任老师这时很敏感，会感到你是在抱怨。即使你再不高兴，也要控制自己，因为此时说什么都晚了，倒不如鼓励、安慰科任老师，也许下次会有起色。有的科任老师主动向班主任道歉"别的科都考得挺好，只有我这科考得不好，白让你平时费了这

么大劲。"班主任应说："学生的精力和时间是有限的，其他科用得多了，当然这科就少了。这说明学生不会合理分配时间，今后我们要多提醒他们。下学期咱们共同努力，没关系，会赶上来的。"

**在学生面前，应尊重科任老师**

班主任是学生模仿的对象，一言一行都会影响学生。班主任对科任老师的尊重，比口头教育学生尊重老师效果要好。学生看到自己的班主任这么尊重科任老师，自己作为学生更应该尊重了。

# / 沟通不畅与心理调适 /

## 教师与学生沟通不畅与解决方法 /

由于教师与学生的年龄、能力、阅历、学识、所处社会环境、地位，以至思维方式、情感、个性等都有所不同，观察同一事物或问题的角度自然发生差异，而采取的解决方式就不可能一致，这种分歧发展到一定阶段，就会导致师生之间的沟通不畅，甚至上升为冲突。

### 沟通不畅导致的冲突与表现

#### 学生过错冲突和教师过错冲突

学生过错冲突：一是有些学生既缺乏基本学习能力，又缺乏责任感、同情心，当他们违纪违规受到教师批评时，随意顶撞；二是少数成绩好的学生，自视过高、虚荣心过强，受到教师的批评时也会顶撞；三是学生干部在班级工作中与班主任的意见不一致而发生冲突；四是部分学生心理素质不稳定、自控能力差，容易和教师发生冲突。

教师过错冲突：一是对学生冷漠，缺乏爱心，缺乏情感交流；二是对待学生不公平，厚此薄彼；三是情绪不稳定，易将个人工作、生活中的烦恼迁移或发泄到学生身上；四是教育方法不当，对学生采取居高临下的姿态，动辄训斥学生；五是处理问题失当或失误时，顾及面子，未能及时矫正，引起学生不满而导致冲突发生。

**课堂冲突和课余冲突**

课堂冲突：师生接触最多的地方一般就是课堂上。课堂冲突多表现为课堂上的纪律管理，即由于教师所教内容和学生接受能力之间产生差距而造成的冲突。

课余冲突：课余冲突一般是在课间。实质上这类冲突往往是课堂冲突的延伸，即师生由于课堂上发生过冲突或由于长期的隔膜所形成的偏见、成见在课堂外某一特定场合或环境因某一事端而引发出来的。

**师生个体之间和教师与学生群体之间的冲突**

个体冲突：个体冲突是一个教师和一个学生之间的冲突，影响范围小，但对学生及教师个人产生的影响有可能更为严重。

群体冲突：群体冲突包括一个教师和学生群体的冲突、一个学生与教师群体的冲突、学生群体和教师群体的冲突。这类冲突常常是由于教师处事不公，激起"公愤"或由于教师的教学有错失、教学方法不当而又缺乏自我批评精神而引起学生群体的不满。

**持续性冲突和偶发性冲突**

持续性冲突：持续性冲突一般是指由于各种原因，学生因对某老师有意见，持续不服从教师的教育、不理睬教师，甚至对教师怒目而视，而老师也常用刻薄的语言讽刺挖苦学生，结果导致冲突的激化。

偶发性冲突：偶发性冲突没有复杂的过程和背景，大多是因为偶发事件而产生的冲突。


**心理调适与解决策略**

师生关系影响着班级气氛，影响着教学活动的组织及其效果，影响着学生的学业成绩。融洽的师生关系孕育着巨大的教育"亲和力"。我国教育名著《学记》中说"亲其师而信其道"就是这个道理。师生能恰当地沟通是解决师生冲突的最好方法。

**从时间策略的角度，解决沟通不畅**

（1）课堂时间

课上师生活动空间基本上以教室为主，在时间上以授课为主，用以师生沟通的时间十分有限，但却是师生沟通的主阵地。从时间上来看可分为以下三个阶段：

上课前：课前教师应提前几分钟到教室，利用这几分钟与学生进行沟通，如询问学生课前准备工作有没有做好、要准备哪些东西等等，这样不仅能帮助学生提前进入角色，又能拉近师生之间的距离，上好一堂课就有了一定的保证。

上课时：上课时以教学为主，教师也应不失时机地与学生进行沟通，课堂上师生能沟通好的话，将起到事半功倍的效果，不过一定要注意沟通的技巧。教师要尊重学生，提问应和蔼可亲，学生回答完问题应请其坐下，即使回答错了也要多用鼓励性的语言，尤其学生上课违反了课堂纪律，也不要轻易辱骂学生，有时一个善意的微笑、一个小小的玩笑，能起到意想不到的效果。如上课时同桌的两个学生互相推搡，我们可以让他俩站起来，说："如果你们真想一决高下，我很高兴做你们的裁判，相信同学们也很愿意做一下观众吧。"在学生们的笑声中我们可以说"上课认真听课好吗？"我相信，接下来这两位学生一定会听得很认真。

下课时：下课后教师不要马上急着离开教室，应让学生先离开，这一点有很多教师可能并未在意，殊不知这小小的一个举动会让学生觉得是老师对他们极大的尊重，会引起学生对老师极大的信任，同时教师可以询问一下学生这节课听得怎样、还有什么地方没有听懂、哪些地方需要老师作进一步改进等等，这些对于教师来说都是有益的，所谓"教学相长"就是这个道理。

(2) 课余时间

利用课余时间与学生进行沟通会让人感觉更自由一点，因为课余时间受时间和空间的制约相对要小得多，沟通的话题可以更广泛一些。从球场上、食堂里、宿舍中到劳动时都是师生进行沟通的好机会，学校、社会、家庭、朋友、同学都是沟通的话题。只有在这些时候，教师才能发现学生身上不易觉察的闪光点，学生也可以了解到老师除了上课以外的另一面，这样的沟通更自然也更亲切，容易拉近师生之间的距离，自然也就增进了师生之间的友谊。[1]

**从方式策略的角度，解决沟通障碍**

(1) 面对面谈话式沟通

这是最直接、最传统的沟通方式。师生直接面对面真诚而坦率地交谈，沟通的效果可能立竿见影。这时师生的空间位置关系有如下几种：师坐生站、师站生坐、师生共站、师生共坐等。一般情况下，前两种均不太好，因为我们在师生沟通时应尽量注意师生的平等，尽量多给学生一些尊重；在室外只能是师生共站，在室内最好是师生共坐沟通较好，即使这样还有许多种位置关系，如是面对面还是并排坐，师生保持多远的距离等都有讲究，都会影响沟通的效果。

(2) 书信交流沟通

书信交流进行沟通也是较为传统的一种师生沟通策略，即使在信息高度发达的今天，这种沟通方法还会起到很好的作用。在某种环境下可能有些事情师生之间不方

[1] 刘恒文.谈师生冲突中教师的沟通应对策略[J].班主任之友。2008 (8)：9–10.

便直接面对面沟通，那么通过书信来沟通不失为一种较好的方法。通过这种沟通，教师可能会了解到学生中平时不易掌握的情况，可以了解学生的内心世界，而作为学生也会得到教师更为全面的帮助和指导。其实班主任写在成绩报告单上的评语也是书信交流的一种，家长则可以通过回执来反馈学生在家里的表现等。

(3) 周记和作业沟通

现在很多教师尤其是班主任都要求学生写周记，通过周记来了解学生一周以来学习、生活、思想等方面的情况，这是很好的一种办法。可实际上有很多教师这样做只是流于形式，因为别人这样做了，我也就这样做。其实我们可以通过周记和学生进行沟通，这就需要教师具备一定的敏感性，能在学生周记的字里行间及时捕捉学生的信息，然后进行必要的沟通，如写一段鼓励性的话语，提出几点具体的要求，讲讲教师心里的一些感受等等，都可能引起学生的共鸣，对学生是一种极大的促进和帮助；在批改作业时也不应只满足于对和错，作业本也可以成为师生沟通的重要途径，如教师可在作业本上写道："做得真不错"、"希望你继续努力"、"以后可不要再这样粗心了"等等，也会起到良好的效果。

(4) 电话及网上沟通

随着信息产业的不断发达，电话已经普及，因此通过电话沟通已经很容易做到了。一个电话一声问候，拉近了彼此之间的距离。一个经常能通过电话与学生进行沟通的老师，一定是个在业务上认真、对学生负责的好老师，也更容易赢得学生的尊重，学生也更愿意把自己的心里话向这样的老师倾诉，师生沟通将会更加顺畅。随着当今互联网的日益发展，上网也成了学生业余生活的一部分。我们可以利用网络的优势来与学生进行沟通，学生不是喜欢上网聊天吗？我们就建一个聊天室，让喜欢聊天的学生都进来，在虚拟的世界里和学生聊天，这样师生沟通会更自然一点。

总之，在教育教学工作中师生之间的冲突是难以避免的，关键是我们教师要利用不同的时间和方式与学生进行知识、情感等方面的沟通，增进师生之间彼此的了解和谅解，当师生之间能真正喊出"理解万岁"时，教育教学将更具有亲和力，冲突将可能会消失，学校也将会成为学生的天堂！

### 教师与家长的沟通不畅与解决方法 /

学校教育与家庭教育在这个教育的整个整体中相互依赖、相互作用，分别发挥着不可替代的作用。因此，在教师与家长之间加强沟通、合作，对学生教育的效果具有至关重要的意义。但是，目前教师与家长沟通意识不强、沟通技能低下、沟通策略缺乏、沟通存在障碍等问题正变得非常突出和普遍。这非但不利于孩子的健康发展，也直接导致了家长与教师之间关系的紧张或恶化，甚至酝酿了尖锐的冲突。教师与家长沟通关系到学校的生存和发展，与学生的健康成长息息相关。目前，对沟通策略问题的探讨非常迫切而必要，但沟通作为一种复杂的心理交流行为，比一般人所想象的要远为复杂。

## 教师与家长沟通需要注意的几个心理误区

### 居高临下，好为人师

作为教师，职业习惯容易造成教师居高临下、好为人师的心理，这样的心理会让教师在和家长的交流中，不注意倾听，不注意分析学生、家长的特殊情况，而急于抱怨学生、指责家长。教师普遍对教育学困生感到头痛，在苦口婆心的教育后，如果效果不佳或家长稍有配合不力，可能往往会迁怒于家长。有时就会直接的、甚至最后通牒式提出指导意见。一味指责、抱怨、教训、教育的口吻会使家长产生"低人一等"的屈辱感，容易引起家长的反感，影响家长积极主动地去思考和寻找解决问题的方法。

### 急功近利

教师是一个奉献多于获得的职业，在工作中必须不断提高修养，在微薄的工资和无尽智慧、精力的奉献之间才能够获得一种心理的平衡。但是，如果教师把成绩和评价仅仅建立在各种量化标准上，而不顾学生的终身发展和学生的实际情况，那么教师在和家长的交流中，就会容易被功利心所诱导。

对于后进生的家长，教师会有一种抱怨的情绪，这种抱怨的情绪会让家长感觉我们仅仅是为了自己，而不是孩子。对于优秀学生或有进步的学生的家长，教师就容易急于表白自己的付出，以便获得家长的认可和感激，这样的心理当然也会妨碍我们的有效交流。

【案例】

李老师班上有个女生，学习成绩一直不错，结果一次考试没有认真复习，成绩不是很理想。她一拿到卷子就哭了，李老师并没有严厉地批评她，而是采取冷处理，在班上再次强调了平时一直给学生灌输的思想，不要把一次成绩看那么重要，而是要看到隐藏在成绩后面的内容——自己的学习过程。因为这个学生家长对她要求是比较严格的，所以课后李老师马上打电话给她妈妈，委婉地汇报了她这次考试的得失，并把问题详细给她分析了一遍，该家长马上接受了，并很感激李老师。第二天这个学生说她妈妈昨天陪她把这次考试分析了一遍，总结得失，并没有责备她。

通过上述案例我们认识到要正确地宽容地对待学生的学习成绩，不能过于急功近利，否则效果会适得其反。

### 不体谅对方

每个家长都希望自己的孩子健康地成长。但是家家都有难念的经。教育既有共性更有个性，而且个性应该更为重要。教师对个体学生的教育要有针对性就一定要了解其家里的实际情况和特殊情况。这就要求教师必须和家长进行深入的交流，以了解问题的真相和深层次的问题。如果，教师只是站在自己的立场，班级的立场，学校的立场，有时就难以体谅对方，体谅家长的难处，也就无法协调。虽然，教师很可能说服学生和家长，但是，问题可能并没有真正的解决。

## 心理调适与解决策略

### 用爱心让家长信任你

人可以漠视富华，人可以漠视贫穷，人可以漠视别人的赞许，但没有人能完全漠视关爱，这就是之所以爱会成为人世间永恒不变的主题，教师用爱心开启家长的心扉。家长将无比信任你，为你的教育教学工作打下坚实的基础。

### 用事实让家长理解你

理解是矛盾化解的催化剂，教师在对学生进行教育过程中，难免有一些事情会使家长难以理解或者说平心静气地理智接受，而要得到家长的理解，最好的事实是学生对你的喜欢、对你的爱，用学生对你的肯定开启家长的心扉，家长自然会被软化，给你多一些理解，使你的教育教学工作少一些阻力。

### 用才华让家长佩服你

教师的才华对家长而言是颗定心丸，学生的才华对家长而言是颗开心丸，与家长沟通时，用才华开启家长的心扉，让家长佩服你，你的教育教学工作将如沐春风般顺畅。

### 用真诚让家长平视你

太迷信权威就会流于盲目，而鄙视权威又会流于浮华，家长看高或看低教师在学生成长中的作用，都是不科学的，所以用真诚开启家长的心扉，让家长平视你，可使你教育教学工作中出现的突发事件顺利解决而不至于影响全局。

### 用赞美让家长协助你

做教师的都明白一个道理，不要吝惜赞美，赞美的作用远远大于批评指责，他能调动起人的所有积极因素，激发其源于内心的责任感，我们与家长沟通时，也要善于赞美家长，用赞美开启家长的心扉，会使家长高兴地与你结为同盟，形成一种强大的教育合力、协助你的教育教学工作。

**根据不同家长，采取不同的方法**

老师所教的学生都是来自不同家庭背景的，也许有些家长被认为素质太低，知识匮乏，品行拙劣，育人无方，简直是不可理喻。针对这一类家长，老师不能陷入这种狭隘的误区，要尊重这部分家长的成长历史，他们也是从校园里走出来的，他们可能曾经就是成绩不好，在顽皮中长大，甚至有不良之习。借教育他们的孩子的机会，帮助这部分家长树立继续学习、终生学习的理念和信心，和孩子共同进步。

也许有些家长被认为只顾拼命赚钱，把孩子送进学校根本不管不问，"养不教，父之过"。作为人民教师，我们应该理解这部分家长的社会地位，赞誉勤劳所得是美德，以教育他们的孩子为契机，帮助这部分家长明白赚钱和育人都是自己生命延伸的价值取向，和学校教育共同进步。

综上所述，教师、家长双方要走出误区必须从知识领域、情感世界开始，与此同时，双方还要在心理上达到一种稳定的共鸣和发展，只有这样，教师和家长才能得以和谐的沟通。

## 教师之间，尤其是班主任与科任老师的沟通不畅与解决方法 ╱

在实际工作过程中，经常会出现教师之间，尤其是班主任与科任老师之间缺乏沟通，导致隔阂。甚至产生对立情绪，双方产生排斥心理，关系紧张。因此将消极情绪带到班级工作或所教课程上，严重影响教学工作。下面我们来总结下班主任与科任老师之前主要的沟通障碍有哪些：

**不同的角色定位导致教学观念上的分歧**

社会学家科塞曾说过："知识分子通常是有所执着的人，对于他们，理念的冲突可能事关重大。"班主任与科任教师交往中的冲突主要源于二者教育观念上存在着的分歧，自我概念各异，存在着一定的角色冲突。

班主任总是以"家长的代言人"、"学生集体的领导者"自居，既想做学生的"知己和益友"，有时还不得已充当他们的"心理医生"。而在科任教师心目中，"授业"、"解惑"才是教师职业的根本、是教师角色的"原型"。不同的角色有着各自的规范，教师们根据各自的角色领悟塑造出不同的"自我"，并实践着有差异的角色。例如班主任在"育人"上下工夫多，而科任教师则更多的关心自己怎样"把书教好"。同时，班主任和科任教师对于同事的角色实践能力和效果也有着不同的期望水平和评价标准，容易使得交往双方相互难以认可和说服，因而产生心理抵触和行为冲突。

**不同的权利管辖导致在学生群体中产生不同的影响力**

教师职业的特殊性决定了学生是教师拥有并可以支配的重要资源，所以教师在学生面前的威望高低、与学生的感情亲疏、学生对教师的评价和接纳的程度等，都可能影响着教师在同事群体中的地位，可以作为判断教师地位的指标。从这个角度看来看，班主任具有更多的优势与便利。

如今，大多数学校还是实行的班主任制，每个班级都是以班主任为核心的小团体，因此科任教师往往主观地认为自己处于"弱势"，容易导致情感和认知两方面的失调。一是感情上"很受伤"，并且萌生疏离感，有的科任教师选择自我封闭、疏远班主任及其学生群体，转移责任等行为，从此来重新满足自己强烈的尊重需要、避免自我价值感再度受挫。二是认识上产生偏颇，甚至故意曲解班主任，比如贬低班主任的辛勤劳动及其应得的奖励和荣誉，再比如对班主任提出来的学生班集体综合建设的目标，越发地漠不关心甚至排斥、拒绝等。

**教师的劳动形式是沟通障碍的重要原因**

教师的劳动形式具有相对的分离性和独立性这两个特点，学校组织的结构划分和明确分工又限定了其活动范围和职责权限，加强了教师之间的相互独立，不同职务的教师有着各自的目标以及实现目标的方法。因此，班主任即便是出于沟通与配合的目的对科任教师工作的内容、方式、进度等进行干涉，通常还是招致"好心没好报"的结果。

综上所述，教师与教师，尤其是班主任与科任教师的关系协调得好与坏，直接影响到教师在教育教学中的情绪。关系和谐，才能形成团结一致的工作氛围。充分发挥双方在教育教学中的积极作用，才能心往一处使，为共同的目标而奋斗。因此，怎样解决沟通上的分歧与障碍，促进两者积极沟通、主动配合，是我们所要追寻的目标。具体做法可以从以下几个方面着手：

1.班主任与科任教师都应该更新教育观念、增强角色的适应能力，用共同的教育观念为相互的友好交往奠定基础，并保证这样的人际关系朝着有利于学生全面发展和全体教师共同进步的方向发展。

2.应该将同事之间人际交往的修养作为教师职业道德修养来重视，自觉克服过度自尊、敏感、自卑、淡漠等不良职业性格，主动培养宽容、坦诚、自信等良好个性。

3.加强学习人际交往的理论,纠正人际认知中的偏见,改进沟通方式,提高沟通技巧等。

教育家马卡连科曾这样建议:"应该有这样的教师集体:有共同的见解,有共同的信念,彼此间互相帮助,彼此间没有猜忌,不追求学生对个人的爱戴,只有这样的集体,才能够教育儿童。"班主任与科任教师间应建立起这样的良好关系。[1]

## 教师与学校管理者的沟通不畅与解决方法 ∕

校长与老师之间首先是一种工作关系,其次才是一个生活当中的朋友关系。学校中有副校长,有教导主任负责年级管理,工作的关系一般通过这种层层领的关系。工作之外的事情,这要看年龄大小,年龄相仿的可能会多接触一点。有刚参加工作的时候可能是同学关系、同事关系,是一种人情往来。有些问题主任或者副校长那里就可以解决了,如果涉及到纯私人问题,老师也会通过社上的私人渠道来间接地跟校长沟通。

——摘自L校长访谈录

教师也有相似的感受,大部分校长留给教师的是"不苟言笑"的印象,校长在教师群体中显现出明显的"不合群"。

我们学校也经常搞一些外出旅游的活动,或者在逢年过节的时候搞一些晚会等等。但是我们出去旅游的时候校长就在前面扛着旗子走,边走边跟一些副校长啊、主任或者是经常交往的男老师聊天。开晚会校长基本是不会来的,一般来的话也就是过来看看就走了,校长在这我们怎么玩!在上下班路上偶尔也会遇到,有的时候就是打个招呼问个好就过去了,不过一般我们校长远远的就转过头去了,觉得很尴尬!

——摘自一位老师访谈录

在一次访谈中大部分校长表示校长与教师的心理沟通一直是被忽略的问题,只有少数性格外向的教师能主动和校长沟通,而校长也忙于各种事务,只有出现自己无法解决的问题时才可能会主动找教师沟通交流;校长也只有在教师工作出现问题时才会找中层领导和教师了解情况。校长与教师的沟通交流主要以工作为中心,由于校长对校长与教师工作关系认识的偏差和职位的差距,阻碍了校长与教师沟通过程中情感的投入。人与人之间积极的人际关系在很大程度上是通过日常生活交往建立起来的。校长与教师的关系,校长与教师之间相互信任、相互支持、为学校发展共同奋斗的精神

[1] 李玉兰.谈班主任与科任老师的沟通与协调[J].教育实践与研究.2005(7).30—31.

动力的形成, 仅仅靠工作条例和制度来维持是远远不够的。

在平时经常会出现这些情况: 学校领导像政府官员一样发号施令, 简单决策; 一个新的决策出台后, 充斥着众多教师的怨言和无形的抵触; 或者经常性举行流于形式的座谈会。这样导致的结果就是领导埋怨教师不理解和不支持其工作; 而教师也在抱怨领导一意孤行、不体谅教师。究其原因, 问题在于领导和教师的沟通存在严重阻碍。

### 学校领导和教师沟通现状

#### 沟通过程信息失真

根据有效沟通理论, 达成有效沟通须具备两个必要条件: 首先, 信息发送者清晰地表达信息的内涵, 以便信息接收者能确切理解; 其次, 信息发送者重视信息接收者的反应并根据其反应及时修正信息的传递。免除不必要的误解。两者缺一不可。而现实中, 学校领导和教师的信息传递是领导单方面把信息按照层级一层一层的往下传, 忽视了作为信息接收者的教师, 这样就导致了信息的失真, 容易导致误解和执行偏差。

#### 中层干部的个人价值观影响信息准确性

中层干部作为领导和教师的信息沟通桥梁。校领导传递信息给教师或者教师把情况反馈给领导, 绝大多数情况会选择通过中层干部来转达。而中层干部本身的学识和价值观会对信息本身有一个考量, 其中有些不符合其本身价值观的信息因此会发生偏离, 影响了消息的准确性。

#### 依赖于流于形式的座谈会

学校经常会召开各种形式的座谈会, 美其名曰为信息交流, 实际上更多的是嗑瓜子、掰水果、喝喝茶而已, 说的尽是客套话, 很难真实反映自己的意思。

总体来说, 领导和教师都想能够及时顺畅的交流, 碍于没有一个很好的互动平台, 往往难以付诸实践, 徒留下怨言。

### 心理调适与解决方法

#### 作为领导者, 要定位好领导角色, 树立领导权威

无论领导以什么样的形式来行使职权, 一个人是不可能成为任何时候、任何情境下的领导者, 真正能干的领导者通常进行形象管理。形象管理是教育管理者一种重要

的技能，他们需要投射出真诚、有胜任力、有技能和对人关怀的感觉。教师是一个重感情的群体，校长如果用法定的权力要求他们做事，他们会从内心里生出抵触情绪，影响其对学校的归属感。因此，校长在和教师沟通时，一定要从领导的椅子上走出来，主动关心教师，使得教师认同学校的领导，愿意和校长沟通。

**创建支持性的沟通氛围**

首先，校长可以进行走动式的管理，而并非监督。在教师与校长互动沟通过程中，大多数教师希望校长走出校长室，这样校长可以更加亲切的知晓教师的工作状态，和群众打成一片，也更容易使教师在轻松的状态下有效的沟通。校长经常深入一线，同时可以树立起身体力行的形象，教师会觉得校长平易近人，使其必定大增校长借此机会此沟通机会，与教师相互交换教学和学校行政的意见，了解彼此的看法，或谈淡生活上的问题等。校长在进行走动管理时，须以真诚的态度与教师进行沟通，避免让教师产生巡堂的印象。[1]

其次，建立新型的会议制度。新型的会议制度应该让决定由大家在会议上讨论作出，让信息在会上得剑广泛交流，每个人畅所欲言，最后达成共同的理解。首先，应该取消会议上的按职位大小的座次排列，会议不一定让领导主持，可以选一个对所讨论问题有深入研究并具有较好的沟通技巧的人米主持会议。他在会议讨论过程中能够启发人家、引导大家；其次，讨论不按座次的排列顺序进行，可将与会人员分成不同的团队。大家在平等的基础上进行沟通；第三，在讨论过程中，应鼓励对方山不同意见，而不是用职位对提出不同意见的一方进行压制。

**作为教师要抛弃"文人相轻"的观念，致力于团队合作，使自己成为有力的沟通主体**

忽视团队学习、集体创新和制度化改革，津津乐道于培养屈指可数的几位"名师"，正是当前我国基础教育最大的悲哀之一！具体到一所学校，个别教师自强自奋后并不一定能成为和校长沟通的有力主体，因为他会考虑到其他教师的感受。教师只有在追求个人专业成长的同时寻找对话伙伴，努力"传道"，进而从专业合作发展到意义和价值的共享形成有力的工作团队，才能成为和校长对话的强有力的主体。

[1] 金坤荣.学校管理者与教师沟通的有效方式[J].育人艺术.2010(5):25—28.

# / 后记

作为人类灵魂导师,沟通素养是体现综合素质的重要表现。教师不仅要向学生传授文化科学知识,还要关怀学生思想上的进步、品质上的陶冶、人格上的成长,以及学生的身心健康。同时作为一名教师,与学生朝夕相处,一言一行、一举一动都会对学生的心灵起到潜移默化的作用。教师工作性质决定需要全身心投入、需要教师拥有智慧、拥有方法和技巧。

教师的有效沟通涵盖了教师的爱生情感、工作热情与工作的艺术与方法。教师是各种教育力量的组织者和协调者,是连接学生、学校与家庭的重要纽带。教师工作有效沟通,使得教师与学生家长、学校领导形成有效的教育合力,最大限度地发挥教育系统的整体功效,共同促进学生全面进步、健康成长。

如果教师具备良好的沟通素养,可使得教师与学生能相互地尊重与理解,建立起良好的师生关系,能共同进步,教学相长;使得教师与学校领导者之间在一种共同认同的气氛下,共同培养学生,促进学生健康成长;使得教师与家长摒弃成见与鸿沟,向着共同的目标,让孩子在轻松愉快的环境下学习;使得教师在团结一致的工作环境下,发光发热,真正成为人类灵魂师!

[测一测]

## 总体关系满意感量表

下列句子是对与您经常交往的人以及您与他们关系的描述。由于这些人不代表任何一个具体的人,因此在句子中用"他们"来泛指您经常交往的人。请仔细阅读下面列出的每一个描述,按照符合您实际情况的程度,在题目前的括号里填写相应的数字:

注意:1="完全不符合",2="不符合",3="不太符合",4="符合",5="比较符合",6="完全符合"。

( )1.他们对我当面一套,背后一套。

( )2.他们总是自以为是,盛气凌人。

( )3.他们总是因为一点小事,和我斤斤计较。

( )4.他们太啰唆,总是说些无意义的话。

( )5.我和他们之间很难进行沟通。

( )6.他们不尊重我。

( )7.我和他们之间的地位不平等,差距很大。

( )8.我认为我和他们之间感情冷淡。

( )9.当我需要他们帮助时,他们常常借故走开。

( )10.我和他们能互相帮助,双方互惠。

( )11.我和他们之间沟通良好,有充分的交流。

( )12.我和他们之间能互相信任。

( )13.他们能在我开心时与我分享快乐,失意时与我分担困难。

( )14.我和他们在一起没有拘束感和顾虑。

( )15.我和他们能互相包容,和睦相处。

( )16.他们能在生活和思想上给予我支持和安慰。

( )17.他们为人随和,容易接近。

( )18.他们都很豪爽。

( )19.他们都很风趣、幽默。

( )20.他们大多都很自信。

( )21.他们很乐观、开朗。

( )22.他们的阅历都很丰富。

( )23.他们是很孝顺的人。

( )24.我与他们有类似的人生经历。

( )25.我与他们经常在想法上不谋而合。

( )26.我与他们相处时间长,彼此很熟悉。

( )27.我与他们在性格上有共同点。

( )28.我经常向他们表白自己,他们也是这样。

( )29.他们能够给我一生的承诺。

( )30.我和他们之间有些利益的冲突,很难调节。

( )31.我和他们的性格不合,很容易发生争执。

( )32.我和他们之间的兴趣爱好都不相同。

( )33.他们为人做事都很散漫,没有责任感。

( )34.我认为他们很孤僻,不善交往。

( )35.他们中的大多数人都很坦诚。

( )36.他们对我很忠诚。

( )37.他们对我都是真诚的。

( )38.他们中的大多数人是守信用的人。

( )39.他们都很正直。

评分指南:项目1—9、30—34为反向记分题。选1记6分,选2记5分,选3记4分;其余选1记1分,以此类推。得分在117分以下说明您对自己的人际关系总体上不满意,需要调整;117—156分说明您对自己的人际关系感觉尚可,有待调整;156分以上说明您对自己的人际关系总体上比较满意。